本报告出版得到国家重点文物保护专项补助经费资助

咸阳市文物考古研究所田野考古报告第 4 号

咸阳十六国墓

咸阳市文物考古研究所　编著

文物出版社

北京　2006

责任编辑:李　力

版式设计:晓　田

封面设计:程星涛

责任印制:梁秋卉

图书在版编目(CIP)数据

　咸阳十六国墓 / 陕西省咸阳市文物考古所编 . —北京:

文物出版社,2006.10

　ISBN 7－5010－1959－2

　Ⅰ.咸... 　Ⅱ.陕... 　Ⅲ.墓葬(考古)－发掘报告

－咸阳市－五胡十六国时代 　Ⅳ.K878.85

　中国版本图书馆 CIP 数据核字(2006)第 068405 号

咸 阳 十 六 国 墓

咸阳市文物考古研究所　编著

文物出版社出版发行

(北京东直门内北小街 2 号楼　100007)

http://www.wenwu.com

E－mail:web@wenwu.com

北京圣彩虹制版印刷技术有限公司印刷

新华书店经销

889×1194　开本:1/16　印张:18

2006 年 10 月第一版　2006 年 10 月第一次印刷

ISBN 7－5010－1959－2/K・1033　定价:180.00 元

SIXTEEN KINGDOMS TOMBS
IN XIANYANG

The Cultural Relics and Archaeology Institute of Xianyang City

Cultural Relics Publishing House

Beijing   2006

目　录

序 ··· 杨　泓

第一章　前言 ·· （ 1 ）

第二章　墓地及墓葬概况 ·· （ 4 ）

　　一　咸阳师院墓地 ··· （ 4 ）

　　二　文林小区墓地 ··· （ 34 ）

　　三　中铁七局三处墓地 ·· （ 70 ）

　　四　平陵 M1 ·· （ 87 ）

第三章　出土器物 ··· （103）

　　一　陶器 ··· （103）

　　二　砖雕器及铭文砖 ··· （116）

　　三　铜器 ··· （118）

　　四　银器 ··· （120）

　　五　铁器 ··· （120）

　　六　泥器 ··· （121）

　　七　其他 ··· （121）

　　八　铜钱币 ·· （121）

第四章　分期 ··· （123）

　　一　分期及年代 ··· （123）

　　二　各期墓葬及出土器物的主要特点 ······················· （124）

　　三　主要陶器的演变特征 ······································ （127）

第五章　结语 ··· （130）

附录一　关中地区十六国墓的初步认定

　　　　——兼谈咸阳平陵十六国墓出土的鼓吹俑 ··············· 岳　起　刘卫鹏（134）

附录二 咸阳前秦墓出土的有铭砖考释 ················· 谢高文（147）

附录三 "榆糜令印"的风格及其蕴涵的史地信息 ··········· 刘卫鹏（153）

英文提要 ··（157）

后 记 ···（160）

图 版

插 图 目 录

图一　咸阳十六国墓位置示意图 ·· (1)

图二　咸阳师院墓地墓葬分布示意图 ·· (4)

图三　师 M1 平、剖面图 ··· (5)

图四　师 M1 出土器物 ·· (6)

图五　师 M2 平、剖面图 ··· (8)

图六　师 M2 出土器物 ·· (10)

图七　师 M2 出土铜镜 ·· (11)

图八　师 M3 平、剖面图 ··· (12)

图九　师 M3 出土器物和钱币 ·· (13)

图一〇　师 M4 平、剖面图 ·· (14)

图一一　师 M4 出土器物 ··· (15)

图一二　师 M5 平、剖面图 ·· (16)

图一三　师 M5 出土器物 ··· (18)

图一四　师 M5 出土陶俑和陶马 ··· (19)

图一五　师 M5 出土陶俑 ··· (20)

图一六　师 M5 出土钱币 ··· (21)

图一七　师 M6 平、剖面图 ·· (23)

图一八　师 M6 出土器物 ··· (23)

图一九　师 M8 平、剖面图 ·· (24)

图二〇　师 M8 出土陶罐 ··· (24)

图二一　师 M9 平、剖面图 ·· (25)

图二二　师 M9 出土器物 ··· (26)

图二三　师 M10 平、剖面图 ·· (27)

图二四　师 M10 出土器物 ·· (28)

图二五　师 M10 出土钱币 ·· (28)

图二六　师 M11 平、剖面图 ·· (30)

图二七　师 M11 出土器物 ·· (31)

图二八　师 M11 出土钱币 ·· (32)

图二九　咸阳文林小区墓葬分布示意图 ·· (34)

图三〇　文 M140 平、剖面图 ··· (35)

图三一　文 M140 出土器物 ·· (36)

图三二　文 M140 出土钱币 ·· (37)

图三三　文 M113 平、剖面图 ··· (38)

图三四　文 M113 出土器物 ·· (40)

图三五　文 M113 出土器物 ·· (41)

图三六　文 M113 出土铜镜 ·· (42)

图三七　文 M69 平、剖面图 ··· (43)

图三八　文 M69 出土器物 ··· (44)

图三九　文 M61 平、剖面图 ··· (46)

图四〇　文 M61 出土器物 ··· (47)

图四一　文 M61 出土铜镜 ··· (48)

图四二　文 M61 出土钱币 ··· (48)

图四三　文 M49 平、剖面图 ··· (50)

图四四　文 M49 出土器物 ··· (51)

图四五　文 M49 出土钱币 ··· (51)

图四六　文 M49 出土建元十四年铭文砖拓片 ··· (52)

图四七　文 M44 平、剖面图 ··· (54)

图四八　文 M44 出土器物 ··· (55)

图四九　文 M44 出土器物 ··· (56)

图五〇　文 M44 出土铭文砖拓片 ·· (57)

图五一　文 M35 平、剖面图 ··· (58)

图五二　文 M35 出土器物 ··· (59)

图五三　文 M35 出土铭文砖拓片 ·· (60)

图五四　文 M20 平、剖面图 ··· (61)

图五五　文 M20 封门空心砖拓片 ·· (62)

图五六　文 M20 出土器物 ··· (63)

图五七　文 M20 出土铭文砖拓片 ·· (64)

图五八　文 M6 平、剖面图 ·· (65)

图五九　文 M6 出土器物 ··· (66)

图六〇　文 M6 出土器物 ··· (68)

图六一　文 M6 出土钱币 ··· (69)

图六二　咸阳中铁七局三处墓葬分布示意图 ··· (70)

图六三　铁 M1 平、剖面图 ·· (72)

图六四　铁 M1 出土器物 ··· (73)

图六五　铁 M1 出土铭文砖拓片 ·· (74)

图六六　铁 M2 平、剖面图 ·· (75)

图六七　铁 M2 出土器物 ··· (76)

图六八　铁 M3 平、剖面图 ·· (77)

图六九　铁 M3 出土器物 ··· (79)

图七〇　铁 M3 出土器物 ··· (80)

图七一　铁 M3 出土器物 ··· (82)

图七二　铁 M3 出土铜镜 ··· (83)

图七三　铁 M4 平、剖面图 ·· (84)

图七四　铁 M4 出土器物 ··· (85)

图七五　平 M1 平、剖面图 ·· (88)

图七六 平 M1 出土器物 ……………………………………………… (90)

图七七 平 M1 出土陶铠马 ………………………………………… (91)

图七八 平 M1 出土陶吹角骑马俑 ………………………………… (92)

图七九 平 M1 出土陶鼓吹骑马俑 ………………………………… (93)

图八〇 平 M1 出土陶女侍俑 ……………………………………… (94)

图八一 平 M1 出土陶女坐乐俑 …………………………………… (95)

图八二 平 M1 出土陶女坐乐俑 …………………………………… (96)

图八三 平 M1 出土陶牛车 ………………………………………… (98)

图八四 平 M1 出土陶轺车 ………………………………………… (99)

图八五 平 M1 出土钱币 …………………………………………… (100)

图八六 咸阳十六国墓出土陶俑 …………………………………… (104)

图八七 咸阳十六国墓出土陶俑 …………………………………… (105)

图八八 咸阳十六国墓出土陶俑 …………………………………… (106)

图八九 咸阳十六国墓出土陶俑 …………………………………… (107)

图九〇 咸阳十六国墓出土陶俑 …………………………………… (107)

图九一 咸阳十六国墓出土牛车 …………………………………… (108)

图九二 咸阳十六国墓出土牛车 …………………………………… (109)

图九三 咸阳十六国墓出土骢车 …………………………………… (110)

图九四 咸阳十六国墓出土铠马 …………………………………… (110)

图九五 咸阳十六国墓出土家禽家畜模型 ………………………… (111)

图九六 咸阳十六国墓出土陶罐 …………………………………… (113)

图九七 咸阳十六国墓出土陶灶 …………………………………… (114)

图九八 咸阳十六国墓出土陶井、仓、磨、碓 …………………… (115)

图九九 咸阳十六国墓出土其他生活用具 ………………………… (117)

图一〇〇 咸阳十六国墓出土砖雕俑像和部分铜器 ……………… (118)

附表 咸阳十六国墓出土器物统计表 ……………………………… (129)

插页 咸阳十六国墓出土典型陶器分组图

彩 版 目 录

彩版 1 平 M1 墓葬发掘现场

彩版 2 平 M1 墓室全景

彩版 3 平 M1 墓葬全景

彩版 4 平 M1 从墓道看墓室

彩版 5 平 M1 墓室中、东部俯视

彩版 6 平 M1 墓室西部俯视

彩版 7 平 M1 清理现场

彩版 8 平 M1 墓室东、西部器物分布情况

彩版 9 平 M1 墓室西部器物分布情况

彩版 10 平 M1 墓室东部器物分布情况

彩版 11 平 M1 甲骑具装俑和骑马鼓吹俑出土情况

彩版 12 平 M1 清理甲骑具装俑和骑马鼓吹俑情况

彩版 13 陶胡人俑（师 M1：8）

彩版 14 铜镜（师 M2：1）

彩版 15 铜印章（师 M4：1）

彩版 16 铜镜（师 M2：6）

彩版 17 铜印章侧面（师 M4：1）

彩版 18 铜印章正面（师 M4：1）

彩版 19 陶仓（师 M5：24）

彩版 20 陶井（师 M5：23）

彩版 21 陶马（师 M5：19）

彩版 22 陶鸡（师 M5：7）

彩版 23 陶狗（师 M5：8）

彩版 24 陶猪（师 M5：11）

彩版 25 陶女侍俑（师 M5：6）

彩版 26 陶女侍俑（师 M5：17）

彩版 27 陶男侍俑（师 M5：18）

彩版 28 陶男侍俑（师 M5：29）

彩版 29 泥俑头（师 M5：33）

彩版 30 泥珠（师 M5：30）

彩版 31 玉圭（师 M5：2）

彩版 32 铜勺（师 M5：4）

彩版 33 铜镯（师 M5：32）

彩版 34 铜指环（师 M5：34）

彩版 35 丰货钱（师 M5：5－1）

彩版 36　铜镯（师 M10：9）

彩版 37　丰货钱（师 M5：5 - 2）

彩版 38　陶男侍俑（文 M140：10）

彩版 39　陶羽人（文 M140：9）

彩版 40　陶男侍俑（文 M113：3）

彩版 41　陶男侍俑（文 M69：3）

彩版 42　陶女侍俑（文 M113：23）

彩版 43　陶鞍马（文 M69：1）

彩版 44　铜镜（文 M113：13）

彩版 45　陶灶（文 M69：2）

彩版 46　铜盆（文 M69：6）

彩版 47　金钗（文 M69：8）

彩版 48　铁镜（文 M69：7）

彩版 49　陶牛车（文 M61：1）

彩版 50　铜镜（文 M61：3）

彩版 51　铜镜（文 M61：15）

彩版 52　铁刀（铁 M3：36）

彩版 53　陶牛车（文 M44：1）

彩版 54　陶牛车后视（文 M44：1）

彩版 55　陶牛（文 M44：24）

彩版 56　铭文砖（文 M49：10）

彩版 57　铭文砖（文 M44：4）

彩版 58　铭文砖（正）（文 M44：5）

彩版 59　铭文砖（背）（文 M44：5）

彩版 60　铭文砖（文 M44：6）

彩版 61　铭文砖（正）（文 M35：7）

彩版 62　铭文砖（背）（文 M35：7）

彩版 63　铭文砖（文 M20：8）

彩版 64　陶鞍马（文 M35：2）

彩版 65　陶牛车（文 M6：1）

彩版 66　陶铠马（文 M6：5）

彩版 67　陶牛（文 M6：2）

彩版 68　陶女侍俑（文 M6：10）

彩版 69　砖雕马（铁 M1：4）

彩版 70　砖雕马底部（铁 M1：4）

彩版 71　砖雕狗（铁 M1：12）

彩版 72　砖雕鸡（铁 M1：13）

彩版 73　砖雕男侍俑（铁 M1：2）

彩版 74　砖雕女侍俑（铁 M1：7）

彩版 75　砖雕女侍俑（铁 M2：5）

彩版 76　铭文砖（铁 M1：01）

彩版 77　铭文砖（铁 M1：02）

彩版 78　陶壶（铁 M3：18）

彩版 79　陶灶（铁 M3：21）

彩版 80　砖雕灶（铁 M2：9）

彩版 81　砖雕灶（铁 M3：10）

彩版 82　陶猪（铁 M3：23）

彩版 83　陶猪（铁 M3：24）

彩版 84　陶鞍马（铁 M3：13）

彩版 85　陶鞍马局部（铁 M3：13）

彩版 86　陶牛车（铁 M3：8）

彩版 87　陶牵马俑组合（铁 M3：11、12、13）

彩版 88　陶牵马俑（铁 M3：11）

彩版 89　陶牵马俑（铁 M3：12）

彩版 90　陶女侍俑（铁 M3：9）

彩版 91　陶女侍俑（铁 M3：22）

彩版 92　陶男侍俑（铁 M3：5）

彩版 93　陶男侍俑（铁 M3：7）

彩版 94　铜镰斗（铁 M3：17）

彩版 95　铜镜（铁 M3：41）

彩版 96　釉陶虎子（平 M1：1）

彩版 97　陶三系罐（铁 M4：11）

彩版 98　铜印章（铁 M3：39）

彩版 99　铜印章反面（铁 M3：39）

彩版 100　铜印章正面（铁 M3：40）

彩版 101　铜印章（铁 M3：40）

彩版 102　陶连枝灯（平 M1：41）

彩版 103　陶狗（平 M1：56）

彩版 104　陶猪（平 M1：40）

彩版 105　陶鸡（平 M1：30）

彩版 106　陶鸡（左，平 M1：30；右，平 M1：36）

彩版 107　釉陶铠马（平 M1：4）

彩版 108　釉陶铠马头部（平 M1：4）

彩版 109　釉陶铠马后视（平 M1：4）

彩版 110　陶彩绘铠马（平 M1：5）

彩版 111　陶彩绘铠马后视（平 M1：5）

彩版 112　陶彩绘铠马俯视（平 M1：5）

彩版 113　陶彩绘铠马头部（平 M1：5）

彩版 114　陶彩绘铠马头部（平 M1：5）

彩版 115　陶鼓吹骑马俑三件（平 M1：18、12、6）

彩版 116　陶吹角骑马俑（平 M1：12）

彩版 117　陶击鼓骑马俑（平 M1：18）

彩版 118　陶吹排箫骑马俑（平 M1：6）

彩版 119　陶女侍俑（平 M1：34）

彩版 120　陶女侍俑后视（平 M1：34）

彩版 121　陶女侍俑头部正视（平 M1：34）

彩版 122　陶女侍俑头部侧视（平 M1：34）

彩版 123　陶女侍俑头部后视（平 M1：34）

彩版 124　陶女侍俑二件（左，平 M1：25；右，平 M1：34）

彩版 125　陶女侍俑头部（平 M1：25）

彩版 126　陶女侍俑头部（平 M1：34）

彩版 127　陶女坐乐俑组合（平 M1：26、35、33、38）

彩版 128　陶击鼓女乐俑（平 M1：26）

彩版 129　陶击鼓女乐俑侧视（平 M1：26）

彩版 130　陶击鼓女乐俑后视（平 M1：26）

彩版 131　陶击鼓女乐俑局部（平 M1：26）

彩版 132　陶弹琵琶女乐俑（平 M1：35）

彩版 133　陶弹琵琶女乐俑侧视（平 M1：35）

彩版 134　陶弹琵琶女乐俑后视（平 M1：35）

彩版 135　陶弹琵琶女乐俑头部正视（平 M1：35）

彩版 136　陶弹琵琶女乐俑头部侧视（平 M1：35）

彩版 137　陶弹琵琶女乐俑头部后视（平 M1：35）

彩版 138　陶抚筝女乐俑（平 M1：33）

彩版 139　陶抚筝女乐俑侧视（平 M1：33）

彩版 140　陶抚筝女乐俑后视（平 M1：33）

彩版 141　陶抚筝女乐俑局部（平 M1：33）

彩版 142　陶吹奏女乐俑（平 M1：38）

彩版 143　陶牛车（平 M1：27）

彩版 144　陶牛车（平 M1：32）

彩版 145　陶牛车车厢前、侧面（平 M1：32）

彩版 146　陶牛车车厢后侧面（平 M1：32）

彩版 147　陶牛车车厢顶面（平 M1：32）

彩版 148　陶牛车车厢顶面（平 M1：27）

彩版 149　陶轺车（平 M1：28）

彩版 150　陶轺车车厢侧视（平 M1：28）

彩版 151　陶轺车车厢正视（平 M1：28）

图 版 目 录

图版 1　文林小区墓地（由南向西摄）

图版 2　师 M5 墓葬俯视

图版 3　师 M5 北面东侧室器物出土情况

图版 4　师 M5 后室口器物放置情况

图版 5　文 M49 棺底分布的垫砖及铭文砖

图版 6　文 M49 墓室俯视

图版 7　文 M49 墓室内器物出土情况

图版 8　文 M6 封门

图版 9　文 M6 墓道

图版 10　文 M6 墓室俯视

图版 11　文 M6 牛车及铠马出土情况

图版 12　文 M6 女侍俑出土情况

图版 13　铁 M3 牛车及女侍俑出土情况

图版 14　铁 M3 女侍俑及牵马俑出土情况

图版 15　铁 M3 前室器物出土情况

图版 16　陶罐（师 M1：6）

图版 17　陶灶（师 M1：7）

图版 18　陶磨（师 M1：5）

图版 19　陶猪（师 M1：4）

图版 20　陶胡人俑（师 M1：8）

图版 21　陶胡人俑侧视（师 M1：8）

图版 22　陶胡人俑后视（师 M1：8）

图版 23　陶鸡（师 M1：2）

图版 24　陶鸡（师 M1：1）

图版 25　陶狗（师 M1：3）

图版 26　陶胡人俑（师 M1：9）

图版 27　陶罐（师 M2：11）

图版 28　陶罐（师 M2：12）

图版 29　陶灶（师 M2：20）

图版 30　陶磨（师 M2：13）

图版 31　陶鸡（师 M2：15）

图版 32　陶鸡（师 M2：14）

图版 33　陶胡人俑（师 M2：19）

图版 34　陶胡人俑侧视（师 M2：19）

图版 35　陶胡人俑后视（师 M2：19）

图版 36　陶胡人俑（师 M2：18）

图版 37　陶狗（师 M2：17）

图版 38　铜镯（师 M2：7）

图版 39　铜镯（师 M2：8）

图版 40　铜钗（师 M2：5）

图版 41　铜钗（师 M2：4）

图版 42　铜簪（师 M2：2）

图版 43　铜簪（师 M2：9）

图版 44　铜镯（师 M2：16）

图版 45　铜铃（师 M2：10）

图版 46　铁镰（师 M2：3）

图版 47　陶罐（师 M3：1）

图版 48　陶罐（师 M3：4）

图版 49　陶罐（师 M4：6）

图版 50　泥狗（师 M4：4）

图版 51　铁钩（师 M4：7）

图版 52　陶罐（师 M5：13）

图版 53　陶罐（师 M5：26）

图版 54　陶盆（师 M4：5）

图版 55　陶罐（师 M5：16）

图版 56　陶罐（师 M5：20）

图版 57　陶灶（师 M5：14）

图版 58　陶鞍马（师 M5：28）

图版 59　陶鞍马（师 M5：27）

图版 60　陶鸡（师 M5：35）

图版 61　陶猪（师 M5：11）

图版 62　陶女侍俑（师 M5：6）

图版 63　陶女侍俑侧视（师 M5：6）

图版 64　陶女侍俑后视（师 M5：6）

图版 65　陶女侍俑（师 M5：10）

图版 66　陶女侍俑侧视（师 M5：10）

图版 67　陶女侍俑后视（师 M5：10）

图版 68　陶女侍俑（师 M5：17）

图版 69　陶女侍俑侧视（师 M5：17）

图版 70　陶女侍俑后视（师 M5：17）

图版 71　陶男侍俑（师 M5：18）

图版 72　陶男侍俑侧视（师 M5：18）

图版 73　陶男侍俑（师 M5：29）

图版 74　陶男侍俑侧视（师 M5：29）

图版 75　陶男侍俑后视（师 M5：29）

图版 76　陶男侍俑（师 M5：9）

图版 77　陶男侍俑（师 M5：21）

图版 78　泥女侍俑（师 M5：22）

图版 79　泥女侍俑侧视（师 M5：22）

图版 80　泥女侍俑后视（师 M5：22）

图版 81　泥灶（师 M5：25）

图版 82　釉陶小盆（师 M6：3）

图版 83　陶罐（师 M6：1）

图版 84　陶罐（师 M8：1）

图版 85　陶罐（师 M10：4）

图版 86　陶罐（师 M10：5）

图版 87　银镯（师 M9：2）

图版 88　陶灶（师 M6：2）

图版 89　铜镯（师 M10：2）

图版 90　铜钗（师 M10：3）

图版 91　铜指环（师 M10：1）

图版 92　贝壳（师 M10：7）

图版 93　陶灶（师 M11：9）

图版 94　陶灶侧视（师 M11：9）

图版 95　陶罐（师 M11：7）

图版 96　陶井（师 M11：10）

图版 97　陶仓（师 M11：11）

图版 98　陶碓（师 M11：6）

图版 99　陶猪（师 M11：8）

图版 100　陶鞍马（师 M11：12）

图版 101　陶狗（师 M11：13）

图版 102　陶女侍俑（师 M11：4）

图版 103　陶女侍俑侧视（师 M11：4）

图版 104　陶女侍俑后视（师 M11：4）

图版 105　陶武士俑（师 M11：16）

图版 106　铜指环（师 M11：15）

图版 107　陶仓（文 M140：8）

图版 108　陶磨（文 M140：13）

图版 109　陶罐（文 M140：7）

图版 110　陶男侍俑（文 M140：10）

图版 111　陶男侍俑侧视（文 M140：10）

图版 112　陶男侍俑后视（文 M140：10）

图版 113　陶羽人（文 M140：9）

图版 114　陶羽人侧视（文 M140：9）

图版 115　陶羽人后视（文 M140：9）

图版 116 陶鞍马（文 M140：11）

图版 117 陶狗（文 M140：12）

图版 118 陶饼（文 M140：14）

图版 119 铁镜（文 M140：1）

图版 120 铜钗（文 M140：5）

图版 121 铜指环（文 M140：3）

图版 122 铜碗（文 M140：2）

图版 123 铁镢（文 M140：01）

图版 124 玉饰（文 M140：4）

图版 125 陶女侍俑（文 M113：10）

图版 126 陶女侍俑侧视（文 M113：10）

图版 127 陶女侍俑后视（文 M113：10）

图版 128 陶男侍俑（文 M113：3）

图版 129 陶男侍俑侧视（文 M113：3）

图版 130 陶女侍俑（文 M113：23）

图版 131 陶女侍俑侧视（文 M113：23）

图版 132 陶女侍俑后视（文 M113：23）

图版 133 陶猪（文 M113：15）

图版 134 陶猪（文 M113：16）

图版 135 陶猪（文 M113：17）

图版 136 陶狗（文 M113：1）

图版 137 陶狗（文 M113：2）

图版 138 陶灶（文 M113：6）

图版 139 陶磨（文 M113：12）

图版 140 陶碓（文 M113：11）

图版 141 陶井（文 M113：4）

图版 142 陶井（文 M113：5）

图版 143 陶仓（文 M113：25）

图版 144 陶罐（文 M113：7）

图版 145 陶罐（文 M113：9）

图版 146 铁镜（文 M113：22）

图版 147 铜镯（文 M113：18）

图版 148 银镯（文 M113：14）

图版 149 陶仓（文 M113：27）

图版 150 银钗（文 M113：19）

图版 151 银钗（文 M113：26）

图版 152 陶男侍俑（文 M69：3）

图版 153 陶男侍俑（文 M69：4）

图版 154 陶仓（文 M69：13）

图版 155 陶灶（文 M69：2）

图版 156　陶罐（文 M69：5）

图版 157　陶罐（文 M69：12）

图版 158　铜盆（文 M69：6）

图版 159　铜镯（文 M69：9）

图版 160　铜镦（文 M69：11）

图版 161　陶女侍俑（文 M61：4）

图版 162　陶女侍俑侧视（文 M61：4）

图版 163　陶女侍俑后视（文 M61：4）

图版 164　陶鞍马（文 M61：2）

图版 165　陶猪（文 M61：12）

图版 166　陶罐（文 M61：8）

图版 167　陶灶（文 M61：7）

图版 168　铜弩机（文 M61：18）

图版 169　陶仓（文 M61：10）

图版 170　陶井（文 M61：6）

图版 171　陶碓（文 M61：14）

图版 172　陶磨（文 M61：5）

图版 173　铜钗（文 M61：13）

图版 174　铜钗（文 M61：19）

图版 175　陶女侍俑（文 M49：3）

图版 176　陶女侍俑侧视（文 M49：3）

图版 177　陶女侍俑后视（文 M49：3）

图版 178　陶女侍俑（文 M49：4）

图版 179　陶女侍俑侧视（文 M49：4）

图版 180　陶女侍俑后视（文 M49：4）

图版 181　陶罐（文 M49：1）

图版 182　陶罐（文 M49：2）

图版 183　铜镯（文 M49：6）

图版 184　铁镜（文 M49：7）

图版 185　陶磨（文 M49：5）

图版 186　陶女侍俑（文 M44：30）

图版 187　陶女侍俑侧视（文 M44：30）

图版 188　陶女侍俑后视（文 M44：30）

图版 189　陶男侍俑（文 M44：29）

图版 190　陶猪（文 M44：17）

图版 191　陶狗（文 M44：13）

图版 192　陶牛车（文 M44：24）

图版 193　陶牛车后视（文 M44：24）

图版 194　陶鞍马（文 M44：15）

图版 195　陶牛车正视（文 M44：24）

图版 196　　陶牛车正视（文 M44：1）

图版 197　　陶狗（文 M44：28）

图版 198　　陶鸡（文 M44：14）

图版 199　　陶鸡（文 M44：16）

图版 200　　陶鸡（文 M44：26）

图版 201　　陶灶（文 M44：25）

图版 202　　陶井（文 M44：20）

图版 203　　陶磨（文 M44：19）

图版 204　　陶罐（文 M44：10）

图版 205　　陶罐（文 M44：9）

图版 206　　陶仓（文 M44：2）

图版 207　　陶仓（文 M44：3）

图版 208　　陶碓（文 M44：22）

图版 209　　陶钵（文 M44：7）

图版 210　　小陶壶（文 M44：18）

图版 211　　陶井（文 M44：21）

图版 212　　铁镜（文 M44：11）

图版 213　　陶罐（文 M44：8）

图版 214　　铜镯（文 M44：27）

图版 215　　铁镰（文 M44：12）

图版 216　　陶狗（文 M35：3）

图版 217　　陶狗正面（文 M35：3）

图版 218　　陶灶（文 M35：5 ）

图版 219　　陶灶俯视（文 M35：5）

图版 220　　陶罐（文 M35：4）

图版 221　　陶磨（文 M35：6）

图版 222　　陶男侍俑（文 M20：4）

图版 223　　陶男侍俑（文 M20：11）

图版 224　　陶男侍俑（文 M20：13）

图版 225　　陶女侍俑（文 M20：22）

图版 226　　陶女侍俑侧视（文 M20：22）

图版 227　　陶女侍俑后视（文 M20：22）

图版 228　　陶鞍马（文 M20：2）

图版 229　　陶鞍马侧视（文 M20：2）

图版 230　　陶鞍马鞍部装饰（文 M20：2）

图版 231　　陶鞍马后视（文 M20：2）

图版 232　　陶鞍马（文 M20：9）

图版 233　　陶猪（文 M20：3）

图版 234　　陶猪（文 M20：16）

图版 235　　陶猪（文 M20：25）

图版 236　陶狗（文 M20：26）

图版 237　陶狗（文 M20：27）

图版 238　陶鸡（文 M20：8）

图版 239　陶灶（文 M20：20）

图版 240　陶灶俯视（文 M20：20）

图版 241　陶灶（文 M20：18）

图版 242　陶灶（文 M20：21）

图版 243　陶井（文 M20：19）

图版 244　陶井（文 M20：23）

图版 245　陶磨（文 M20：5）

图版 246　陶磨（文 M20：24）

图版 247　陶仓（文 M20：12）

图版 248　陶碓（文 M20：15）

图版 249　陶碓（文 M20：29）

图版 250　陶碓（文 M20：10）

图版 251　陶罐（文 M20：14）

图版 252　陶饼（文 M20：6）

图版 253　陶仓（文 M20：7）

图版 254　陶钵（文 M20：17）

图版 255　陶牛车（文 M6：1）

图版 256　陶牛车后视（文 M6：1）

图版 257　陶牛（文 M6：1）

图版 258　陶牛车正视（文 M6：1）

图版 259　陶男侍俑（文 M6：8）

图版 260　陶牛车（文 M6：2）

图版 261　陶牛车后视（文 M6：2）

图版 262　陶牛（文 M6：2）

图版 263　陶女侍俑（文 M6：12）

图版 264　陶女侍俑侧视（文 M6：12）

图版 265　陶女侍俑（文 M6：10）

图版 266　陶女侍俑侧视（文 M6：10）

图版 267　陶女侍俑后视（文 M6：10）

图版 268　陶女侍俑（文 M6：11）

图版 269　陶女侍俑侧视（文 M6：11）

图版 270　陶女侍俑后视（文 M6：11）

图版 271　陶鞍马（文 M6：4）

图版 272　陶铠马（文 M6：5）

图版 273　陶狗（文 M6：7）

图版 274　陶铠马寄生（文 M6：5）

图版 275　陶灶（文 M6：13）

图版 276　陶磨（文 M6：14）

图版 277　陶罐（文 M6：9）

图版 278　铜镯（文 M6：18）

图版 279　铜钗（文 M6：16）

图版 280　铜簪（文 M6：15）

图版 281　铁剪（文 M6：19）

图版 282　陶罐（铁 M1：1）

图版 283　陶罐（铁 M1：6）

图版 284　陶罐（铁 M1：11）

图版 285　砖雕井（铁 M1：10）

图版 286　砖雕灶（铁 M1：9）

图版 287　砖雕鸡（铁 M1：14）

图版 288　铜镯（铁 M1：15）

图版 289　砖雕男侍俑（铁 M1：2）

图版 290　砖雕男侍俑（铁 M1：8）

图版 291　砖雕男侍俑（铁 M1：3）

图版 292　砖雕女侍俑（铁 M1：7）

图版 293　砖雕仓（铁 M1：5）

图版 294　砖雕仓（铁 M2：10）

图版 295　砖雕狗（铁 M2：2）

图版 296　砖雕马（铁 M2：3）

图版 297　砖雕男侍俑（铁 M2：1）

图版 298　砖雕女侍俑（铁 M2：4）

图版 299　砖雕鸡（铁 M2：6）

图版 300　砖雕鸡（铁 M2：7）

图版 301　陶罐（铁 M2：8）

图版 302　陶侈口罐（铁 M3：27）

图版 303　陶侈口罐（铁 M3：16）

图版 304　陶带系罐（铁 M3：28）

图版 305　陶直口罐（铁 M3：29）

图版 306　陶碓（铁 M3：15）

图版 307　陶钵（铁 M3：34）

图版 308　砖雕仓（铁 M3：30）

图版 309　陶井（铁 M3：14）

图版 310　小陶盆（铁 M3：19）

图版 311　小陶盆（铁 M3：20）

图版 312　陶灶（铁 M3：3）

图版 313　陶灶（铁 M3：21）

图版 314　砖雕鸡（铁 M3：31）

图版 315　砖雕鸡（铁 M3：32）

图版 316 陶鸡（铁 M3：25）

图版 317 陶鸡（铁 M3：26）

图版 318 陶鸡（铁 M3：35）

图版 319 陶狗（铁 M3：1）

图版 320 陶狗（铁 M3：33）

图版 321 陶狗（铁 M3：2）

图版 322 陶女侍俑（铁 M3：22）

图版 323 陶女侍俑侧视（铁 M3：22）

图版 324 陶女侍俑后视（铁 M3：22）

图版 325 陶男侍俑（铁 M3：7）

图版 326 陶男侍俑侧视（铁 M3：7）

图版 327 陶男侍俑后视（铁 M3：7）

图版 328 陶女侍俑（铁 M3：9）

图版 329 陶男侍俑（铁 M3：5）

图版 330 陶男侍俑侧视（铁 M3：5）

图版 331 砖雕男侍俑（铁 M3：4）

图版 332 铜泡钉（铁 M3：6）

图版 333 铜簪（铁 M3：42）

图版 334 铁削（铁 M3：37）

图版 335 陶罐（铁 M4：1）

图版 336 陶罐（铁 M4：6）

图版 337 陶灶（铁 M4：8）

图版 338 小陶盆（铁 M4：9）

图版 339 陶仓（铁 M4：2）

图版 340 陶井（铁 M4：7）

图版 341 陶鸡（铁 M4：3）

图版 342 陶猪（铁 M4：4）

图版 343 陶狗（铁 M4：5）

图版 344 铁镜（铁 M4：10）

图版 345 陶罐（平 M1：23）

图版 346 铁削刀（铁 M4：12）

图版 347 陶井（平 M1：29）

图版 348 陶仓（平 M1：43）

图版 349 陶仓（平 M1：44）

图版 350 陶灶（平 M1：42）

图版 351 陶狗（平 M1：55）

图版 352 铜铃（平 M1：48）

图版 353 铜铺首（平 M1：51）

图版 354 铜指环（平 M1：2）

图版 355 铜指环（平 M1：50）

图版 356   铜指环（平 M1：52）

图版 357   铜环（平 M1：57）

图版 358   银镯（平 M1：49）

图版 359   银钗（平 M1：47）

图版 360   泥珠（平 M1：58）

图版 361   布泉钱（平 M1：3－1）

图版 362   大泉五十钱（平 M1：3－2、3－3、3－4）

图版 363   E 型五铢钱（平 M1：3－35、3－34）

图版 364   剪边钱（平 M1：3－16）

图版 365   货泉钱（平 M1：3－5、3－6、3－7、3－8、3－9、3－10、3－11、3－12）

序

　　咸阳市文物考古研究所近年发掘了几组十六国时期的重要墓葬，并及时撰写成发掘报告《咸阳十六国墓》，这是十六国北朝时期考古研究的一项重要成绩。

　　中国的考古学者对关中地区十六国时期墓葬的认识始于上世纪 50 年代，当时在西安市发掘了草场坡一号墓，出土的以甲骑具装俑为核心的陶俑群，在北京的"全国基本建设工程中出土文物展览"展出，引起大家的注意。当在《考古》月刊发表该墓的发掘简报时，将时代定为"北朝早期"，可能是因为有些人曾将十六国和北朝视为同一个时期所致，从而引起人们的误解。后来多有学者撰文指明那本应是一座十六国时期的墓葬，遗憾的是那座墓缺乏有明确纪年的考古标本，所以还难于进行更深入的探研。

　　十六国至北朝时期，有多个古代少数民族，如匈奴、氐、羌、鲜卑等先后在关中地区建立政权，其中前赵、前秦、后秦、西魏、北周都以原西汉故都长安为都城。前辈学者在汉长安城发掘中很注意这方面的问题，上世纪 50 年代初，王仲殊先生发掘汉长安城的城门时，就曾在宣平门揭示出后赵时期曾继续使用该门的遗迹。这座门十六国时期改称"青门"，从后赵、前秦、后秦直到西魏、北周仍在使用。惜后来缺乏类似的工作，所以对十六国到北朝时期的都城长安的考古学遗迹，至今仍不甚清楚。虽然近年来对关中地区十六国时期的遗迹方面缺乏新的考古发现，但是在墓葬发掘方面却有极为重要的收获，最主要的成绩是咸阳市文物考古研究所在咸阳市北部的头道塬发掘的一组墓葬，其中的文林小区朱氏家族墓地出土有前秦建元年间纪年铭砖，为研究关中地区十六国时期墓葬提供了准确的标尺，从而将十六国时期墓葬的研究推向了新的阶段。

　　十六国至北朝时期，是中国历史上由秦汉向隋唐的过渡时期，灿烂的隋唐文化正是孕育于这一时期。由十六国时期墓葬中陶俑群的变化，正表现出其上承魏晋，下启北朝的时代特征。因此咸阳十六国时期墓葬的考古发掘报告的撰写和出版，应能推进魏晋南北朝时期考古研究的进展，这是极为令人欣喜的事。我们衷心希望咸阳的考古工作获得更新的成果，以期将魏晋南北朝时期考古研究推向新高峰。

杨　泓

2006 年 8 月 17 日

第一章 前 言

一

西晋末年到北魏统一的一百三四十年间，中国北方地区陷入长期的分裂割据局面。历史上把这一时期称为"五胡十六国"。"五胡"，是指匈奴、羯、鲜卑、氐、羌五个少数民族。实际上这一时期活动在中国北方历史舞台上的少数民族，并不只这五个。"十六国"是指汉（其后是前赵）、后赵、前燕、成汉、前凉、前秦、后秦、后燕、西秦、后凉、南凉、西凉、北凉、南燕、北燕、大夏等十六个政权。十六国时期，关中地区先后被前赵、后赵、前秦、后秦、大夏等所占据。匈奴族人刘曜于公元318年建都长安，国号为赵，史称前赵。329年，前赵被后赵羯族人石勒所灭。349年，后赵被冉闵所灭。350年，氐族人苻健攻占长安，并定都于此，国号秦，史称前秦。385年，苻坚、苻宏放弃长安。395

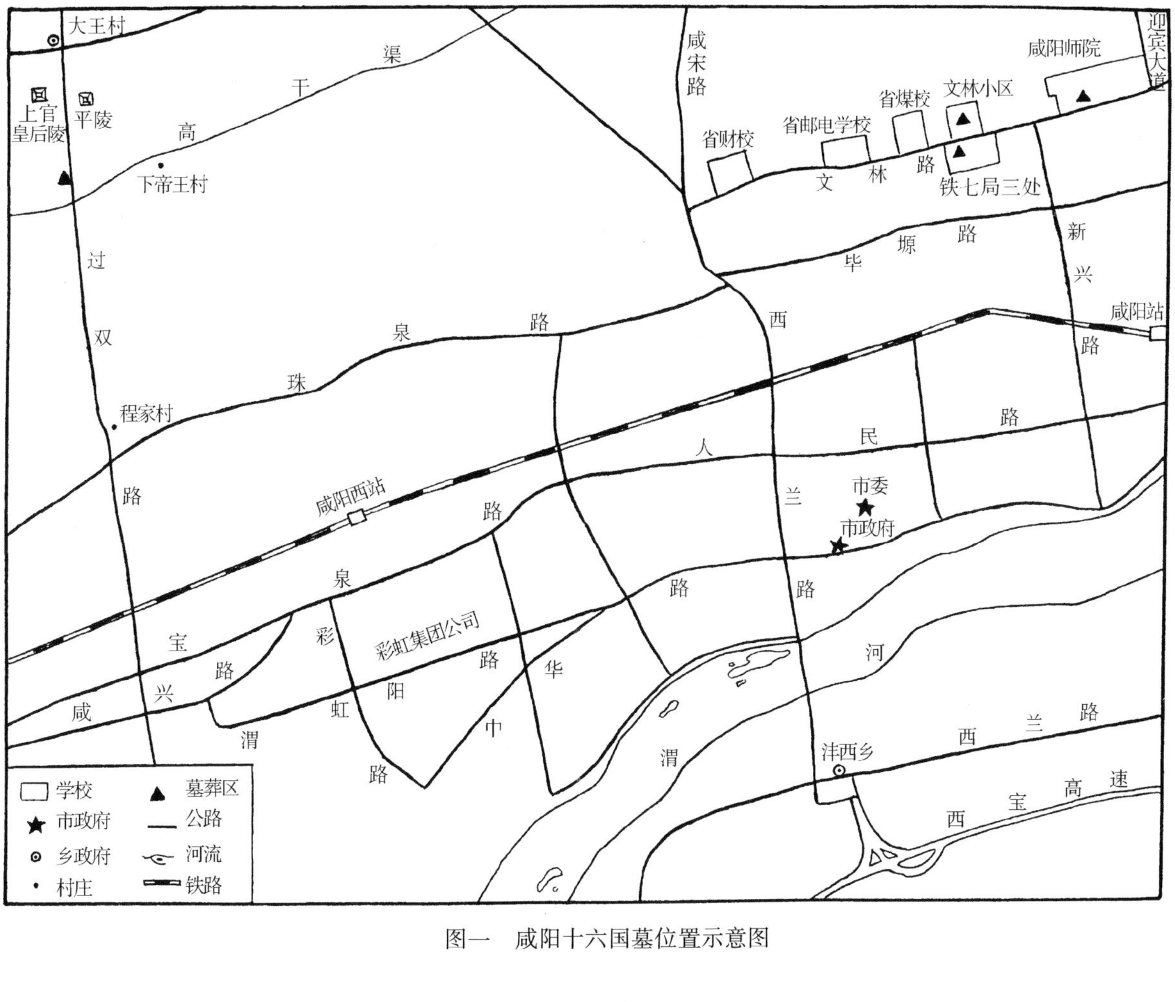

图一　咸阳十六国墓位置示意图

年，前秦被后秦所灭。386年，羌人姚苌建立后秦，定都长安，到417年亡于东晋。大夏于418年攻占长安，到426年被北魏取而代之。前赵、前秦、后秦均在长安建都，咸阳作为长安的京畿之地，占有相当重要的位置。咸阳地名在这一时期几次变更。西晋在咸阳置灵武县，后赵时更名为石安县，前秦时将长陵邑改为咸阳郡，石安县更名为灵武县。史书记载这一时期在咸阳发生的事情亦较多，前赵刘曜曾"置单于台于渭城，拜大单于，置左右贤王已下，皆以胡、羯、鲜卑、氐、羌豪杰为之"[1]。前秦苻坚任用王猛为中书侍郎，"时始平多枋头西归之人，豪右纵横，劫盗充斥，乃转猛为始平令。猛下车，明法峻刑，澄察善恶，禁勒强豪。……迁尚书左丞、咸阳内史、京兆尹"[2]。苻坚出生时，"有神光，自天烛其庭，背有赤文，隐起成字，曰：'草付臣又土王咸阳'"[3]。史书记载苻生曾宴群臣于咸阳故城，"有后至者，皆斩之"[4]。大夏凤翔五年八月，赫连勃勃进据咸阳，东晋大将刘裕大惧，乃召其子刘义真东镇洛阳。后秦时，姚苌闻慕容冲攻长安，议进趋之计，群臣咸曰"宜先据咸阳以制天下"[5]。姚兴自称大将军，"以尹纬为长史，狄伯支为司马，率众伐苻登。咸阳太守刘忌奴据避世堡以叛，兴袭忌奴，擒之"[6]。由此看来，十六国时期在长安建都的几个少数民族政权，都对咸阳这一地区十分重视。

二

由于十六国时期战乱不断，各个王朝存续时间较短，这一时期的墓葬全国发现的都比较少，关中地区能确认的也不多。早在1953年10至11月，当时的西北工程地区文物工作队在西安南郊草厂坡村发掘一座十六国墓，出土武士俑、鼓吹俑、牛车和庖厨用具等[7]。发掘者当时认为是北朝墓。1956年，咸阳博物馆在聂家沟曾采集了一批陶器，有牛车、蔽髻女侍俑、铠甲骑马俑、伎乐坐俑等，有鲜明的十六国时期墓葬的特点[8]。20世纪80年代，陕西省考古研究所在长安韦曲镇北塬上发掘两座墓，出土器物77件，发掘者将其定为北朝墓，从出土器物看应为十六国墓葬[9]。1996年，西安市文物保护研究所在西安财政干部培训中心发掘一座出土丰货钱币的墓，发掘者认为其为后赵墓[10]。同年，陕西省考古研究所在西安市北郊经济开发区顶益制面厂和西安三菱公司发掘五座墓，随葬品有釉陶镇墓兽、陶马、铠甲马、骑马奏乐俑、武士俑、伎乐俑和陶狗、罐、壶、仓及砖墓志等[11]，我们认为有四座墓应为十六国墓。1998年，咸阳市渭城区文物工作者在咸阳北郊南贺村清理一座墓葬，出土有牛车、男女侍俑等[12]，发掘者认为是北朝墓，从出土器物看亦应为十六国墓葬。

十六国墓研究工作在20世纪80年代已开始了。其中张小舟首次对北方地区魏晋十六国墓葬进行

[1]《晋书·卷一〇三·载记第三刘曜传》，中华书局点校本，下同，第2698页。
[2]《晋书·卷一一四·载记第一四苻坚传》，第2930—2931页。
[3]《晋书·卷一一四·载记第一四苻坚传》，第2883页。
[4]《晋书·卷一一二·载记第一二苻生传》，第2877页。
[5]《晋书·卷一一六·载记第一六姚苌传》，第2966页。
[6]《晋书·卷一一七·载记第一七姚兴传》，第2975—2976页。
[7]陕西省文物管理委员会《西安南郊草厂坡村北朝墓的发掘》，《考古》1959年第6期。
[8]咸阳市博物馆库房收藏。
[9]陕西省考古研究所《长安县北朝墓葬清理简报》，《考古与文物》1990年第5期。
[10]西安市文物保护研究所《西安财政干部培训中心汉后赵墓发掘简报》，《文博》1997年第6期。
[11]陕西省考古研究所《西安北郊北朝墓清理简报》，《考古与文物》2005年第1期。
[12]李朝阳《咸阳市郊清理一座北朝墓》，《考古与文物》1998年第1期。

了全面的分区和分期研究[13]。刘彦军对十六国和北朝时期的北方墓葬进行了简要论述[14]。90年代，杨泓在《美术考古半世纪》和《汉唐考古与佛教艺术》中谈了十六国俑的一些特征[15]。近年，苏哲通过新出土的墓葬材料，对西安草厂坡十六国墓的结构、仪卫俑组合及年代进行了细致深入的研究[16]；李梅田就关中地区十六国墓的墓葬形制及陶俑的一些特点发表了自己的观点[17]。但各位专家囿于关中地区十六国墓葬资料的匮乏，并没有对关中地区十六国墓葬得出完整、系统的看法。

近年，咸阳市文物考古研究所为配合基本建设在咸阳市北部的头道塬一线相继发掘了一批十六国墓葬（图一）。1995年，在北塬咸阳师专（现更名为咸阳师范学院）操场东南发掘十座家族墓葬[18]（以下简称师M），参加发掘的人员有刘卫鹏、王平武，进行初步修复、整理工作的为刘卫鹏。1998年7月至8月和1999年12月至2000年1月，在文林路以南的中铁一局三处（现更名为中铁七局三处）16号、17号家属楼施工中相继发掘四座十六国墓[19]（以下简称铁M），参加M1－M3发掘及初步修复整理工作的有刘卫鹏、赵旭阳、邓攀等；参加M4发掘的为谢高文、王平武，整理工作由谢高文担当。1999年3－9月，铁道部第二十工程局城建开发公司在中铁七局三处对面建设文林小区时，发掘了9座前秦墓[20]（以下简称文M），参加发掘的人员有谢高文、陈秋歌、赵旭阳、邓攀、魏冰等，参加工地修复整理工作的有谢高文、陈秋歌、邓攀、魏冰。2001年5月，在过塘至双照公路基建中，于平陵附近发掘一座十六国墓[21]（以下简称平M1），参加发掘的人员有咸阳市文物考古研究所的岳起、时瑞宝、谢高文、刘卫鹏、张东轩和秦都区旅游文物局的朱峰、张社孝、王伟鹏等，参加修复整理的人员为刘卫鹏、邓攀、王平武、魏冰等。本报告就这24座墓葬进行较全面的报道。

这24座墓葬发掘资料曾以简报的形式在《文物》、《考古》、《考古与文物》、《文博》等杂志上发表过，有关这批墓葬的资料以本报告报道的为准。

[13] 张小舟《北方地区魏晋十六国墓葬的分区与分期》，《考古学报》1987年第1期。
[14] 刘彦军《简论五胡十六国和北朝时期的北方墓葬》，《中原文物》1986年第3期。
[15] a. 杨泓《美术考古半世纪》，文物出版社，1997年。b. 杨泓《汉唐美术考古和佛教艺术》，科学出版社，2000年。
[16] 苏哲《西安草厂坡1号墓的结构、仪卫俑组合及年代》，载《宿白先生八秩华诞纪念文集》，文物出版社，2002年。
[17] 李梅田《关中地区魏晋北朝墓葬文化因素分析》，《考古与文物》2004年第2期。
[18] 咸阳市文物考古研究所《咸阳师专西晋北朝墓清理简报》，《文博》1998年第6期。
[19] a. 咸阳市文物考古研究所《陕西咸阳市头道塬十六国墓葬》，《考古》2005年第6期。b. 咸阳市文物考古研究所《陕西咸阳文林路十六国墓发掘简报》，《考古与文物》2004年增刊汉唐考古。
[20] 咸阳市文物考古研究所《陕西咸阳市文林小区前秦朱氏家族墓的发掘》，《考古》2005年第4期。
[21] 咸阳市文物考古研究所《咸阳平陵十六国墓清理简报》，《文物》2004年第8期。

第二章 墓地

一 咸阳师院墓地

　　咸阳师范学院位于咸阳市渭城区杜家堡村北的文林路东部,地属咸阳头道塬南部。1995 年,咸阳市文物考古研究所配合咸阳师院图书楼的基建工作,在开挖的图书楼地基内抢救性发掘墓葬 11 座,其中西晋十六国墓 10 座,唐墓 1 座。当文物部门接到报告时,图书楼地基已经全部开挖至距现地表 3.8 米的位置,所以,这次钻探和发掘是在距离地表 3.8 米处进行的,墓葬的墓道及墓室顶部均已遭到破坏。10 座西晋十六国墓分为东、西两排,东排 6 座,西排 4 座,均东西向平行排列。墓道朝东,墓室在西,东、西两排墓葬间距 24 米,每排墓葬之间相距 3-8 米(图二)。

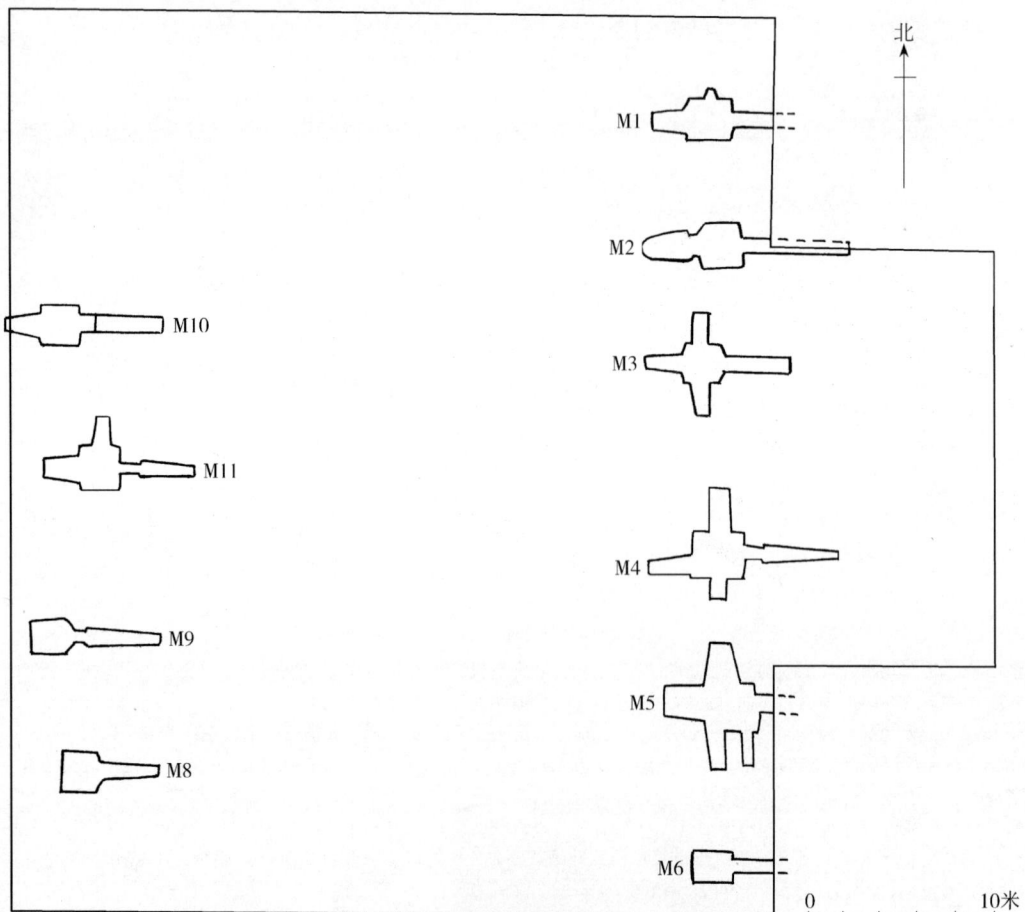

图二　咸阳师院墓地墓葬分布示意图

这 10 座墓均为东西向的带斜坡墓道的土洞墓,由墓道、封门、甬道和墓室组成。墓道平面多呈长方形,也有一部分呈梯形者。封门大多以青砖错缝平砌,也有两座为草拌泥坯封门。个别无封门者。甬道平面多呈长方形,也有一部分呈梯形。墓室分单室、主室带侧室、前后室、前后室带侧室四种形式。

(一) 师 M1

1. 墓葬形制

M1 位于墓地东排最北端,由墓道、封门、甬道及墓室四部分组成(图三)。方向 76 度。墓道大部分被压于建筑物下,无法清理,仅能发掘靠近墓室不到一米长的一段。墓道宽 0.68 米,残存深度 1.4

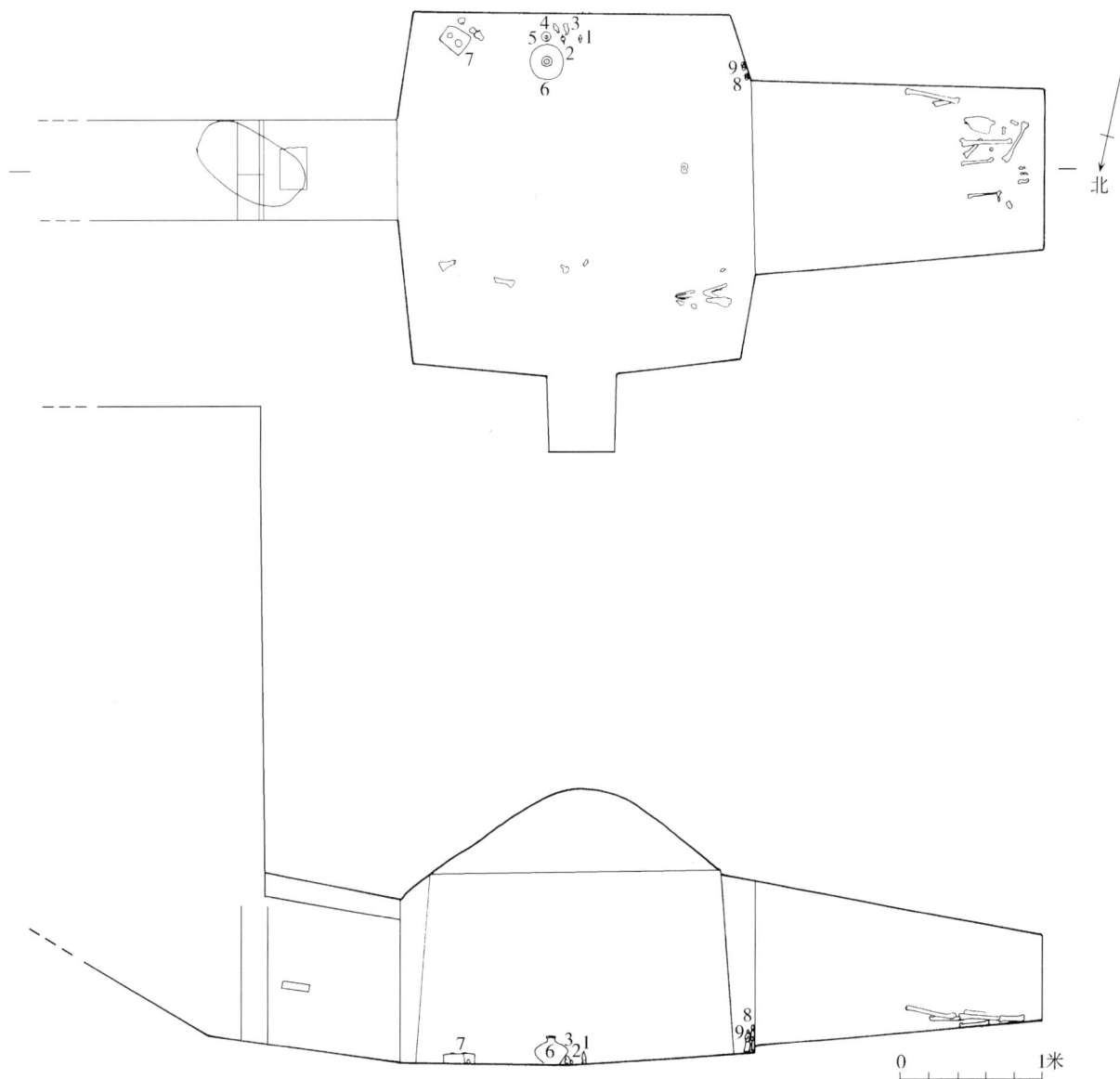

图三 师 M1 平、剖面图

1、2. 陶鸡 3. 陶狗 4. 陶猪 5. 陶磨 6. 陶罐 7. 陶灶 8、9. 陶胡人俑米，复原深度 4 米（至墓口）。封门以青砖错缝平砌，宽 0.68、厚 0.18、残高 0.9 米。甬道平面呈长方形，长 0.92、宽 0.68、高 1.1 米，弧形顶，直壁高 0.95 米，底稍带斜坡。甬道口发现一长 0.68 米的椭圆形盗洞直通墓底，其中发现一块瓷片。墓室由前室、后室组成。前室平面基本呈方形，东西长 2.2－2.45 米，南北宽 2.3－2.43 米，残存高度 1.6 米，复原高度 2 米。由墓顶四壁的收分看当为四面结顶。墓室四壁略向外弧凸，北壁中部距墓底 0.3 米开有一小龛，小龛宽 0.47、高 0.39、进深 0.52 米，龛内空无一物。后室直接开于前室西壁中部，平面略呈梯形，前宽后窄，口高内低，宽 1.08－1.3 米，长 2.03 米，高 0.58－1.12 米，弧顶较平。后室底部比前室高 6－20 厘米，略呈一斜坡。

葬具为木棺，仅余零星板灰，形状及大小不明。人骨仅余一部分肢骨，分散于前室北部及后室内，保存极差，性别、年龄、葬式均不详。随葬器物基本分布于前室南部，种类有陶罐、灶、鸡、狗、猪动物模型及胡人俑等。胡人俑共 2 件，位于前室西南后室口部，紧靠墓壁，面朝东站立，位置未被扰动。另外，在前室的西北角发现部分动物的头骨，经鉴定为狗的骨骼。

2. 出土器物

出土器物共 9 件（组），均为泥质灰陶。器形有罐、灶、磨、鸡、狗、猪和胡人俑。除罐、磨为轮制外，余皆手制。

罐　1 件（M1:6）。侈口，斜折沿，圆唇，束颈，广肩稍斜，腹斜收至底，凹底，最大径位于肩部，肩饰一周弦纹。口径 7、腹最大径 22、底径 12.5、高 17 厘米（图四:1，图版 16）。

灶　1 件（M1:7）。平面略呈长方形，灶前面正中开一梯形圆角火门，上耸起三层阶梯式"凸"

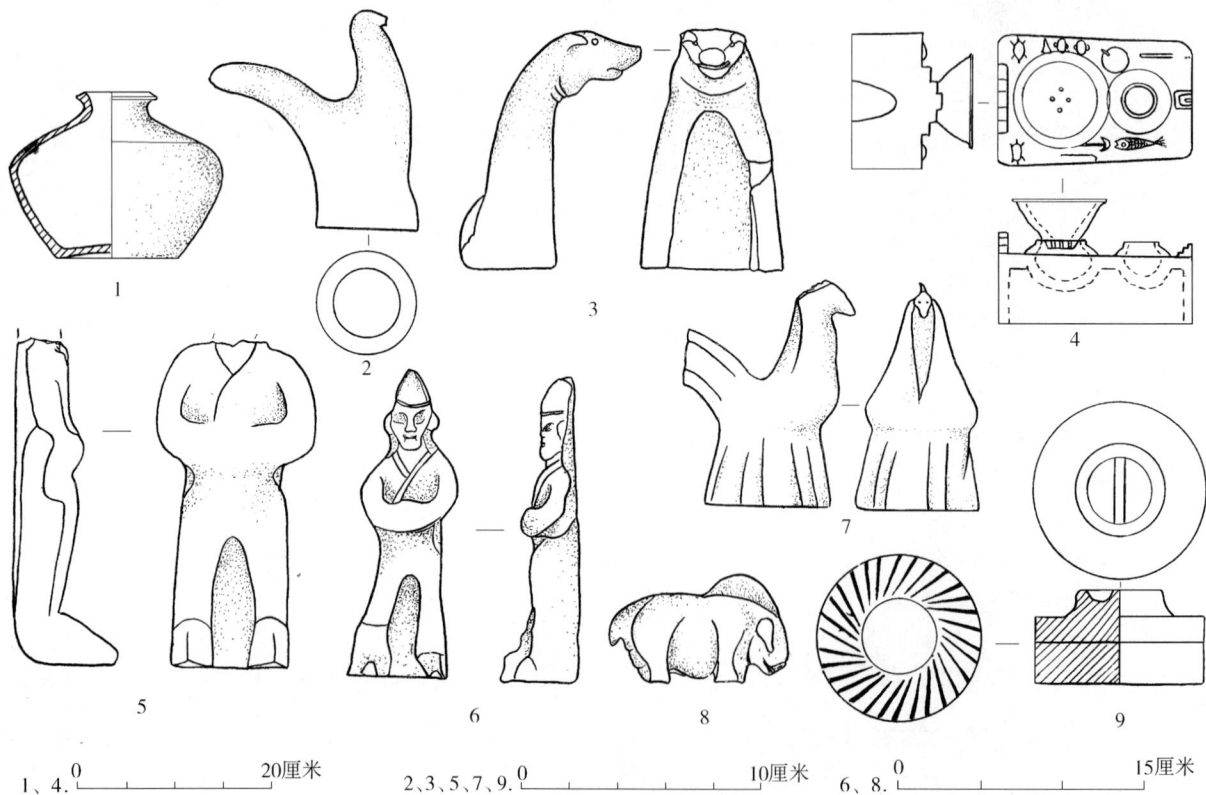

图四　师 M1 出土器物
1. 陶罐（师 M1:6）　2、7. 陶鸡（师 M1:1、2）　3. 陶狗（师 M1:3）　4. 陶灶（师 M1:7）
5、6. 陶胡人俑（师 M1:9、8）　8. 陶猪（师 M1:4）　9. 陶磨（师 M1:5）

形挡火墙，灶后突起方座尖顶形烟囱。灶面中部耸起两个圆形火眼，火眼上各置陶甑一；灶面两侧模印有鱼、铲、杖、箅、耳杯等物。长19.3、宽11-13.7、高6.3-12.3厘米（图四：4，图版17）。

磨　1件（M1：5）。圆形，由上、下两扇合成，结合面中心有一圆形突起，四周有放射状磨槽。上面中心凸起一中心有横挡的圆盘。直径7.1-7.4、高3.7厘米（图四：9，图版18）。

鸡　2件。形状大体相同，下有圆形中空座。M1：1，形体瘦高，喙残缺，长颈高挺，长尾上翘，高9厘米（图四：2，图版24）。M1：2，形体略肥矮，表面凹凸不平，有明显捏造痕迹，尖喙硕腹，尾残。高9.2厘米（图四：7，图版23）。

狗　1件（M1：3）。蹲坐状，前面内凹，头平伸，耳贴面，尾上卷贴臀，高9.4厘米（图四：3，图版25）。

猪　1件（M1：4）。头朝下，脸鼓出，耳下垂，鬃毛高耸齐长，硕腹下垂至地，似有身孕，憨厚笨拙。长11.1、高6.6厘米（图四：8，图版19）。

胡人俑　2件。形制相同，手制，背面及体两侧刮抹痕迹明显，背面较平。M1：8，头戴尖圆小帽，颜面瘦长，颧骨突出，双耳圆大且外撇，深目高鼻。上身穿开领交衽紧袖袍，下穿裤，足似穿靴，双手合抱于腹，双腿塑成一体，高18.3厘米（图四：6，彩版13、图版20-22）。M1：9，形制和M1：8相同，唯头残缺，残高13.2厘米（图四：5，图版26）。

（二）　师 M2

1. 墓葬形制

M2位于M1南部，由墓道、封门、甬道及过洞五部分组成（图五）。方向72度。墓道压于建筑物下无法清理，根据开挖坑壁得知其长度为8.75米，坡度27度，距地表最深5.9米。墓道宽1.1米。封门以青砖错缝平砌而成，共9层，残高1.3、宽1.1、厚0.4米；最底下三层顺长平砌，再上面5层顺长立砌，顶面一层横向平砌。甬道长1、宽1.1、高1.4米，弧形顶，直壁高1.08米，弧顶高0.32米。墓室由前、后二室组成，二室之间以过洞相连。过洞长0.4、宽0.94-1、高0.84米，弧形顶。前室平面呈方形，四壁略向外凸出，顶部已塌，从四壁的收分观察其为四面起坡结于顶部，复原高度2.3米，现存高度1.6米。后室底部比前室底部高6厘米，平面略呈弧边长方形，四壁朝外弧凸，长2.46、宽0.84-1.46、高0.85米，平顶。

葬具为木棺，置放于前、后室内。前室内有棺木两口，南边的一口顺墓室南壁东西向陈放，大头朝东。棺长1.74、宽0.4-0.5米，内仅存部分头骨及肢骨。前室中部靠后有一口棺木，南北向，大头朝北，长1.6、宽0.37-0.5米，其中的人骨保存较好，仰身直肢，头北足南，女性，年龄45-50岁。随身葬有铜镜、铜钗及铜镯。此棺原来可能为东西向，和前室南部一棺并排放置，以后由于墓室进水导致棺木漂移，陶罐漂浮至棺附近，陶灶、陶俑多被压于棺木下。后室放置东西向棺木一口，棺长1.7、宽0.44-0.6米，大头朝东。棺板厚4厘米，棺底铺有一层白灰，白灰之上发现一层竹席朽痕，竹席同人骨之间有布帛朽骸。应属死者所穿衣物，席纹纵横编织，呈"井"形。其中人骨保存较差，仰身直肢，头东足西，男性，年龄35-40岁。随身葬有铜镜、铜簪、铁镰等。另外，在前室中部偏南发现有部分动物骨骼残骸，经鉴定为狗骨。随葬品基本上陈放于前室南、北两侧，种类有陶罐、灶、磨、胡人俑等。

2. 出土器物

共24件（组）。种类有陶器、铜器及铁器。

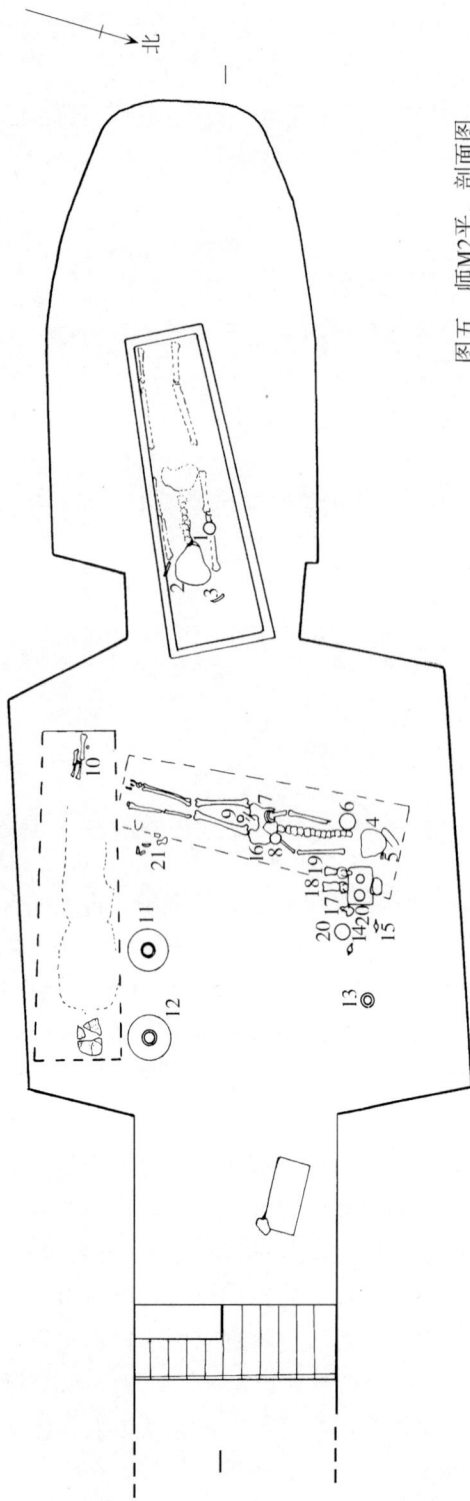

图五　师M2平、剖面图

1、6. 铜镜　2、9. 铜簪　3. 铁镰　4、5. 铜钗
7、8、16. 铜镯　10. 铜铃　11、12. 陶罐
13. 陶磨　14、15. 陶狗　17. 陶鸡
18、19. 陶胡人俑　20. 陶灶　21. 狗骨

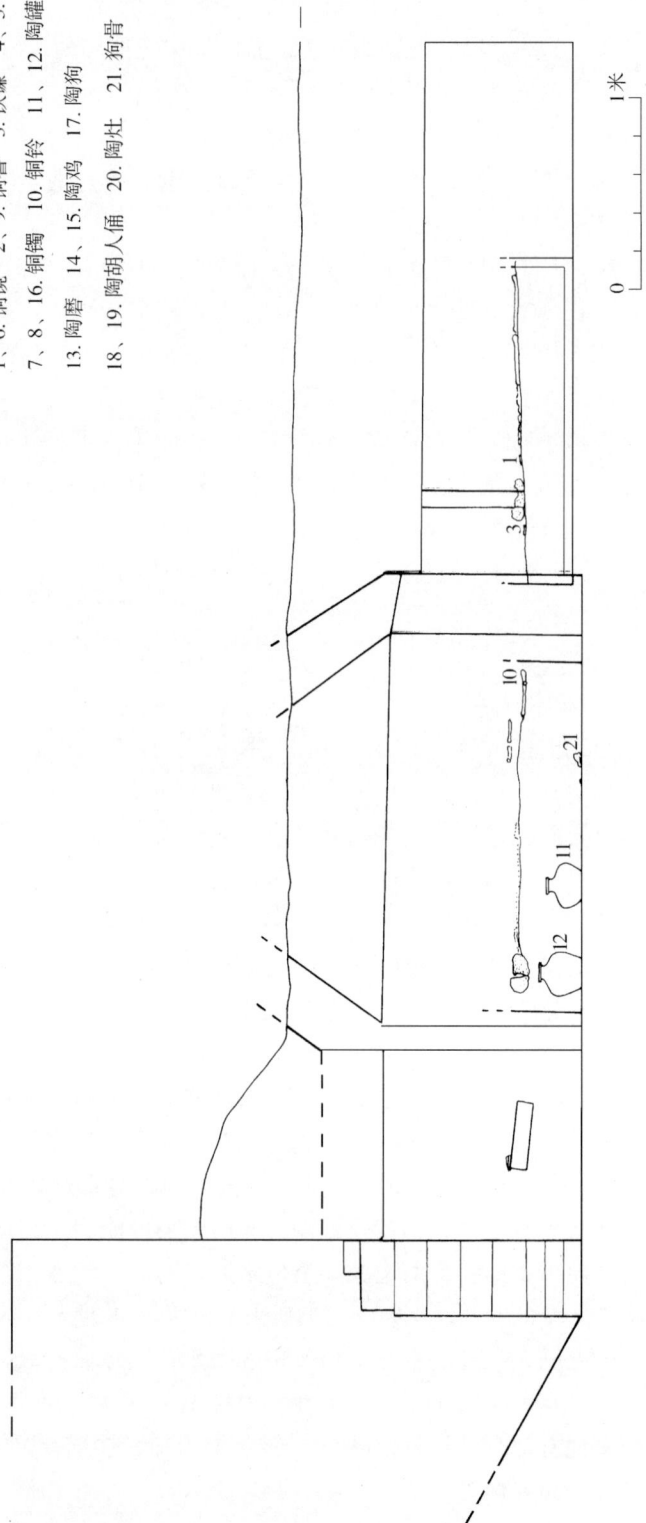

北

米

0　　　　　　1

（1）陶器　9件（组）。均泥质灰陶。器形有罐、灶、磨、鸡、狗类动物模型及胡人俑。

罐　2件。M2∶11，侈口，斜折沿，圆唇，束颈，鼓腹，平底微凹。口径9、腹径20.5、底径13.5、高19.5厘米（图六∶2，图版27）。M2∶12，侈口，斜折沿，口部倾斜变形，方唇稍斜，广肩，鼓腹，凹底，底径较大。口径9、腹径26、底径18、高23.5厘米（图六∶1，图版28）。

灶　1件（M2∶20）。泥质灰陶，平面略呈梯形，无底，灶面中部耸起两圆形火眼，上放钵、甑各一，火眼两侧饰鱼、瓢、杖、铲、耳杯等图案。前面中部开有一方形圆角火门，上有三层阶梯式"凸"形挡火墙，灶尾有凸形烟囱。长18.8、宽12-14.8、高12.8厘米（图六∶8，图版29）。

磨　1件（M2∶13）。圆形，由上、下两扇合成，结合面有磨槽，直径7.2、高3.6厘米（图六∶4，图版30）。

鸡　2件。皆手制，形制基本相同。M2∶15，雄性，头朝下，短冠，长尾，尖喙，下有圆形中空底座。长9.4、高9.6厘米（图六∶14，图版31）。M2∶14，雌性，头前伸，丰胸长尾，圆形中空座。长9.2、高9.3厘米（图六∶13，图版32）。

狗　1件（M2∶17）。呈蹲坐状，腹中空，双耳贴脸，头前伸，尾上卷贴背，高9.8厘米（图六∶7，图版37）。

胡人俑　2件。皆手制，背扁平，两侧有修抹痕。M2∶19，头戴尖圆小帽，高鼻深目，双耳外撇，上身穿开领交衽衣，下着裤，双手合抱于腹，束腰，两腿分开站立，脚穿靴。高17.8厘米（图六∶5，图版33-35）。M2∶18，头残缺，形制和M2∶19相同，残高13.6厘米（图六∶6，图版36）。

（2）铜器　14件。器形有镜、簪、钗、镯、铃。

镜　2件。M2∶1，圆钮，圆钮座，钮座外有四乳，乳间饰以变形禽兽纹，边缘饰锯齿纹。直径7.4厘米，缘厚0.35厘米（图七∶1、2，彩版14）。M2∶6，圆钮，圆钮座，钮座外有一圈连弧纹，内区饰铭文带，文字为"见日之光，天下大明"，铭文之间饰以卷云纹和菱形弧纹，素面宽平沿，直径7.3、厚0.3厘米（图七∶3、4，彩版16）。

钗　3件。M2∶5，2件，大小形制相同，呈"V"形，钗股细长，呈扁圆形，顶端较厚，顶面呈脊形，中心凸起一棱。钗长19.8-19.9厘米，钗间宽度0.3-1.5厘米（图六∶9，图版40）。M2∶4，1件，平面呈"U"形，顶面平面为弧状突起的菱形，中心有一道细棱，两钗股呈扁圆形，由粗变细。长12、宽3.1-3.8厘米（图六∶10，图版41）。

镯　5件。M2∶7，一副2件，出于前室棺内人骨右手部位，素面，上、下面较平，外壁弧凸，壁较厚，直径6.3-6.8厘米，壁厚0.2-0.3厘米（图六∶17，图版38）。M2∶8，一副2件，出于前室人骨左手部位，形制，大小和M2∶7的相同，直径6.4-6.7厘米（图六∶18，图版39）。M2∶16，1件，出于前室人骨左手部位，素面，壁较薄，断面略呈弯月形，直径6.2-6.4厘米，壁厚0.15-0.2厘米（图六∶3，图版44）。

簪　2件。M2∶2，出于后室人头骨附近，状为长柄刀形，边缘毛茬不整，长9.8、厚0.15-0.2、宽0.5-0.7厘米（图六∶12，图版42）。M2∶9，出于前室北部人头骨附近，形状和M2∶2基本相同，呈长柄刀形，长10.5、宽0.3-0.5厘米，厚0.05-0.3厘米（图六∶11，图版43）。

铃　2件（M2∶10）。形制、大小基本相同，呈苹果形，一端有缝，一端有系，铃内有响丸，已锈住，直径1.5-1.8厘米（图六∶15、16，图版45）。

（3）铁器　仅1件铁镰（M2∶3）。刃部呈弧形，残长13厘米（图六∶19，图版46）。

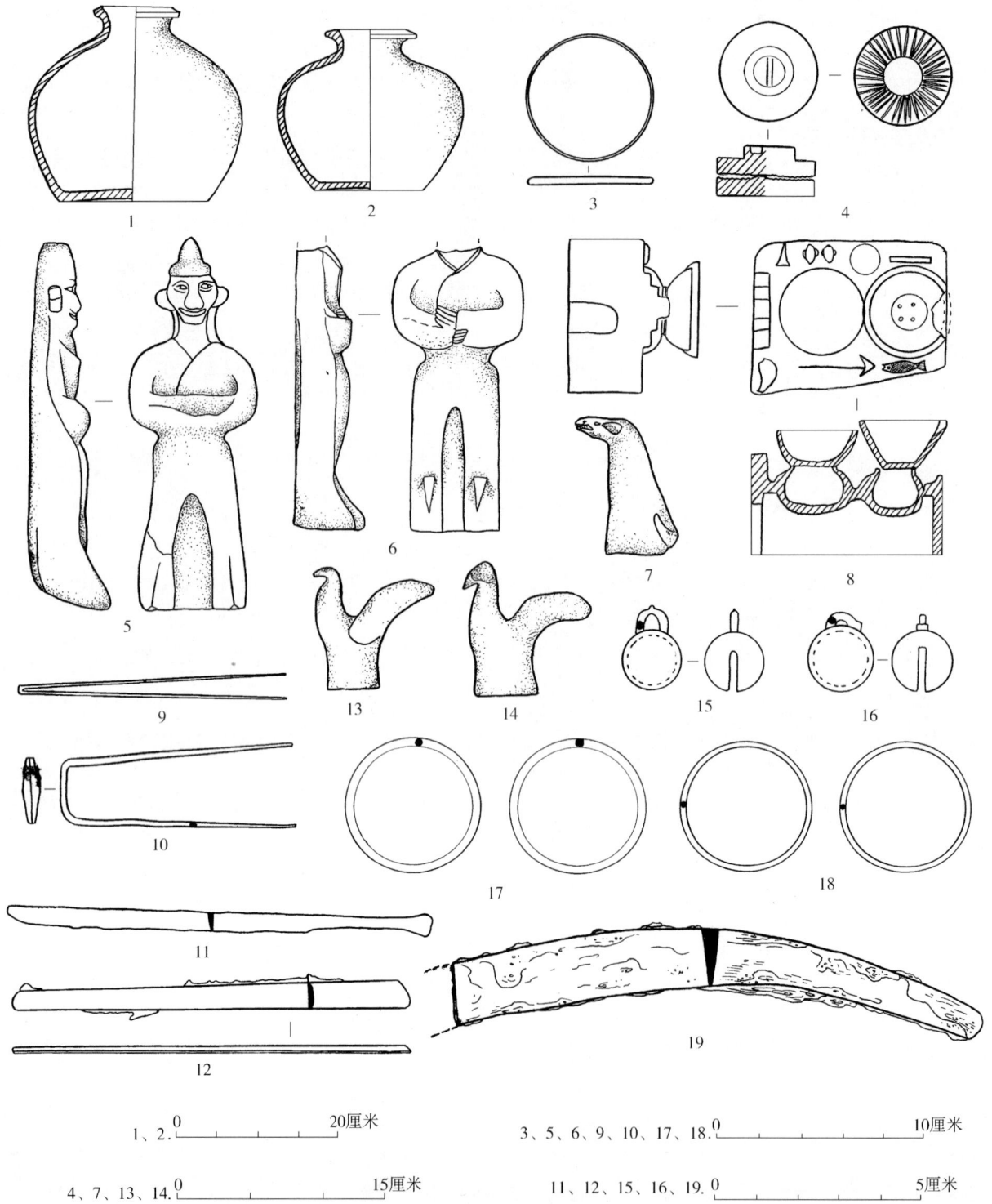

图六　师 M2 出土器物

1、2. 陶罐（师 M2：12、11）　　3、17、18. 铜镯（师 M2：16、7、8）　　4. 陶磨（师 M2：13）　　5、6. 陶胡人俑
（师 M2：19、18）　　7. 陶狗（师 M2：17）　　8. 陶灶（师 M2：20）　　9、10. 铜钗（师 M2：5、4）　　11、12. 铜簪
（师 M2：9、2）　　13、14. 陶鸡（师 M2：14、15）　　15、16. 铜铃（师 M2：10）　　19. 铁镰（师 M2：3）

图七 师 M2 出土铜镜
1、2. 师 M2∶1   3、4. 师 M2∶6

（三）   师 M3

1. 墓葬形制

M3 位于 M2 南部，由墓道、封门、甬道及墓室四部分组成（图八）。方向 275 度。墓道平面略呈梯形，残存长度 2.3 米，宽 0.58－0.74 米，残深 0.8 米。封门以青砖错缝垒砌，宽 0.74 米，厚 0.2米，残高 0.82 米。甬道平面略呈长方形，长 0.85－0.9、宽 0.75－0.82、高 0.92 米。墓室由前室、

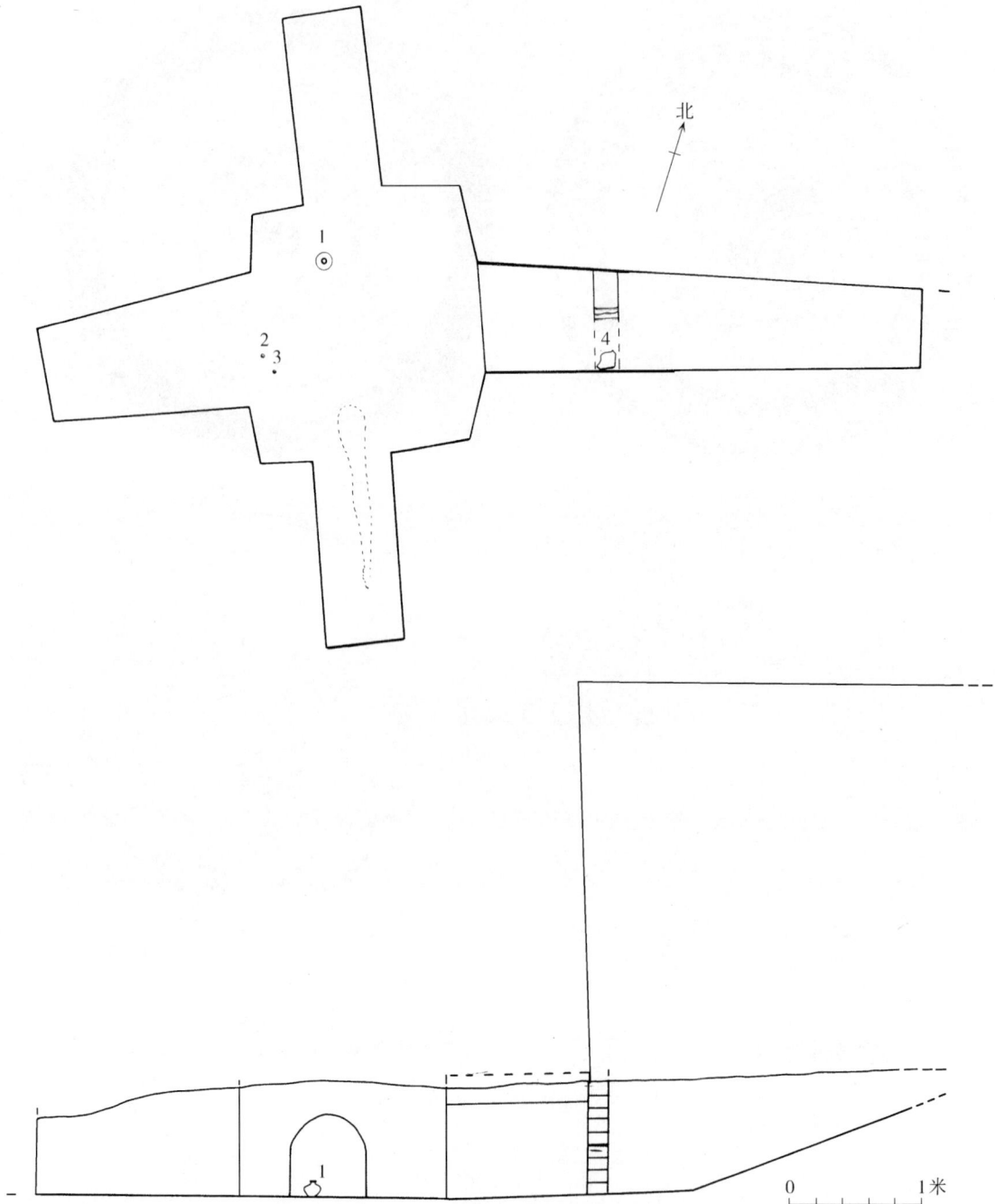

图八　师 M3 平、剖面图
1、4. 陶罐　2、3. 铜钱

后室、南侧室、北侧室四部分组成。前室平面近方形，南北长 1.8－2.01 米，东西宽 1.6－1.8 米，顶已塌，高度不详。后室直接开于前室中部，平面呈梯形，宽 0.7－1 米，长 1.6 米，残高 0.56－0.8 米。南、北侧室直接开于前室南、北壁中部偏西位置，二者基本正对，平面呈长方形。南侧室长 1.38 米，宽 0.6 米。北侧室长 1.3－1.4 米，宽 0.62 米。葬具、人骨基本无存，仅于南侧室发现一具人骨粉骸，葬式、性别等均不明。出土器物共 4 件，前室北部及封门上各发现陶罐 1，后室口发现铜钱币 2 枚。

2. 出土器物

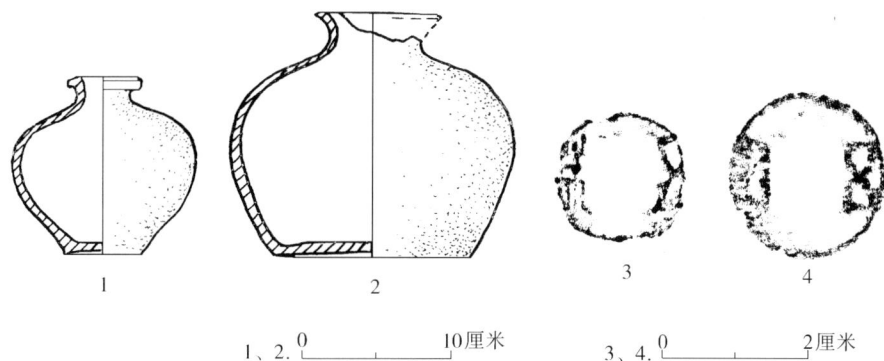

图九 师 M3 出土器物和钱币
1、2. 陶罐（师 M3：1、4） 3. 剪边五铢钱（师 M3：2） 4. 五铢钱（师 M3：3）

4 件。陶罐和铜钱币各 2。

罐 2 件。M3：1，泥质灰陶，形体较小，斜折沿，方唇，圆肩较平，鼓腹，腹斜收至底，小平底。口径 5.4、腹径 12.8、底径 5.4、高 11.8 厘米（图九：1，图版 47）。M3：4，口残，泥质灰褐陶，溜肩，鼓腹，凹底，残口径 6.7、腹径 19.8、底径 13.5、高 16 厘米（图九：2，图版 48）。

剪边五铢 1 枚（M3：2）。背面内郭突出，正面文字仅余一半，钱径 1.6－1.7、穿径 0.9－0.95厘米，重 0.96 克（图九：3）。

五铢 1 枚（M3：3）。钱体轻薄，磨蚀较甚，边轮不整，有残缺，体平滑，上有一蚀孔。五字瘦长，交股较曲，铢字漫漶不清，轮压钱文，可能为曹魏五铢。钱径 2.22、穿径 0.96－1 厘米，轮厚0.05 厘米，重 1.4 克（图九：4）。

（四） 师 M4

1. 墓葬形制

M4 位于 M3 的南部，南邻 M5。由墓道、甬道、封门及墓室四部分组成（图一〇）。方向 70 度。墓道平面呈梯形，现存长度 4 米，宽 0.75－1 米，现存深度 1.56 米，复原深度 4.05 米（至墓口），底为斜坡形，坡度 24 度。封门位于甬道口，以青砖错缝平垒 22 层，平面呈弧形，向墓道外弧凸，最顶一层横向立砌，余皆横向平砌，封门宽 1 米，厚 0.24－0.5 米。甬道平面呈长方形，长 1.2 米，宽 0.7－0.76 米，残存高度 1.1 米。墓室由主室及南、北、西侧室组成。主室平面呈四方形，边长 2.1 米，现存高度 1.4 米，复原高度 1.7 米，直壁高 1.08 米。侧室平面均为长方形，开于主室墓壁一侧，均为口高内低的倾斜式弧顶或平顶土洞。南、北侧室位于前室南、北壁偏东位置，二者基本正对。南侧室长 2.2、宽 0.8、高 0.64－0.9 米，弧形顶。北侧室长 1.9、宽 0.84－0.9、高 0.5－1 米，弧顶较平。西侧室开于主室西壁南端，长 2.24 米，宽 0.6－0.8 米，高 0.6－1.08 米，斜平顶。主室中部偏北发现动物骨骸若干，经鉴定为狗骨。葬具、人骨均未发现，仅在北侧室口外发现铁棺钉 2 枚。另外，在主室东北角，北侧室口外发现一木箱（盘）残骸，木箱平面为长方形，南北长 0.7 米，东西宽 0.5 米，箱壁厚 2 厘米，箱西边发现有小铁钉若干，箱内装有几件泥器，形状已不明。出土器物基本陈放于主室东部室口的南北两侧及甬道内，种类有陶罐、陶盆、泥井、泥灶及铜印章、铁钩等。

2. 出土器物

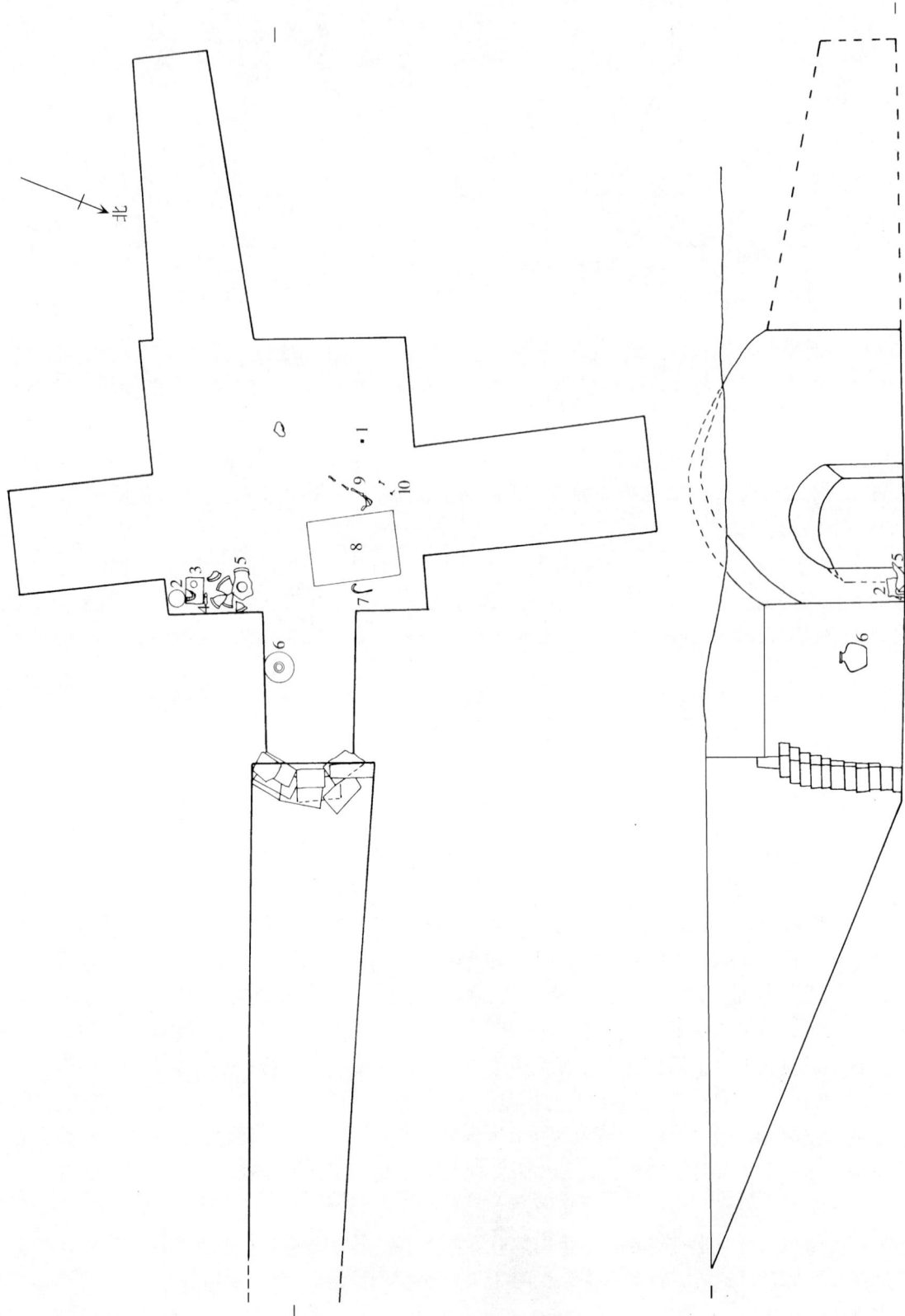

图一〇 师M4平、剖面图

1. 铜印章 2. 泥井 3. 泥灶 4. 泥狗 5. 陶盆 6. 陶罐 7. 铁钩 8. 木箱痕迹 9. 狗骨 10. 铁棺钉

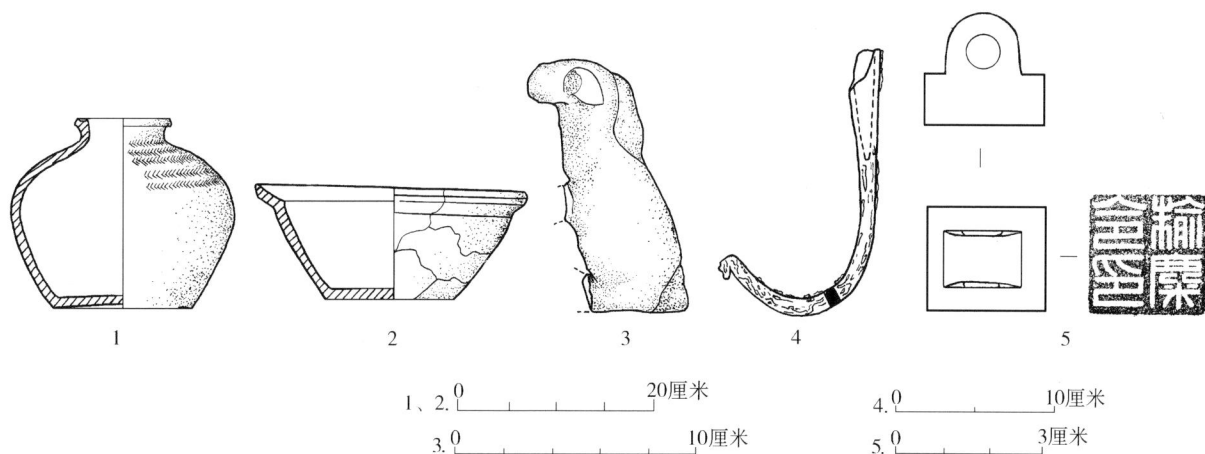

图一一　师 M4 出土器物

1. 陶罐（师 M4：6）　2. 陶盆（师 M4：5）　3. 泥狗（师 M4：4）　4. 铁钩（师 M4：7）　5. 铜印章（师 M4：1）

7件。有陶器2件、泥器3件、铜印章及铁钩各1件。

罐　1件（M4：6）。泥质灰陶，侈口，平沿，方唇，直颈，斜圆肩，鼓腹，平底微凹。口径9、腹径20.5、底径13.5、高19.5厘米（图一一：1，图版49）。

盆　1件（M4：5）。泥质灰陶，侈口，敛唇，宽折沿，口沿朝内倾斜，斜直腹，平底。口径28、底径13.4、高11.5厘米（图一一：2，图版54）。

灶　1件（M4：3），泥质，素面抹光，残损较重。平面呈长方形，前面开一方形火门，灶面上残存一个火眼。长20、宽15、高7.5厘米，侧壁厚2厘米。

井　1件（M4：2）。泥质，轮制。外壁抹光，饰六道弦纹。圆柱形，平底，直径13、残高8厘米，壁厚1厘米。

狗　1件（M4：4）。泥质，蹲坐，嘴朝前，两耳稍垂，尾稍上卷，腹空。高10.6厘米（图一一：3，图版50）。

印章　1方（M4：1）。青铜质。鼻纽，方座，印面边长2.5、厚1厘米。纽宽1.6、高1.3、孔径0.7厘米。印面阴文篆刻"榆糜令印"四字，重65.2克（图一一：5，彩版15、17、18）。

铁钩　1件（M4：7）。呈弯月形，有孔，长26厘米，銎孔最大径1.5厘米（图一一：4，图版51）。

（五）　师 M5

1. 墓葬形制

M5位于M4南部，由墓道、封门、甬道和墓室四部分组成（图一二），方向80度。墓道被压于建筑物下无法清理，宽1.06米，最深4.7米（距墓口）。封门有内、外两重。外重封门位于甬道口，由上、下两层组成，下层高1.24米，顺长（顺墓道壁、东西长）平砌26层绳纹小砖，刚好将甬道完全封堵；上层高0.77米，在下层封门顶上紧贴墓道照壁横向平垒小砖19层。外重封门总高2.2米，宽1.06米，厚0.12－0.25米。封门所用砖为正、背面均饰粗绳纹的小砖，砖分两种规格，一种长26、宽12、厚4.5厘米，占封门砖的大多数；一种长31、宽11.5、厚5.7厘米，数量较少。内重封门位于

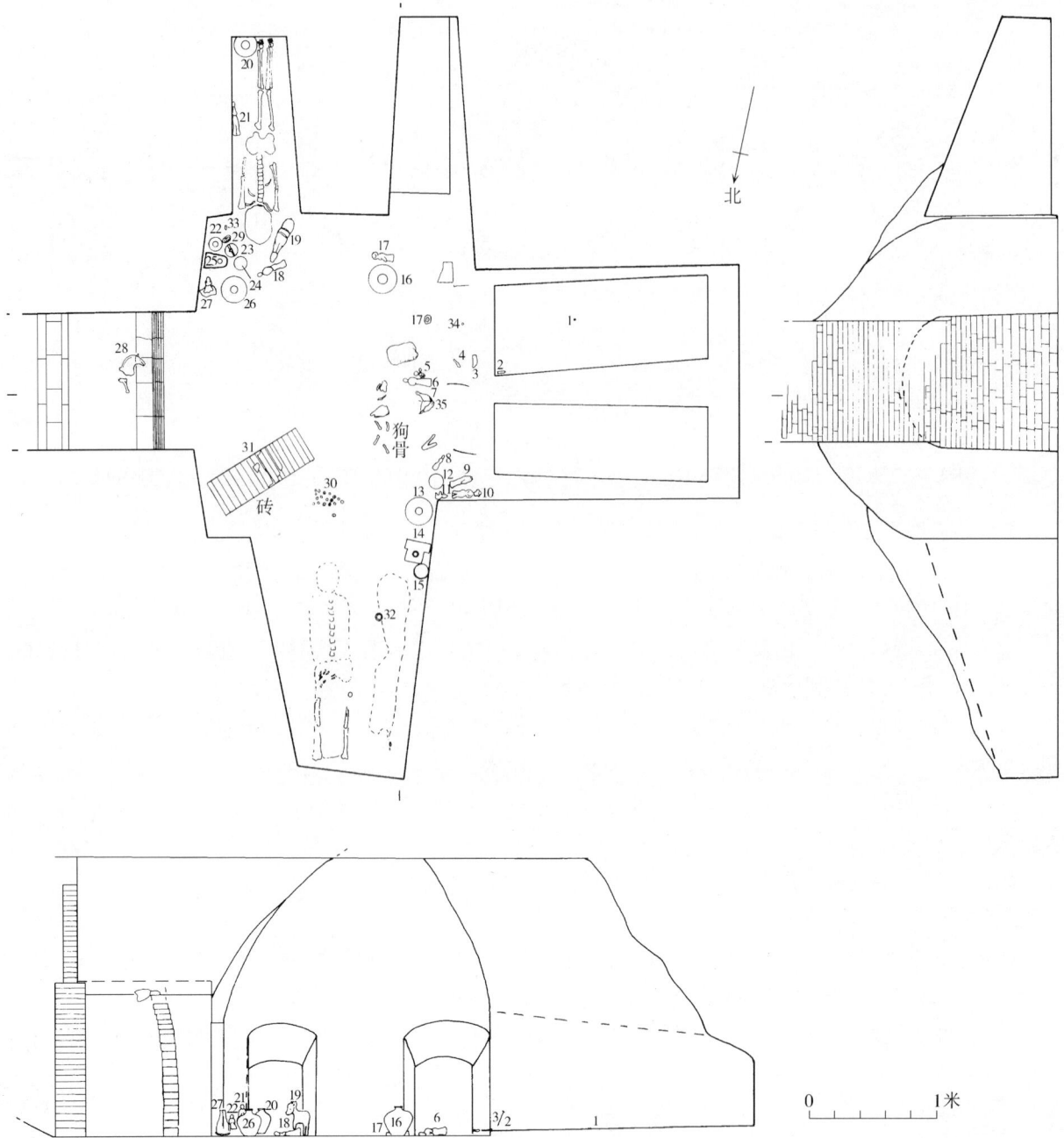

图一二　师 M5 平、剖面图

1、34. 铜指环　2. 玉圭　3. 铜盘残片　4. 铜勺　5. 铜钱　6、10、17. 陶女侍俑　9、18、21、29. 陶男侍俑

7、35. 陶鸡　8. 陶狗　11. 陶猪　12. 泥井　13. 陶罐　14. 陶灶　15. 泥盒　16、20、26. 陶罐　19、27、28. 陶马

22. 泥女侍俑　23. 陶井　24. 陶仓　29. 泥灶　30. 泥珠　31. 铁镰　32. 铜镯　33. 泥男侍俑头

甬道内靠近墓室的位置，顶部朝外弧凸，高 1.2、宽 1.06、厚 0.13－0.22 米；封门下部 0.8 米高的部
分用长 34－36、宽 13.5－16.7、厚 5－6.5 厘米的青色素面砖横向平砌 13 层；上部 0.4 米高的部分用
绳纹小砖横向平砌 6 层。两重封门间距 0.54－0.62 米。甬道平面呈长方形，长 1.06、宽 0.94－1.06
米，弧形顶，中部距底 1.1 米发现一残陶马。

　　墓室由前室、后室、北侧室、南东侧室和南西侧室五部分组成。前室平面呈方形，四壁微向外弧凸，东西长 2.2 - 2.3 米，南北宽 2.2 - 2.5 米，直壁高 0.95 - 1.15 米，顶已遭破坏，从四壁的收分变化可以看出它属穹隆顶。后室直接开于前室西壁，平面呈长方形，长 2.1 - 2.4 米，宽 1.8 米，高 0.53 - 0.95 米，弧顶。北侧室开于前室北壁偏西位置，长 1.78 - 2.15 米，宽 0.86 - 1.46 米，高 0.45 - 0.87 米，弧券顶。南东侧室开于前室南壁东部位置，长 1.38 米，宽 0.46 - 0.54 米，高 0.6 - 0.9 米，弧顶较平；南西侧室开于前室南壁西部位置，长 1.56 米，宽 0.48 - 0.66 米，高 0.63 - 0.93 米，弧顶较平。

葬具为木棺，共 3 口，仅余板灰和铁棺钉，其中均未发现人骨。后室东西向陈放棺木两口，大头均朝向前室。南边的一口长 1.7 米，宽 0.65 - 0.7 米，棺板厚 4.5 - 5 厘米，棺内发现铜指环、玉圭各 1 件。北边的棺木长 1.7 米，宽 0.55 - 0.58 米，棺板厚 4 厘米，棺底铺有一层白灰。南西侧室偏东南北向陈放棺木一口，大头朝向前室，棺长 1.36 米，宽 0.4 - 0.5 米。人骨共发现 3 付。北侧室有两付人骨，头均朝向前室，保存较差，已朽为黄褐色粉末，未发现棺木痕。东边的为男性，年龄 20 - 25 岁，仰身直肢；西边的侧身直肢，大致可以看出面朝东，女性，由于人骨已朽成粉末，年龄无法鉴定。南东侧室内有人骨一副，头北足南，仰身直肢，男性，年龄不详。人骨架现存长度 1.6 米，周围未发现棺木痕。前室西部发现几堆动物骨骸，经鉴定为狗骨。另外，前室东北角发现一道长 84、宽 40 厘米的排列整齐的砖堆，砖堆上发现铁镰 1 件。随葬品基本陈放于前室靠近后室和侧室口部位置，有陶罐、灶、仓、井、侍俑及铜钱币等，侧室人骨随身处也发现有铜镯、侍俑等物（图版 2 - 4）。

2. 出土器物

42 件（组）。种类有陶器、铜器、泥器、玉器、铁器；另有铜钱币 24 枚。

（1）陶器 21 件。器形有罐、灶、仓、井及马、猪、鸡类动物模型和男、女侍俑。

罐 4 件。形制基本相同。M5：13 和 M5：26 形制相同，肩较平。M5：13，小口，方唇，斜折沿，细颈，广肩稍斜，鼓腹内收。底微凹，器物最大径靠近肩部。口径 5、底径 11.5、最大径 21.5、高 19.5 厘米（图一三：1，图版 52）。M5：26，斜折沿，圆唇，细颈较长，圆肩较平，鼓腹斜收，小平底微凹。口径 5、底径 8.9、高 18.9 厘米（图一三：2，图版 53）。M5：16 和 M5：20 的形制相同，肩部较圆鼓。M5：16，小口，斜折沿，圆唇，束颈，肩部圆鼓，鼓腹，平底微凹。口径 5.5、底径 10.8 - 11.3、高 20.5 厘米（图一三：3，图版 55）。M5：20，口径 6、底径 10.7 - 11.5、高 21.3 厘米（图一三：4，图版 56）。

灶 1 件（M5：14）。泥质灰陶，烧制火候较低，制作粗糙，平面呈"凸"形，灶面中部耸起一圆形火眼，上置一钵。火眼四周饰杖、几、鱼、食物等图案。灶前壁正中开一圆角方形火门，灶尾突出索状烟囱。长 17.6、宽 12.8 - 20.4、高 8.4 厘米（图一三：14，图版 57）。

仓 1 件（M5：24）。泥质红陶，仓身呈圆柱状，上覆伞形顶盖，下有圆形底座，仓体上部开一方形圆角透气孔，孔径 1.6 厘米。仓高 15、腹径 7.8、底径 10.8 厘米（图一三：10，彩版 19）。

井 1 件（M5：23）。泥质红陶。井身呈圆桶形，上、下边稍外侈，沿上安接弧形井栏，栏顶正中有辘轳，无底。高 14.4、口径 10、腹径 8.6、底径 8.7 厘米（图一三：11，彩版 20）。

马 3 件。形制相同，均泥质红陶，通体饰白彩。以黑彩绘出笼头和后鞧，马脸瘦长，下唇稍突，大眼黑蹄，双耳尖短，马面正中贴附二圆球形装饰。鬃毛整齐高耸，于额头向前伸出成触角状。直鞍，身体两侧粘方形障泥，M5：19，鞍桥及障泥均饰黑彩，右侧障泥上以白彩绘三角形镫。马腹中空，腹下齐平，尾稍上翘，四蹄直立，威武雄健。高 29.6、长 38.4 厘米（图一四：1，彩版 21）。M5：27，长 38、高 30.5 厘米（图一四：5，图版 59）。M5：28，长 38、高 30 厘米（图一四：4，图版 58）。

鸡 2 件。均泥质红陶，模制，形制、大小相同。M5：7，圆耳、尖喙、短冠、眼圈涂白彩，粗腿利爪，尾下垂，圆形中空座。高 10.2、长 14.1 厘米（图一三：7，彩版 22）。M5：35，高 9.9、长 10 厘米（图版 60）。

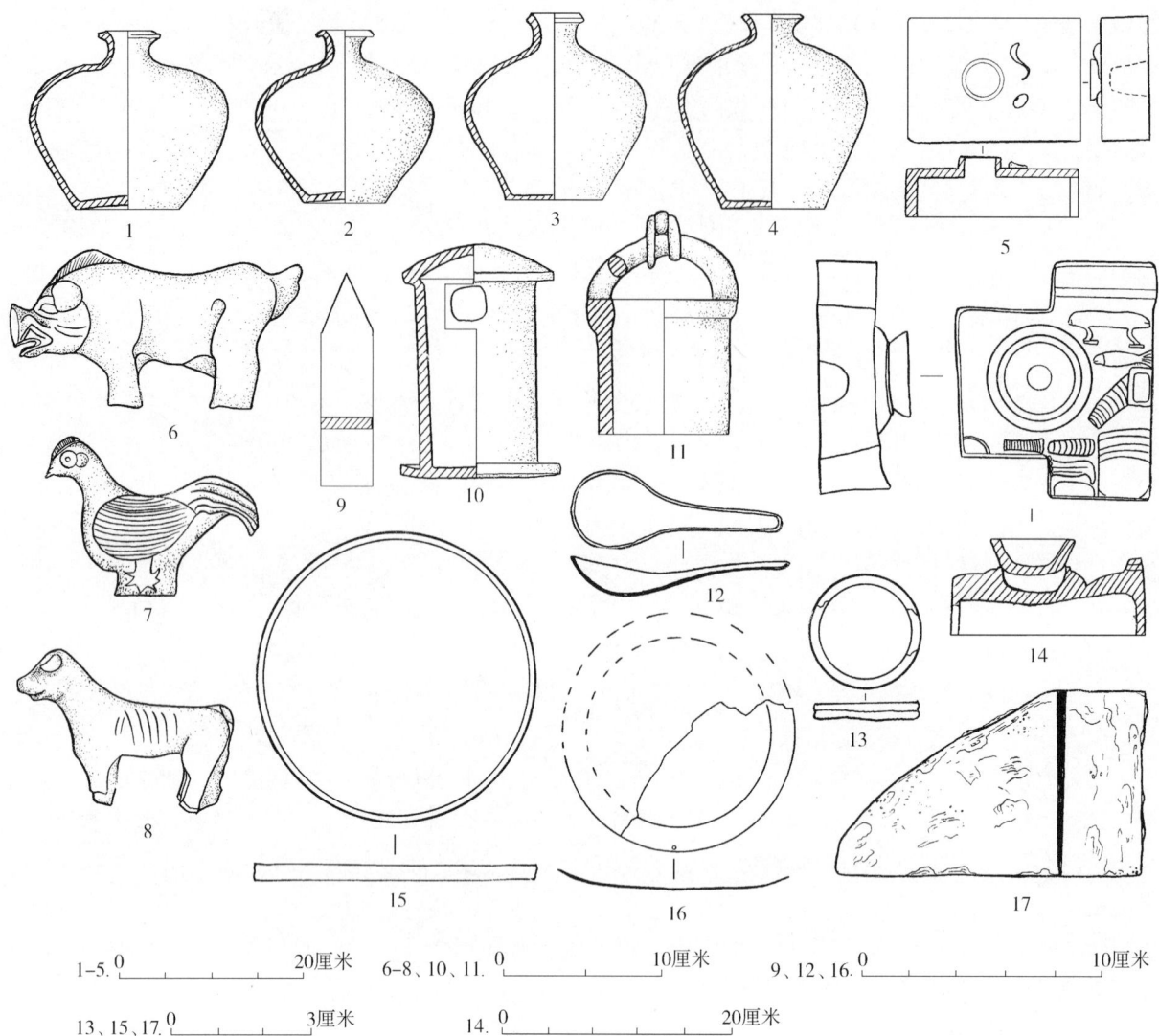

图一三　师 M5 出土器物

1－4. 陶罐（师 M5：13、26、16、20）　5. 泥灶（师 M5：25）　6. 陶猪（师 M5：11）　7. 陶鸡（师 M5：7）　8. 陶狗（师 M5：8）　9. 玉圭（师 M5：2）　10. 陶仓（师 M5：24）　11. 陶井（师 M5：23）　12. 铜勺（师 M5：4）　13. 铜指环（师 M5：34）　14. 陶灶（师 M5：14）　15. 铜镯（师 M5：32）　16. 铜盘（师 M5：3）　17. 铁镰（师 M5：31）

　　狗　1 件（M5：8）。泥质红陶，通体饰白彩，站立状，耳下垂，尾贴臀，细腰短腿，肋骨显露。高 9.5、长 14.6 厘米（图一三：8，彩版 23）。

　　猪　1 件（M5：11）。泥质红陶，头朝下，脸鼓出，耳下垂，鬃毛高耸齐长，硕腹下垂至地，似有身孕，憨厚笨拙，为雌性。高 6.6、长 11.1 厘米（图一三：6，彩版 24，图版 61）。

　　女侍俑　3 件。合模制，泥质红陶 2 件，泥质灰陶 1 件。大小、形制相似。通体饰白彩，唇、双颊及身体两侧于白彩之上再涂红彩。M5：6，头戴十字形假髻，脑后有一梳篦将头发固定。中袖，上身内穿圆领衣，外着层领交衽宽袖衣，双手合抱于腹，下穿垂地长裙，腰系带，腰前有垂带。面容清秀圆长，朱唇红颊。高 22.4 厘米（图一四：3，彩版 25，图版 62－64）。M5：10，高 22.2 厘米（图一五：2，图版 65－67）。M5：17，高 23 厘米（图一五：1，彩版 26，图版 68－70）。

　　男侍俑　4 件。泥质红陶 3 件，泥质灰陶 1 件。合模制作，形制、大小均相似。M5：18，头戴软

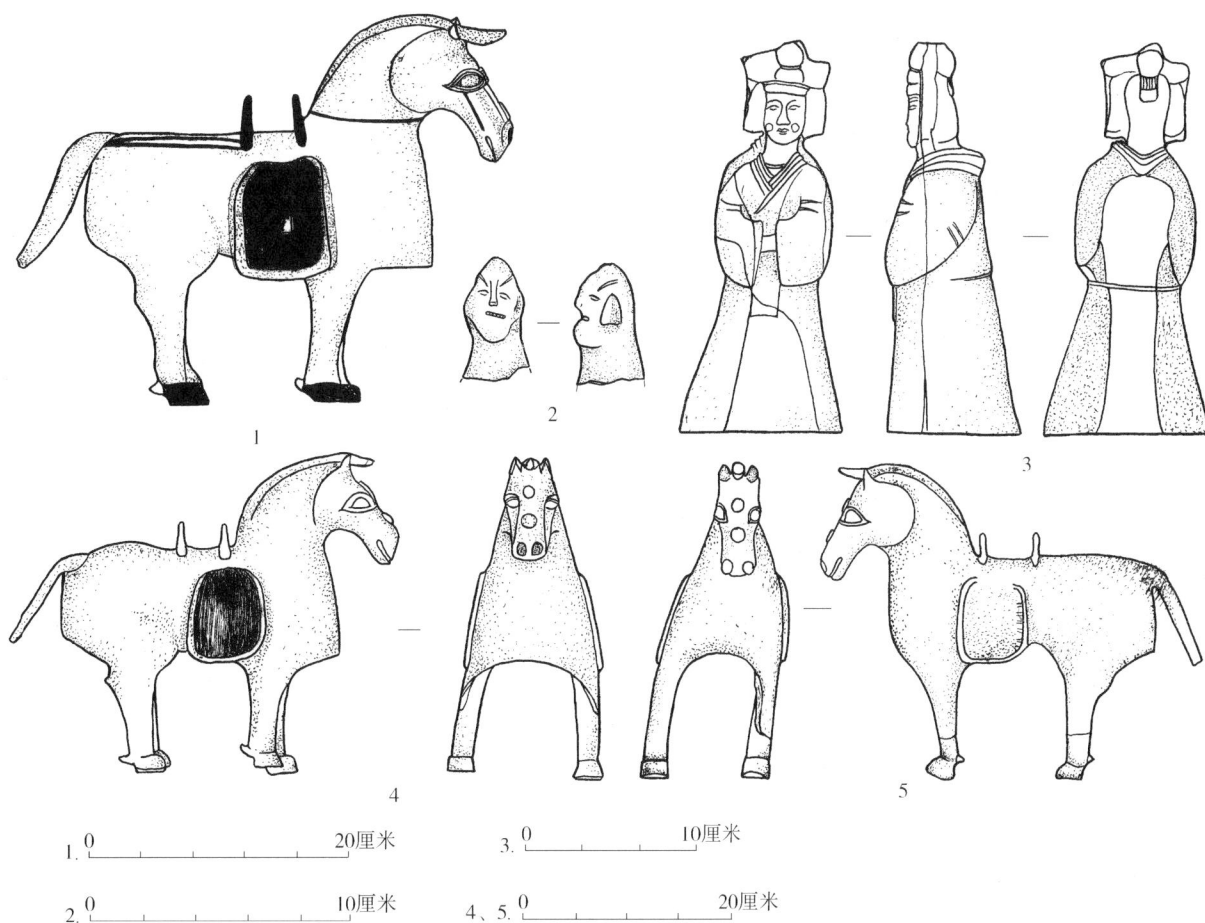

图一四 师 M5 出土陶俑和陶马

1、4、5. 陶马（师 M5：19、28、27）　2. 泥男侍俑头（师 M5：33）　3. 陶女侍俑（师 M5：6）

顶圆帽，上身内穿圆领衣，外着开领交衽中袖短袍，双手抱置于腹，腰系带，下着裤，足登靴，两腿稍分站立，面庞清秀圆润，神态肃然，高 24.4 厘米（图一五：5，彩版 27、图版 71、72）。M5：29，泥质灰陶，通体饰白彩，形制基本同 M5：18，不同之处是其上身外着窄袖袍，双手握成中空，原应握有器物，执物现无存。高 25 厘米（图一五：7，彩版 28、图版 73－75）。M5：9，头部残缺，残高 21.4 厘米（图一五：3，图版 76）。M5：21，高 25 厘米（图一五：4，图版 77）。

（2）泥器　13 件（组），种类有灶、井、女侍俑、男侍俑头、泥珠及动物身体残块等。

灶　1 件（M5：25）。火眼上放一泥甑，灶面饰勺等灶具，长 18、宽 12.5、高 5 厘米。灶壁厚 1.8 厘米（图一三：5，图版 81）。

井　1 件（M5：12）。圆柱形，无底，外壁抹光饰五道弦纹，直径 10－11 厘米，高 14 厘米，壁厚 1.1 厘米。

女侍俑　1 件（M5：22）。跽坐状，双手上举似持物。头、手残损，戴十字形假髻，两侧鬓发垂过耳际。上身穿中袖交领衣，下穿裙，裙摆拖曳于地。残高 16.5 厘米（图一五：6，图版 78－80）。

男侍俑头　1 件（M5：33）。头呈三棱锥状，两耳突出，以利器戳出眼睛和嘴，深目，高鼻，尖头。残高 4.8 厘米（图一四：2，彩版 29）。

珠　8 枚（M5：30）。状如算珠，中部突出，中心有孔，出土时呈串状分布，直径 1.2－2.5 厘米（彩版 30）。

图一五　师 M5 出土陶俑

1、2. 陶女侍俑（师 M5：17、10）　3－5、7. 陶男侍俑（师 M5：9、21、18、29）　6. 泥女侍俑（师 M5：22）

　　另有女侍俑及动物的身体残块若干，保存极差，动物的形状似为狗。

　　（3）铁器及玉器　2件。铁镰、玉圭各1。

　　铁镰　1件（M5：31）。略呈长方三角形，长6.8厘米（图一三：17）。

　　玉圭　1件（M5：2）。青灰色，长方形身，尖首，表面光滑。长9.3、宽2.3、厚0.5厘米（图一三：9，彩版31）。

　　（4）铜器　6件。器形有勺、镯、指环、盘。

　　勺　1件（M5：4）。素面，直柄，勺底部残破有一小孔。长9.3、柄长5.5、宽0.9厘米（图一三：12，彩版32）。

镯　一副2件（M5：32）。素面，圆环形，大小、形制相同，上、下面较平，外面突出，直径6.15－6.4厘米，厚0.2－0.3厘米（图一三：15，彩版33）。

指环　2件（M5：1、34）。M5：1，残破，由大小相同的两个细环组合而成，直径2厘米。M5：34，壁较粗厚，直径1.65厘米（图一三：13，彩版34）。

盘　1件（M5：3）。仅余部分残片。敞口、薄片状，边缘有一小孔，孔径0.3厘米（图一三：16）。

（5）铜钱币　24枚。种类有丰货、货泉、五铢、磨郭五铢、剪边五铢和综环钱。

丰货　2枚。M5：5－1，正、背面皆有内郭，字形较瘦长，边轮不整，内部边缘有毛茬，边栏粗细不均。钱文及内郭打磨平滑。笔划较细，"丰"字紧密，"货"字匀称舒展，点划粗实有力。钱径2.42、穿径0.85－0.9、轮厚0.07－0.1、轮宽0.08－0.12厘米，重2.6克（图一六：1，彩版35）。M5：5－2，钱体残破，正面无内郭，背面轮、郭俱备，且内郭粗大，字形较肥矮，笔划粗壮有力，带有隶意，钱径2.35、穿径0.85－0.9、轮厚0.07－0.1厘米，重1.9克（图一六：2，彩版37）。

货泉　1枚（M5：5－3）。正面轮廓及文字已磨平，文字模糊不清，背面轮、郭完好。钱径2.3、穿径0.7厘米，轮厚0.08、轮宽0.15厘米，重2.8克（图一六：3）。

综环五铢　1枚（M5：5－4）。钱体较薄，内边茬口不整，五字瘦长，交股较直，金字头呈三角形，钱径2.55、内径1.7、轮厚0.08厘米，重1.75克（图一六：4）。

磨郭五铢　6枚。钱体大多较薄，文字模糊，形制基本相同，五字宽博，交股较曲，金字头呈三

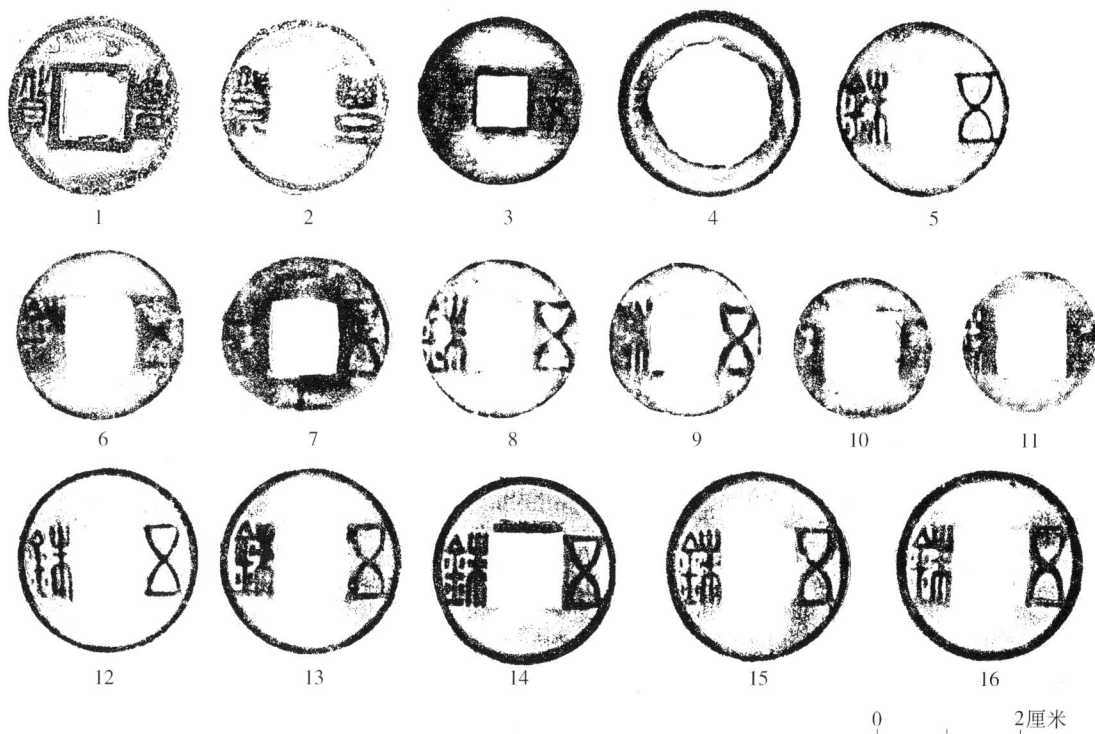

图一六　师M5出土钱币

1、2. 丰货钱（师M5：5－1、5－2）　3. 货泉钱（师M5：5－3）　4. 综环五铢钱（师M5：5－4）　5、6. 磨郭五铢钱（师M5：5－5、5－6）　7—11. 剪边五铢钱（师M5：5－7、5－8、5－9、5－10、5－11）　12—16. 五铢钱（师M5：5－12、5－13、5－14、5－15、5－16）

角形，朱字上、下皆圆折。钱径 2.3－2.4、穿径 0.85－0.9、轮厚 0.04－1 厘米，重 1.5－2.3 克。标本 M5：5－5，钱径 2.4、穿径 0.9 厘米（图一六：5）。M5：5－6，钱径 2.3、穿径 0.9 厘米（图一六：6）。

剪边五铢 8 枚。分两型。A 型 5 枚，钱体较大，在 2.1－2.3 厘米之间。文字被剪不多。M5：5－7，平面呈椭圆形。五字较长，朱字头上部方折，穿上有一横道，穿下有一"工"形符号，磨蚀平滑。钱径 2.1－2.3、穿径 0.92－1 厘米，重 1.7 克（图一六：7）。其余 4 枚五字稍矮，交股较曲，朱字头上、下皆圆折。钱径 2.1－2.15、穿径 0.85－0.9 厘米，轮厚 0.02－0.08 厘米，重 1.2－1.9 克。标本 M5：5－8，钱径 2.1－2.15、穿径 0.9 厘米，重 1.5 克（图一六：8）。M5：5－9，钱径 2.1、穿径 0.8－0.9 厘米，重 1.85 克（图一六：9）。B 型 3 枚，钱径较小，钱体较薄，文字残存较少，漫漶不清。钱径 1.7－1.95、穿径 0.9－0.95 厘米，重 0.6－1.18 克。标本 M5：5－10，钱径 1.9－1.95、穿径 0.9－1 厘米，重 1.1 克（图一六：10）。M5：5－11，钱径 1.9、穿径 0.95 厘米，重 0.8 克（图一六：11）。

五铢 6 枚。分三型。A 型，1 枚（M5：5－12）。钱文及边轮较纤细，五字交股较直，朱字上、下皆方折。钱径 2.5、穿径 1、轮厚 0.13 厘米，重 3.8 克（图一六：12）。B 型，2 枚。钱文及边较轮稍粗，五字交股稍曲，金字四点较粗，朱字上部方折，下部圆折。M5：5－13，钱径 2.5、穿径 0.95、轮厚 0.05－0.08 厘米，重 1.9 克（图一六：13）。M5：5－14，穿上有一横，钱径 2.53、穿径 0.95－1、轮厚 0.1 厘米，重 3.1 克（图一六：14）。C 型，3 枚。边轮稍宽，五字交股较曲，金字头呈三角形，四点较小，朱字上、下皆圆折。标本 M5：5－15，钱径 2.55、穿径 1 厘米，重 2.5 克（图一六：15）。M5：5－16，钱径 2.55、穿径 1 厘米，重 3.6 克（图一六：16）。

（六） 师 M6

1. 墓葬形制

M6 位于东排最南边，北邻 M5。由墓道、封门、甬道及墓室四部分组成（图一七）。方向 78 度。墓道大部分被压，仅清理接近墓室一米长的一段。墓道宽 0.78 米，残存深度 1.65 米，底为斜坡，封门以青砖顺长平砌 10 层，宽 0.78、厚 0.55、高 1.1 米。砖长 40、宽 19、厚 9－11 厘米。甬道平面呈长方形，宽 0.78、进深 0.45、高 1.15 米，顶被破坏。墓室平面基本呈长方形，东西长 2.2－1.96 米，南北宽 1.7－1.8 米，顶已塌，残高 1.1 米。

葬具、人骨均未发现。出土物仅有陶灶、罐、小盆各一，漂浮于墓室淤土中，距墓底 0.3－0.48 米。甬道和墓室口之间发现一椭圆形盗洞，盗洞长 0.58 米。

2. 出土器物

3 件。均为泥质灰陶器。

罐 1 件（M6：1）。侈口，平沿，方唇，束颈较短，广肩较平，鼓腹，大凹底。口部因泥坯变形而成倾斜状。口径 11、腹径 25.8、底径 18、高 19 厘米（图一八：1，图版 83）。

灶 1 件（M6：2）。平面呈船头形，灶面前端饰一条方格乳丁纹带，中部耸起三个圆形火眼，灶尾凸起圆柱形烟囱，灶前壁正中开梯形火门。长 18.5、宽 17、高 7 厘米（图一八：3，图版 88）。

小盆 1 件（M6：3），绿釉陶，侈口，敛唇，宽折沿，口沿向内倾斜，折腹，小凹底。可能为灶（M6：2）上配置之物。口径 8.8、底径 3.6、高 3.8 厘米（图一八：2，图版 82）。

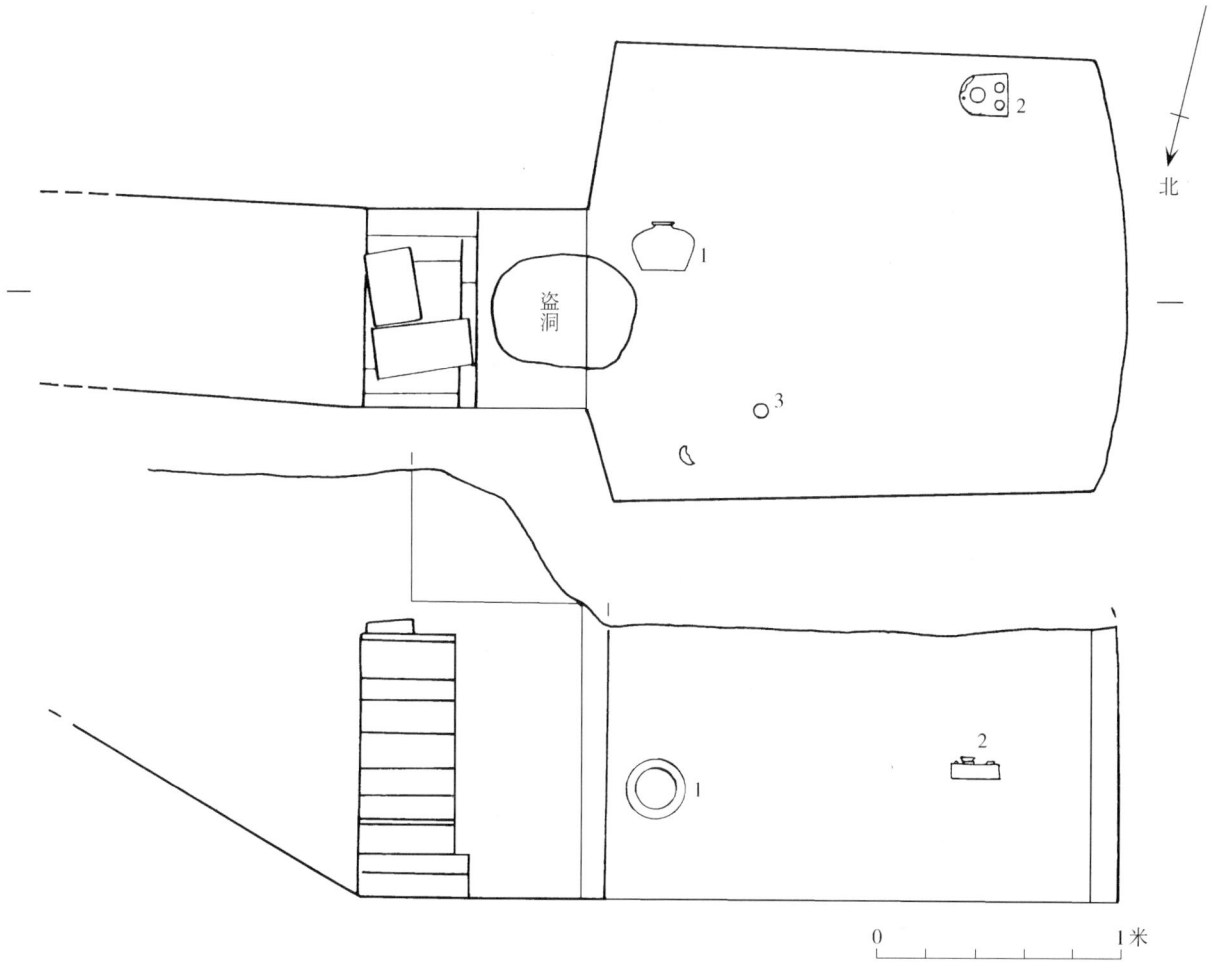

北

盗洞

0 _____ 1米

图一七 师 M6 平、剖面图
1. 陶罐 2. 陶灶 3. 小陶盆

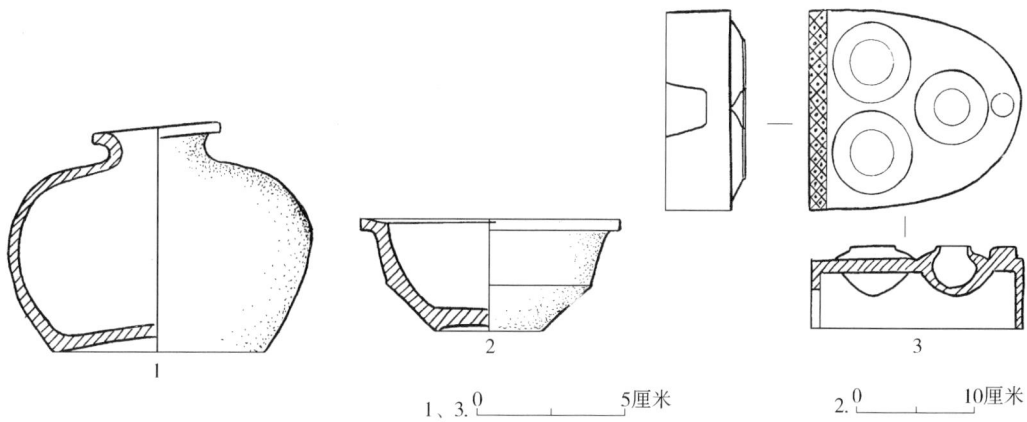

1、3. 0 _____ 5厘米   2. 0 _____ 10厘米

图一八 师 M6 出土器物
1. 陶罐（师 M6：1） 2. 小陶盆（师 M6：3） 3. 陶灶（师 M6：2）

（七）　师 M8

1. 墓葬形制

M8 位于西排墓最南端，由墓道、封门、甬道及墓室四部分组成（图一九）。方向 75 度。墓道平面呈梯形，残存长度 1.4 米，宽 0.68－0.82 米，残存深度 1.3 米。封门以草拌泥坯顺长平砌，宽 0.82－0.87 米，厚 0.45 米，现存高度 0.9 米。泥坯长 45、厚 10－11 厘米，之间以黄泥粘合，现存 9 层。甬道平面呈梯形，宽 0.86－1.01 米，长 1.3 米，现存高度 1.3 米。墓室平面略呈方形，东西长 2.1－2.16 米，南北宽 2.1－2.2 米，顶已塌，高度不详，现存高度 1.3 米，直壁高 0.9－1.1 米。墓室北部

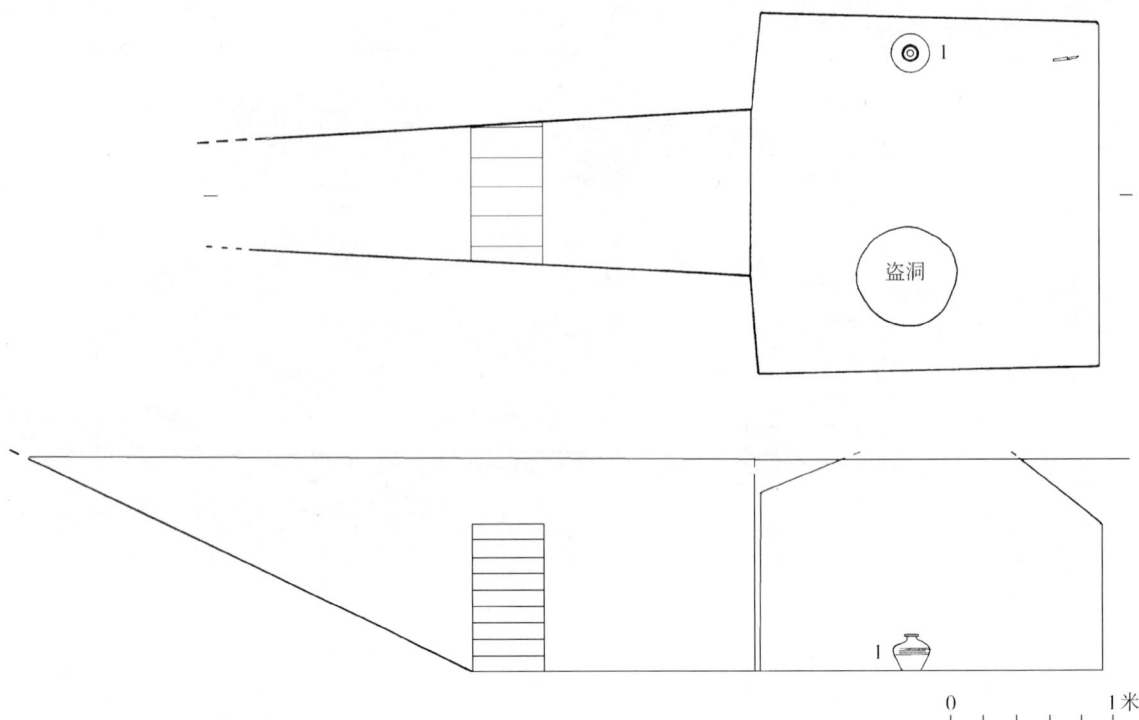

图一九　师 M8 平、剖面图

1. 陶罐

发现一直径 0.6 米的圆形盗洞，直通墓底。葬具、人骨均未发现。出土物仅发现 1 件陶罐，位于墓室南部正中。

2. 出土器物

1 件。

罐　1 件（M8∶1）。泥质灰陶，侈口，平沿，斜方唇，束颈较矮，圆肩较平，鼓腹，腹抹饰五道凹弦纹，平底微凹。口径 9.5、腹径 23.6、底径 12.7、高 21.4 厘米（图二〇，图版 84）。

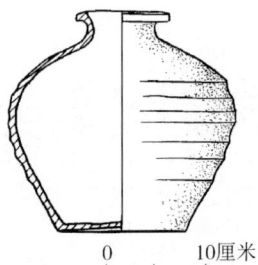

图二〇　师 M8 出土陶罐（师 M8∶1）

（八） 师 M9

1. 墓葬形制

M9 位于 M8 的北部，由墓道、甬道、墓室三部分组成（图二一）。方向 75 度。墓道平面为梯形，现存长度 3.74 米，宽 0.6－1.1 米，复原深度 4.7 米，斜坡底，坡度 26 度，其中发现直径 0.48－0.68 米的椭圆形盗洞一处，直通墓底。甬道平面呈长方形，长 1.2 米，宽 0.74 米，残高 0.95 米。墓室平面略呈四方形，东西长 1.96－2.06 米，南北宽 1.62－2.04 米，顶已塌，现存高度 1.3 米。

葬具为木棺，均已朽成板灰，共 3 付，均东西向平行放置，大头朝东，占据整个墓室。南边的一口棺木保存较完整，长 1.55 米，大头宽 0.45 米，小头宽 0.38 米。另外两口棺木的大头部分均被破坏，残存长度 1.2－1.3 米，宽 0.3－0.45 米。人骨共发现 3 具，每口棺木内一具，保存极差，均仰身直肢，头东足西。中间的一副骨骸粗壮，骨壁厚，为男性，年龄不详，仅余下肢部分。北边的一具仅余腰部以下骨骼，女性，年龄不详，右手部位发现银镯 1 副 2 件。南边的一具残存头部和腰部以下骨骼，女性，年龄无法断定，其左手部位发现铜镯 1 件。未发现其他随葬品。

2. 出土器物

3 件。

铜镯 1 件（M9：1）。仅残留不到一半，直径 5.2 厘米，横截面略呈四方形，壁宽 0.25、厚 0.2 厘米（图二二：2）。

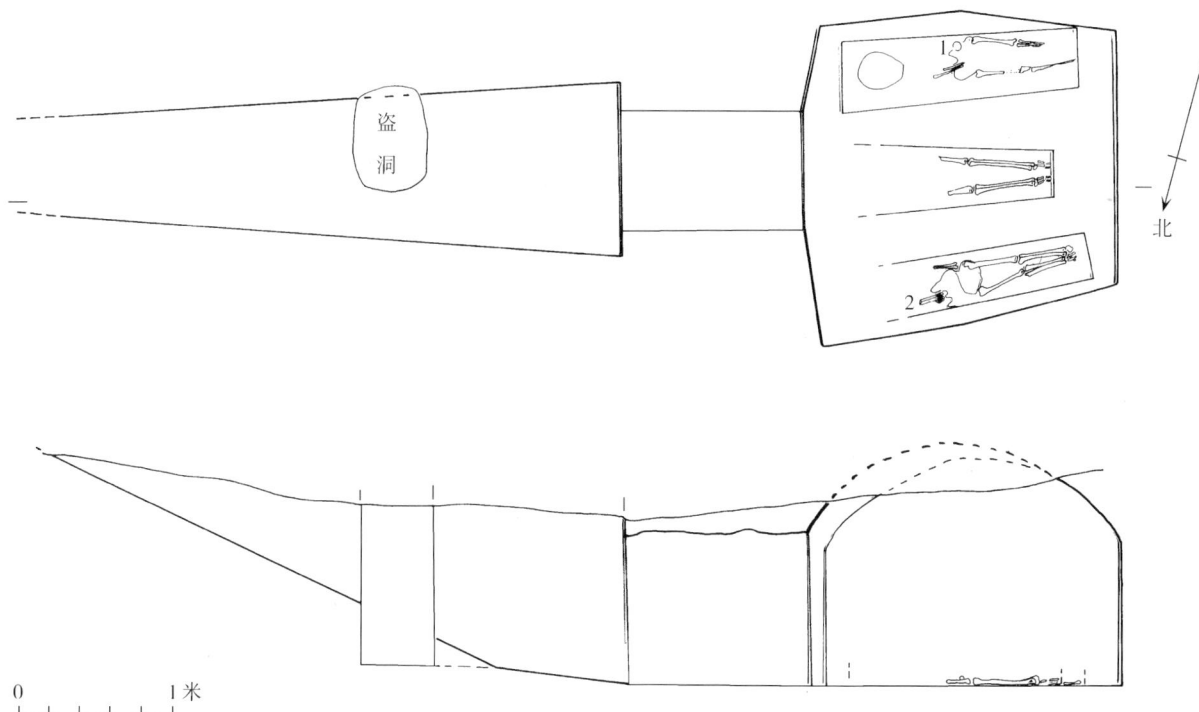

图二一 师 M9 平、剖面图

1. 铜镯 2. 银镯

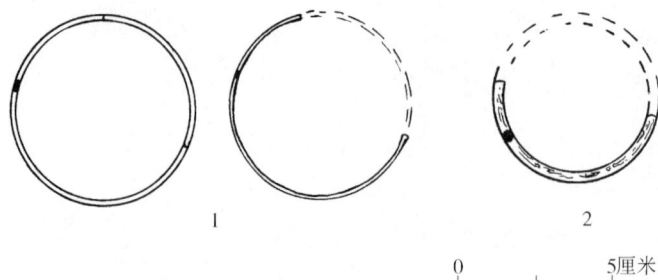

图二二　师 M9 出土器物
1. 银镯（师 M9：2）　　2. 铜镯（师 M9：1）

银镯　2 件（M9：2）。圆环形，横截面呈四方形。直径 6.4－6.5 厘米，壁厚 0.15－0.2 厘米（图二二：1，图版 87）。

（九）　师 M10

1. 墓葬形制

M10 位于西排最北端，南邻 M11。由墓道、封门、甬道及墓室四部分组成（图二三）。方向 85 度。墓道平面呈长方形，现存长度 3.08 米，宽 0.68－0.76 米，残存深度 1.6 米，底为斜坡形。封门以青砖封砌，宽 0.68、厚 0.2－0.4 米，残高 1 米。最上层横置一残破的饰方格几何纹的空心砖，再往下以残砖块顺长立砌 5 层，底下 4 层顺长平砌，总共 10 层。甬道平面略呈梯形，长 1.3 米，宽 0.68－0.75 米，平底，高度不详。墓室由前、后二室组成。前室平面略为方形，四壁略向外弧凸，东西长 2.16－2.2 米，南北宽 2.36－2.48 米，顶已塌，残存高度 1.6 米。后室直接开于前室西壁，平面呈梯形，长 2.24 米，宽 1.12－1.82 米，弧券顶，口部较高，内端极低，高仅 0.15 米。

葬具为木棺，仅余板灰及铁棺钉。共发现棺木两口，均东西向放置。前室北部紧贴北壁陈放棺木一口，大头朝西，棺长 1.66 米，宽 0.51－0.6 米，棺内发现一件人头骨及部分肢骨，人骨保存极差，性别、年龄无法鉴定，大概可以看出头朝西，足向东。放置棺木的地方经过夯筑处理，坚实平整。后室靠近南壁陈放棺木一口，棺长 1.82 米，宽 0.41－0.65 米，大头朝东，棺板厚 3 厘米，棺内有人骨一具，仰身直肢，头东足西，女性，年龄 40 岁左右。另外，在前室南壁中部墓底 0.34 米处发现铁棺钉 1 枚。

出土器物以随身佩带的小件装饰物为主，后室人骨头部发现铜钗 2 件，右手部位有铜镯 2 副 4 件，指环 1 副 2 件，前室人骨头部附近发现铜指环 1，人口中发现贝壳 1 枚，贝壳内装有 1 枚铜钱。另外在前室西部、后室口发现陶罐 2 件。

2. 出土器物

14 件。种类有陶器、铜器、贝器和钱币。

（1）陶器　2 件。均为泥质灰陶罐。

罐　2 件。M10：4，敛口，平沿，圆鼓肩，腹微鼓向下斜收，平底微凹，肩及腹部饰方格纹和绳纹。口径 9、腹径 20.6、底径 13.2、高 17 厘米（图二四：1，图版 85）。M10：5，侈口，斜沿，尖唇，束颈，斜肩，鼓腹，平底微凹。口径 8.5、腹径 21.4、底径 12、高 20 厘米（图二四：2，图版 86）。

（2）铜器　10 件。器形分镯、钗、指环。

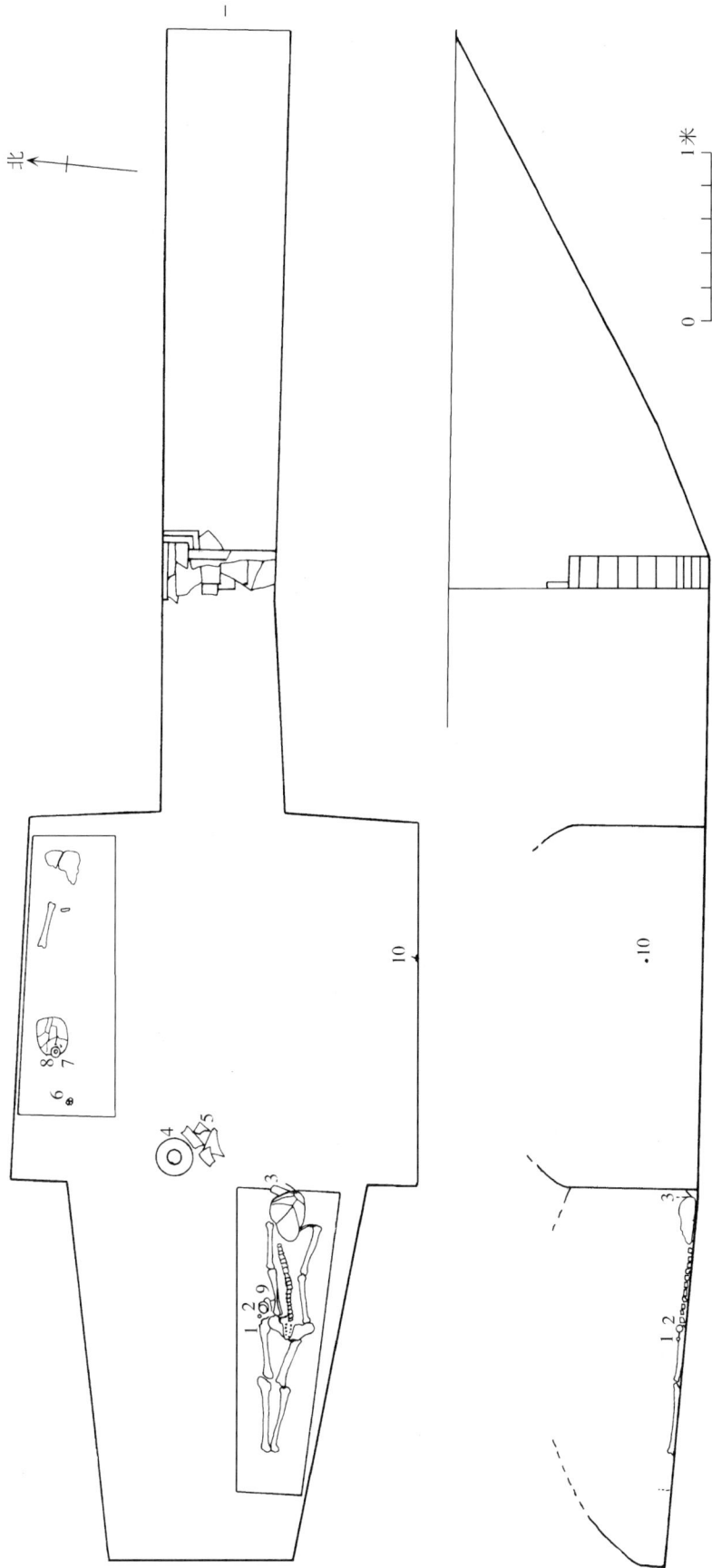

图二三 师M10平、剖面图

1. 铜指环 2、9. 铜镯 3. 铜钗 4、5. 陶罐 6. 铜耳环 7. 贝壳（内有一铜钱） 8. 铜钱 10. 铁棺钉

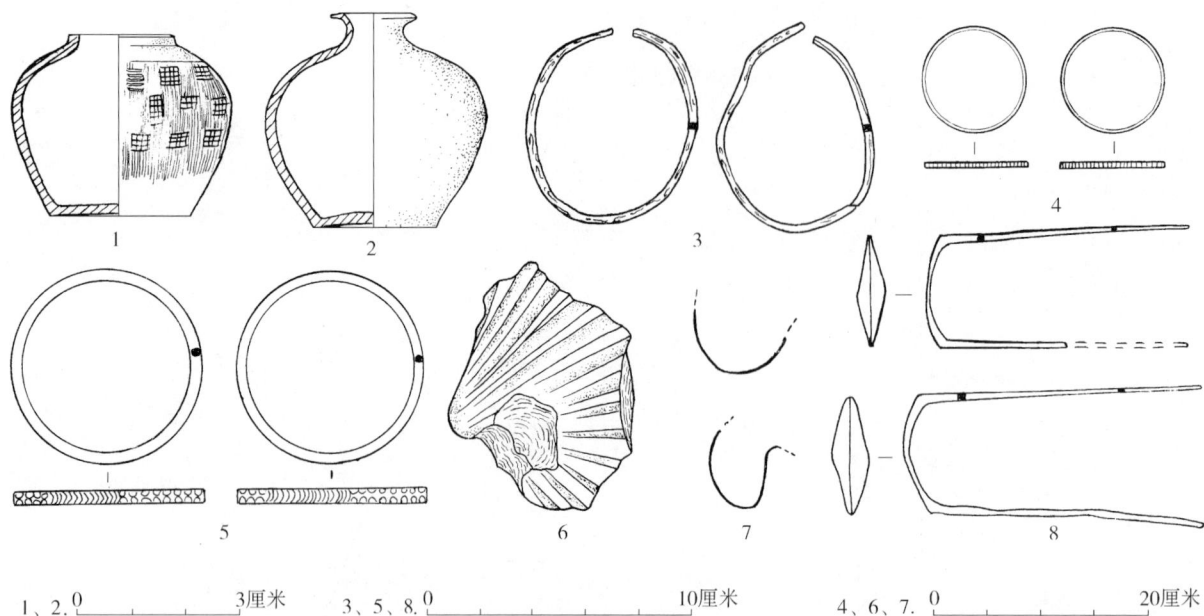

图二四　师 M10 出土器物

1、2. 陶罐（师 M10：4、5）　3、5. 铜镯（师 M10：2、9）　4. 铜指环（师 M10：1）　6. 贝壳（师 M10：7）
7. 铜耳环（师 M10：6）　8. 铜钗（师 M10：3）

　　镯　两副 4 件。M10：2，一副 2 件，圆环形，素面，上、下面较平，内、外面中心稍突起，横截面略呈鼓形，直径 6.5－7 厘米（图二四：3，图版 89）。M10：9，一副 2 件。圆环形，外面突出，上阴刻四组相间的双排圆圈纹和平行栉齿纹。横截面略呈弯月形，直径 7 厘米（图二四：5，彩版 36）。

　　钗　2 件（M10：3）。形制相同，平面呈"U"形，素面。钗顶面为菱形，两钗股为扁圆形，1 件长 11 厘米，宽 4.3 厘米；1 件长 9.8 厘米，宽 4.1 厘米（图二四：8，图版 90）。

　　指环　一副 2 件（M10：1）。大小、形制相同。圆环形，横截面呈弯月形，外面阴刻一周栉齿纹，纤细轻巧。直径 2 厘米（图二四：4，图版 91）。

　　耳环　一副 2 件（M10：6）。残破，略呈半圆形，一端有钩形系和套环，纤细轻薄。直径 1.9 厘米（图二四：7）。

　　（3）铜钱币　1 枚（M10：8）。五字交股稍曲，铢字金字头呈三角形，四点均匀，朱字上部方折，下部圆折。钱径 2.58、穿径 1 厘米，重 2.3 克（图二五）。

　　（4）贝器　仅贝壳 1 枚。

　　贝壳　1 枚（M10：7）。长 4.7、宽 1－4 厘米。外面有条状突起，灰褐色，断面为白色。内面呈白色，边缘为铜绿色，内放有五铢铜钱 1 枚（图二四：6，图版 92）。

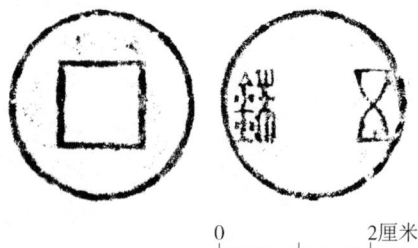

图二五　师 M10 出土钱币
五铢钱（师 M10：8）

（十）　师 M11

1. 墓葬形制

M11 位于 M10 的南部。由墓道、封门、甬道和墓室四部分组成（图二六），方向 85 度。墓道平面呈梯形，现存长度4.9米，宽0.76－0.96米，复原深度4.9米，底为斜坡，坡度35度。封门以草拌泥坯砌筑，宽0.92－0.96米，厚0.36－0.64米，残高0.8米，现存8层，每层厚约10厘米。甬道平面呈梯形，长1.08米，宽0.7－0.88米，直壁高0.78米，弧顶已塌。墓室由前室、后室、北侧室三部分组成。前室平面近方形，四壁略朝外弧凸，东西长1.93－2.18米，南北宽1.94－2.1米，直壁高1.1米，四面结顶，顶已塌，复原高度1.7米。后室直接开于前室西壁，平面呈梯形，东西长1.16－1.36米，宽1.06－1.36米，高0.32－0.64米，弧顶。北侧室开于前室北壁略偏东位置，平面呈梯形，长1.3米，宽0.76－1.1米，高0.44－0.8米，弧顶。

葬具为木棺，仅余板灰，共发现棺木痕两处。靠近后室南壁东西向陈放棺木一口，大头朝向前室，前端近1/3已伸入前室内，棺东西长1.42米，宽0.4－0.58米。人骨保存极差，仅发现一些残骸，分属两个个体。后室棺内仅发现死者头骨粉末，模糊难辨，大致可以看出头的形状，头朝东，性别、年龄不详。北侧室棺内人骨仅存头骨及部分肢骨，头南足北，仰身直肢，性别、年龄无法鉴定。出土器物基本分布于前室南部和北部，种类有陶罐、灶、井、碓、侍俑、牛车等。棺内人骨处发现有铜钗、指环等。

2. 出土器物

17件（组）。分为陶器和铜器。另有铜钱币13枚。

（1）陶器　12件（组），器形有罐、灶、井、仓、碓、马、猪、狗及牛车、女侍俑、武士俑，陶灶、女侍俑和武士俑为泥质褐陶，余皆泥质灰陶。

罐　2件。M11：7，斜折沿，圆唇，束颈，溜肩稍平，鼓腹，底微凹。口径8、腹径22.5、底径12.6－12.8、高21.6厘米（图二七：11，图版95）。M11：14，形体较小，泥质灰白陶，器壁较薄，口部残缺，肩附双系，腹以下斜内收成小凹底，最大径位于肩部，肩部以下至底饰数道凸弦纹。最大径11.6、底径4.4、残高9.2厘米（图二七：4）。

灶　1件（M11：9）。泥质褐陶，火候较低，陶质较差。平面呈长方形，灶面四周模印有界栏，中部靠前耸起一圆形火眼，火眼四周饰有钩、箅、铲、刀、盘等灶具图案，前壁正中开一圆丘形火门，上有两层阶梯式挡火墙。长20.8、宽14.8、高10.4厘米（图二七：5，图版93、94）。

仓　1件（M11：11）。馒头形，无底，靠近顶部有一方形透气孔，高9.9、底径10.8、孔径1.6厘米（图二七：10，图版97）。

井　1件（M11：10）。圆桶形，腰稍细，井栏残缺，无底，体形肥矮。口径9.9、腰径9.6、底径9.9、残高7.5厘米（图二七：9，图版96）。

碓　1件（M11：6）。手制，平面呈长方形，底板一端耸起有用泥条捏塑的"V"形支架，一端掏挖有圆形碓窝，碓杆后端残缺，前端有碓头，插置于碓窝内。长15、宽4.8－5.1、高2.4－6.4厘米（图二七：3，图版98）。

猪　1件（M11：8）。躯体肥壮，小头长吻，腹下垂，尾贴臀。长16.8、高10.5厘米（图二七：14，图版99）。

狗　1件（M11：13）。前腿及嘴部残缺，站立状，头前伸，尾上翘，戴项圈。高11.7、残长19.8厘米（图二七：15，图版101）。

马　1件（M11：12）。泥质灰陶，头、腿、鞍鞯等残缺，体稍瘦，腿粗短。残长31.3、高26厘米（图二七：12，图版100）。

女侍俑　1件（M11：4）。体内中空，头戴饰双环的十字形假髻，两侧鬓发垂过耳际，额上有冠饰。上身穿开领交衽紧袖衫，下穿裙，裙摆垂地遮足，双手合抱于腹，高25厘米（图二七：1，图版102－104）。

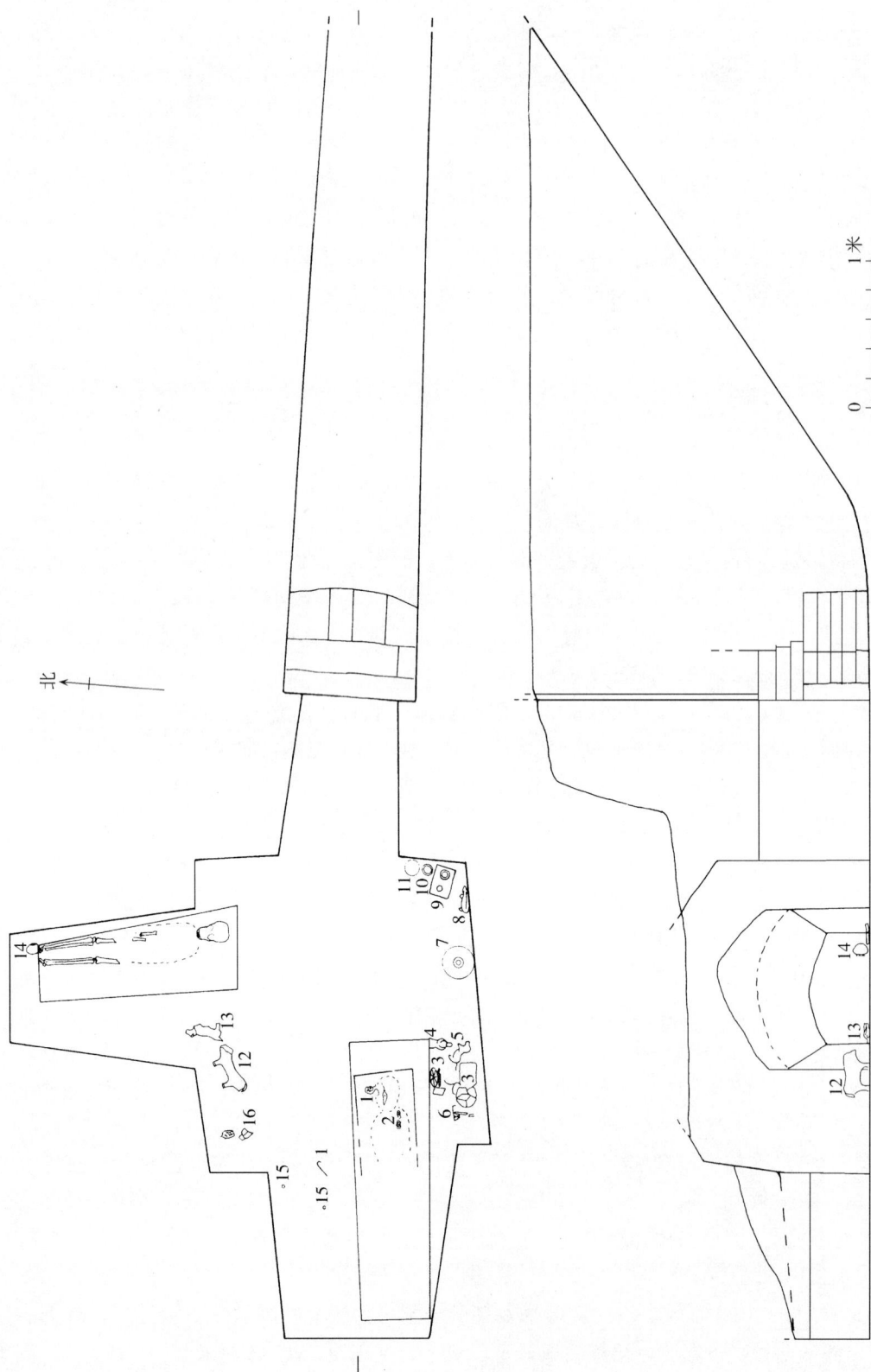

图二六　师M11平、剖面图

1.铜叉　2.铜钱　3.陶车轮及车残片　4.陶女侍俑　5.陶牛　6.陶雏　7、14.陶罐
8.陶猪　9.陶灶　10.陶井　11.陶仓　12.陶马　13.陶狗　15.铜指环　16.陶武士俑

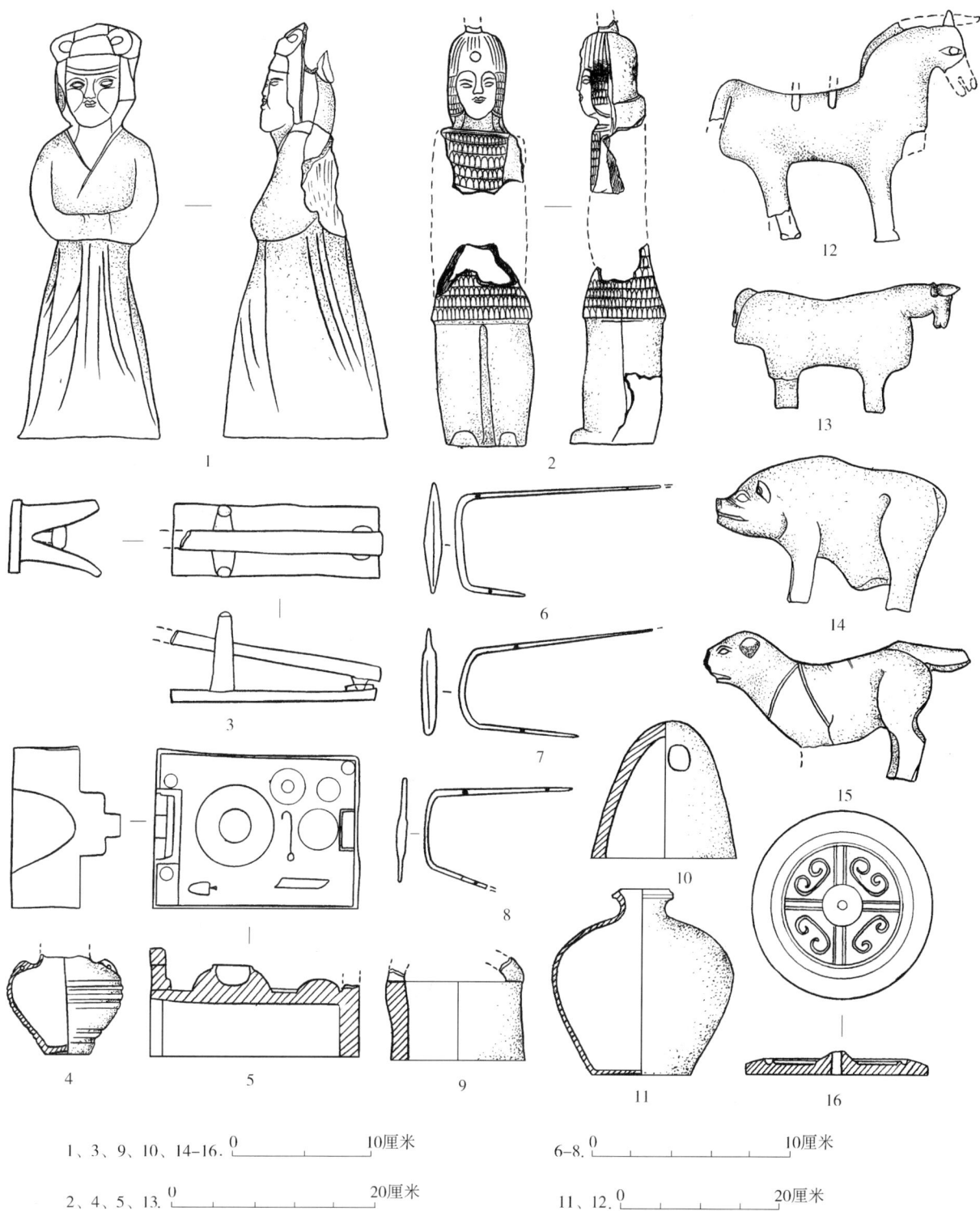

图二七 师 M11 出土器物

1. 陶女侍俑（师 M11：4） 2. 陶武士俑（师 M11：16） 3. 陶碓（师 M11：6） 4、11. 陶罐（师 M11：14、7） 5. 陶灶（师 M11：9） 6－8. 铜钗（师 M11：1） 9. 陶井（师 M11：10） 10. 陶仓（师 M11：11） 12. 陶马（师 M11：12）13. 陶牛（师 M11：5） 14. 陶猪（师 M11：8） 15. 陶狗（师 M11：13） 16. 陶车轮（师 M11：3）

武士俑　1 件（M11：16）。烧制火候低，陶质差，腹部残缺。头戴兜鍪，两侧护耳俱备，顶上缨饰缺尖，额正中凸起圆形装饰。上身穿两裆铠，甲片为鱼鳞形，下穿直筒裤，足蹬靴。面庞圆润，眉目清秀。上身残长 16.4、下身残长 19.2 厘米（图二七：2，图版 105）。

牛车　1 组（M11：3）。由一牛一车组成。车厢陶质太差，仅存部分残片，形状不辨。仅二车轮较完整，轮外面饰四朵云纹，双线四分界栏，中心突起一丘形车毂，轮径 13.5、厚 0.8 - 1.8 厘米（图二七：16）。车驾一牛（M11：5），牛首瘦小，犄角向前直戳，颈部细长，躯体肥硕，体内中空，尾稍卷贴于臀部，腿用两根泥条捏塑，俯首发力，朴拙生动。高 12.8、长 22.4 厘米（图二七：13）。

（2）铜器　5 件。分钗和指环两种。

钗　3 件（M11：1）。均残破不全，形制相同。平面呈"U"形，顶面为菱形，中间突起一脊，钗股呈扁圆形，前端尖细。根据残存的顶部知其宽度分别为 2.4、3.8、4.4 厘米（图二七：6、7、8）。

指环　一副 2 件（M11：15）。圆形，上、下面较平，外面稍突，直径 3 厘米（图版 106）。

（3）铜钱币　13 枚（M11：2）。种类有大泉五十、布泉、货泉、五铢、剪轮钱 5 种。

大泉五十　1 枚（M11：2-1）。轮、郭深峻，正、背面皆有内郭，"大"字上面一横圆弧宽广。钱径 2.8、穿径 0.9 - 1 厘米，轮厚 0.2 - 0.25、轮宽 0.1 - 0.15 厘米，重 6.7 克（图二八：1）。

布泉　1 枚（M11：2-2）。边轮内斜，内、外郭俱备，"布"、"泉"二字横列穿孔左右，正面穿下左右各有一决文，悬针篆书，笔划纤细。钱径 2.58、穿径 1、轮厚 0.09 - 0.12 厘米，重 2.7 克（图二八：2）。

货泉　5 枚。分两型。A 型：3 枚，钱径稍小，字口清晰，正、背面轮郭俱备，边轮宽平，形制相同。标本 M11：2-3，钱径 2.3、穿径 0.7、轮厚 0.1 厘米，重 2.6 克（图二八：3）。M11：2-4，钱径 2.3、穿径 0.8、轮厚 0.09 - 0.12 厘米，重 2.96 克（图二八：4）。B 型，2 枚。钱径较大、穿孔较小，轮郭、钱体基本处于一个平面，磨蚀较重，文字漫漶。M11：2-5，特别厚重，似由两枚货泉合铸而成。钱径 2.55、穿径 0.7、轮厚 0.22 厘米，重 8.7 克（图二八：5）。M11：2-6，钱径 2.42、穿径 0.7、轮厚 0.02 - 0.1 厘米，重 3.5 克（图二八：6）。

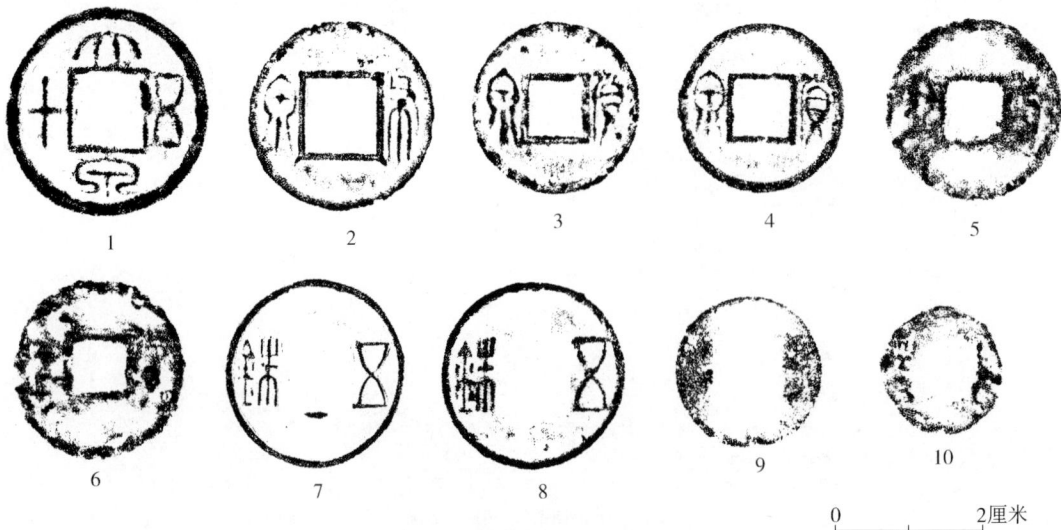

0 ————— 2厘米

图二八　师 M11 出土钱币

1. 大泉五十钱（师 M11：2-1）　2. 布泉钱（师 M11：2-2）　3-6. 货泉钱（师 M11：2-3、2-4、2-5、2-6）

7、8. 五铢钱（师 M11：2-7、2-8）　9、10. 剪边五铢钱（师 M11：2-9、2-10）

五铢 2枚。形制基本相同，M11：2－7，铸造精良，铜色黑亮，文字稍小，五字下面一横出头较长，朱字上下分布均匀，正面穿下有半星。钱径2.5、穿径0.95－1厘米，轮厚0.15厘米，重3.8克（图二八：7）。M11：2－8，铜色褐黄，文字稍大，五字下面一横出头较短，朱字上部远小于下部，间距较大。钱径2.52、穿径1、轮厚0.1－0.12厘米，重2.92克（图二八：8）。

剪边五铢 4枚。钱径很小，钱体较薄。钱径1.7－2、穿径0.7－1厘米，重0.9－1.4克。M11：2－9，钱径2、穿径0.9厘米，重1.3克（图二八：9）。M11：2－10，钱径0.7、穿径0.7－1厘米，重1.45克（图二八：10）。

二　文林小区墓地

　　文林小区位于咸阳市北郊的渭河第一级台地上，居文林路北侧，地势平坦，其中心地理坐标为北纬 34°38′、东经 108°45′，海拔高度 421.4 米。小区东西长约 210 米，南北宽约 159 米。在其范围内墓葬分布密集，共发掘古墓葬 114 座，9 座前秦墓葬位于文林小区征地范围的北侧，呈东西向一线排列，整齐有序（图二九，图版 1）。在资料整理时，为了保持资料的原始性，编号未做改变。

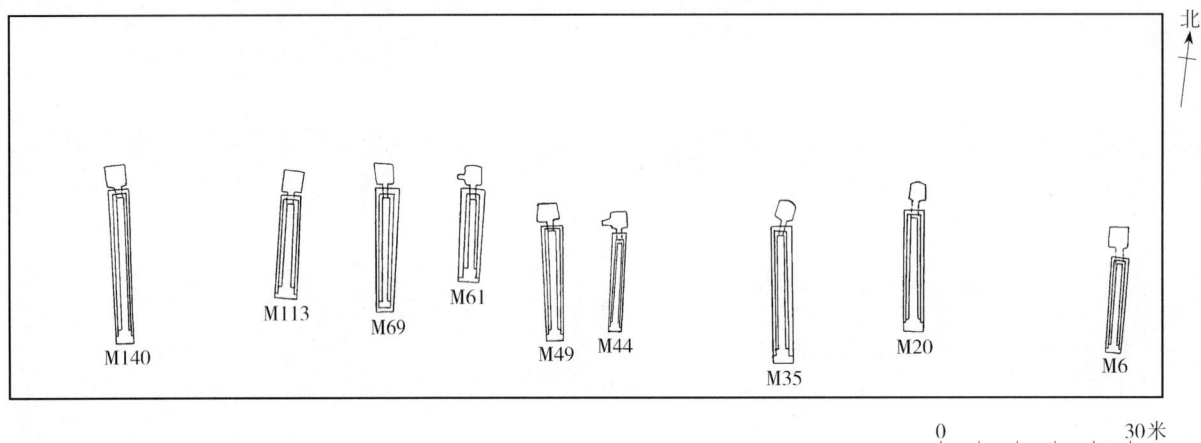

图二九　咸阳文林小区墓葬分布示意图

　　9 座墓葬形制相同或相近。均由墓道、甬道、墓室组成，有的墓葬有封门。墓道平面为梯形或长方形，多数为梯形，墓道的东西壁和靠近墓室的一端均有两层台阶，墓道底呈不规整的斜坡形，7 座墓有封门或封门槽痕迹，甬道平面呈长方形或梯形，拱形顶或平顶。墓室按形制不同分两类，一类为单室；另一类为主室带一侧室的结构。

　　现依墓葬的排列顺序由西向东依次介绍。

（一）　文 M140

1. 墓葬形制

　　墓葬方向 162 度（图三〇）。墓道平面近梯形，墓口长 22.2、宽 2.8－3.2 米。第一级台阶宽 0.4－0.5、高 0.5 米；第二级台阶南侧较窄，北侧较宽，宽 0.4－0.7、高 0.5 米。底为不太规整的斜坡道，接近甬道处有 1.75 米的平底，底距地表深 1.3－9.8 米。墓道填土中出土铁锸 1 件，应是当时建墓时所用工具。封门用小砖块多层封堵，共 27 层，底层较宽，上层逐渐变窄。封门高 2.15、厚 0.25－0.85 米。甬道为梯形，拱形顶，长 1.55、宽 1－1.15、高 1.75 米。墓室平面近方形，穹隆顶，南北长 3－3.25、东西宽 3.1、高 2.4 米。室内东西向放置 2 副木棺，北棺内死者头向东，仰身直肢，女性，年龄 40 岁左右；棺长 2、宽 0.5－0.7 米。随葬品有铁镜、铜碗、铜戒指、铜钗、五铢钱。南棺内死者头向东，仰身直肢，男性，年龄 50 岁左右；木棺长 2、宽 0.4－0.6 米。出土物有男侍俑、马、

北

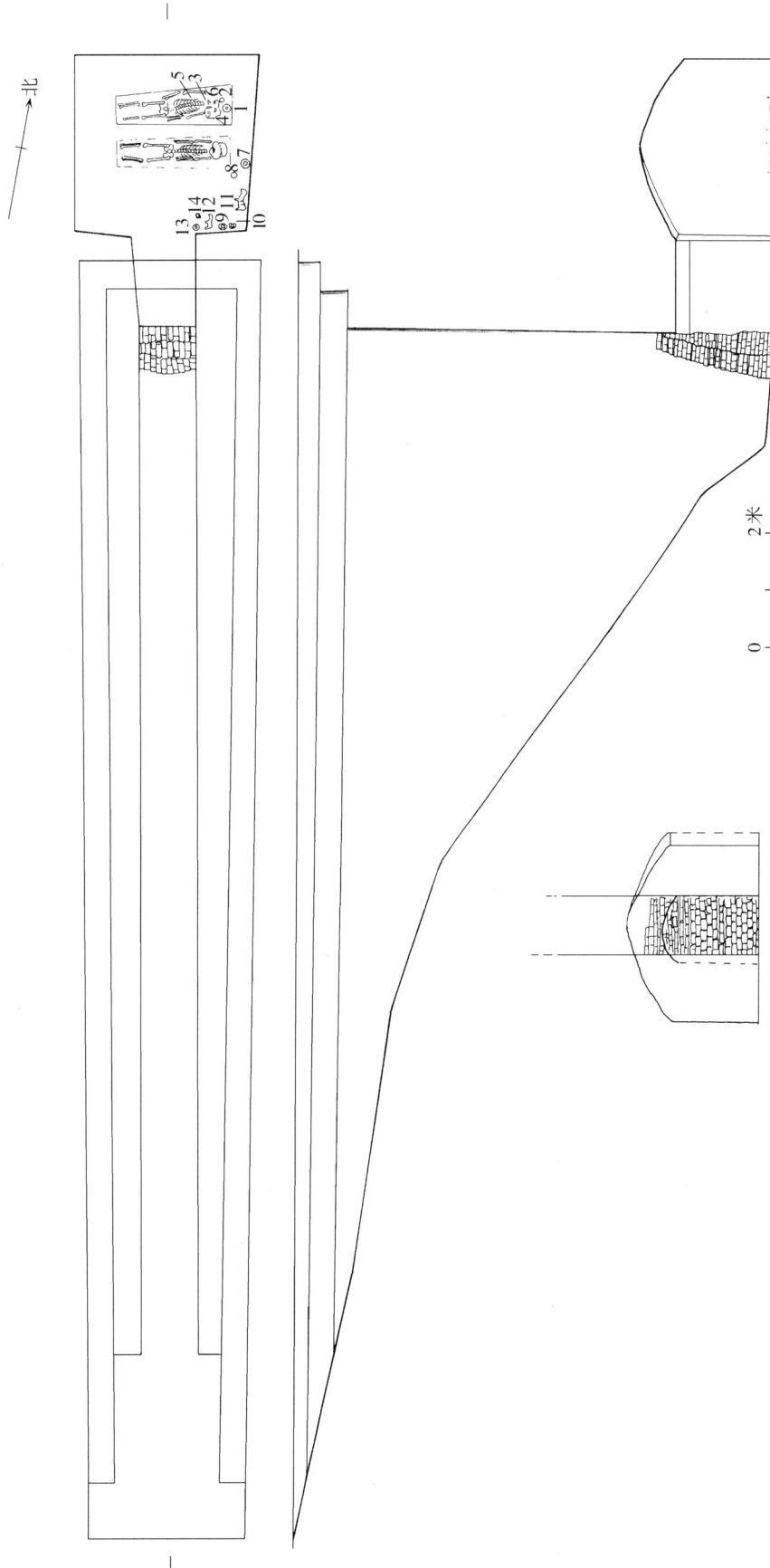

图三〇 文M140平、剖面图

1. 铁镜 2. 铜碗 3. 铜指环 4. 玉饰 5. 铜钗 6. 铜钱 7. 陶罐 8. 陶仓
9. 陶羽人 10. 陶男侍俑 11. 陶鞍马 12. 陶狗 13. 陶磨 14. 陶井

0   2米

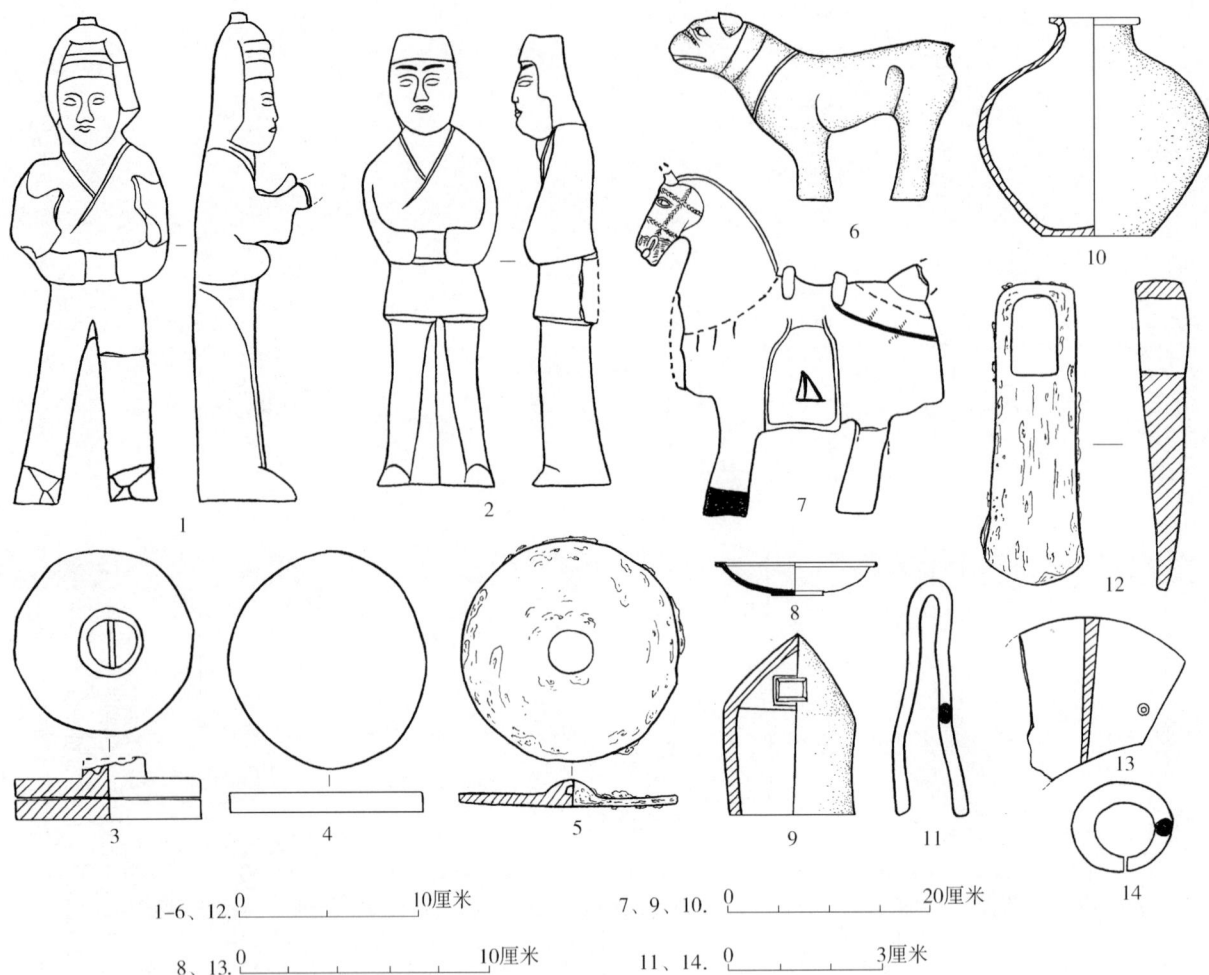

图三一　文 M140 出土器物

1. 陶羽人（文 M140：9）　2. 陶男侍俑（文 M140：10）　3. 陶磨（文 M140：13）　4. 陶饼（文 M140：14）　5. 铁镜（文 M140：1）
6. 陶狗（文 M140：12）　7. 陶鞍马（文 M140：11）　8. 铜碗（文 M140：2）　9. 陶仓（文 M140：8）　10. 陶罐（文 M140：7）
11. 铜钗（文 M140：5）　12. 铁镢（文 M140：01）　13. 玉饰（文 M140：4）　14. 铜指环（文 M140：3）

狗、仓、罐、饼、磨等。这应是一座夫妻合葬墓。

2. 出土器物

18（枚）件。有男侍俑、羽人、仓、磨、罐、狗、鞍马、饼，铜碗、戒指、钗，铁镜、镢，玉饰等。

（1）陶器 8 件。有男侍俑、羽人、仓、磨、罐、狗、鞍马等。

男侍俑　1 件（M140：10）。泥质灰陶。头戴平顶小圆帽，两侧护耳，后面护脑。上身内穿圆领衫，外着交领窄袖衫，下穿袴，双手拱于腹部。面施白色粉黛，眉绘黑彩。实心。高 26.4 厘米（图三一：2，彩版 38、图版 110－112）。

羽人　1 件（M140：9）。左腿残。头戴有缨护耳兜鍪，身穿交领窄袖衫，下着袴，双手拱于腹部，腿部稍做修整。上衣两袖处有向前伸出的双翼状物。面施白色粉黛，兜鍪上施黑彩。实心。残高 28.5 厘米（图三一：1，彩版 39、图版 113－115）。

仓　1 件（M140：8）。泥质灰陶。伞状顶，圆桶形器身。顶部有方形孔。器身直径 12.5、高 17.5 厘米（图三一：9，图版 107）。

磨　1 件（M140：13）。泥质褐陶。质疏，稍残。由上下两扇组成，上扇中部有一凹窝，内有横梁相隔，为放置粮食的地方。直径11、高3.6厘米（图三一：3，图版108）。

罐 1件（M140：7）。泥质灰陶。侈口，方唇，溜肩，鼓腹，平底。素面。口径9、底径10.5、高21.5厘米（图三一：10，图版109）。

狗 1件（M140：12）。泥质灰陶。站立，仰首，细腰，肋骨清晰。脖子上戴有项圈，尾残。实心，合模制作。长17.1、高11.1厘米（图三一：6，图版117）。

鞍马 1件（M140：11）。泥质灰陶。仰首站立，络头、鞍鞯、障泥齐备。体内中空。尾残。用红彩绘出胸带、鞦带及其上的条带状装饰。障泥、马蹄绘黑彩，用红彩绘出三角形脚蹬。通体施白彩。马体高大厚重。长30.5、高33.5厘米（图三一：7，图版116）。

饼 1件（M140：14）。泥质灰陶。圆形。直径12、厚1.2厘米（图三一：4，图版118）。

（2）铜器 3件。有碗、钗、指环。

碗 1件（M140：2）。侈口，浅腹，矮圈足。口径6.4、高1.4厘米（图三一：8，图版122）。

钗 1件（M140：5）。两股开叉弯曲，断面近椭圆形。长6.4厘米（图三一：11，图版120）。

指环 1件（M140：3）。残，断面呈圆形，中间有缺口，直径2厘米（图三一：14，图版121）。

（3）五铢铜币 4枚。有边郭，方孔。"五"字交笔弯曲，"铢"字金字头呈三角形。M140：6a，字迹笔划较粗。钱径2.5、穿径1厘米，重2.45克（图三二：1）。M140：6b，字迹笔划较细。"五"字横划出头。钱径2.5、穿径1.1厘米，重2.45克（图三二：2）。M140：6c。字迹清晰。"五"字横划出头。钱径2.5、穿径1厘米，重2.8克（图三二：3）。M140：6d，"五"字交股较直，钱径2.5、穿径1厘米，重2.18克（图三二：4）。

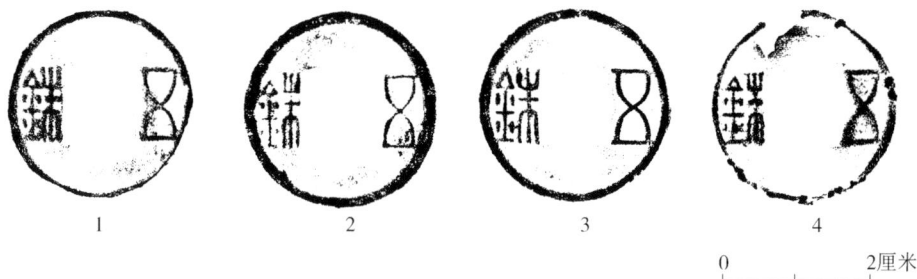

图三二 文M140出土钱币
1-4. 五铢钱（文M140：6a、6b、6c、6d）

（4）铁器和玉饰 3件。有铁镜、铁镢、玉饰。

铁镜 1面（M140：1）。圆纽，面微凸。素面。直径12.9、厚0.5厘米（图三一：5，图版119）。

铁镢 1件（M140：01）。出于墓道填土内，上端厚，有銎，下端宽薄，呈弧形。长18、宽4.8-5.7、厚0.9-3厘米（图三一：12，图版123）。

玉饰 1块（M140：4）。一侧厚，一侧薄，体上有一圆孔。残长6.6、宽6.4厘米（图三一：13，图版124）。

（二） 文 M113

1. 墓葬形制

墓葬方向171度（图三三）。墓道平面近长方形，墓口长15.8、宽3.3-3.35米。第一级台阶宽

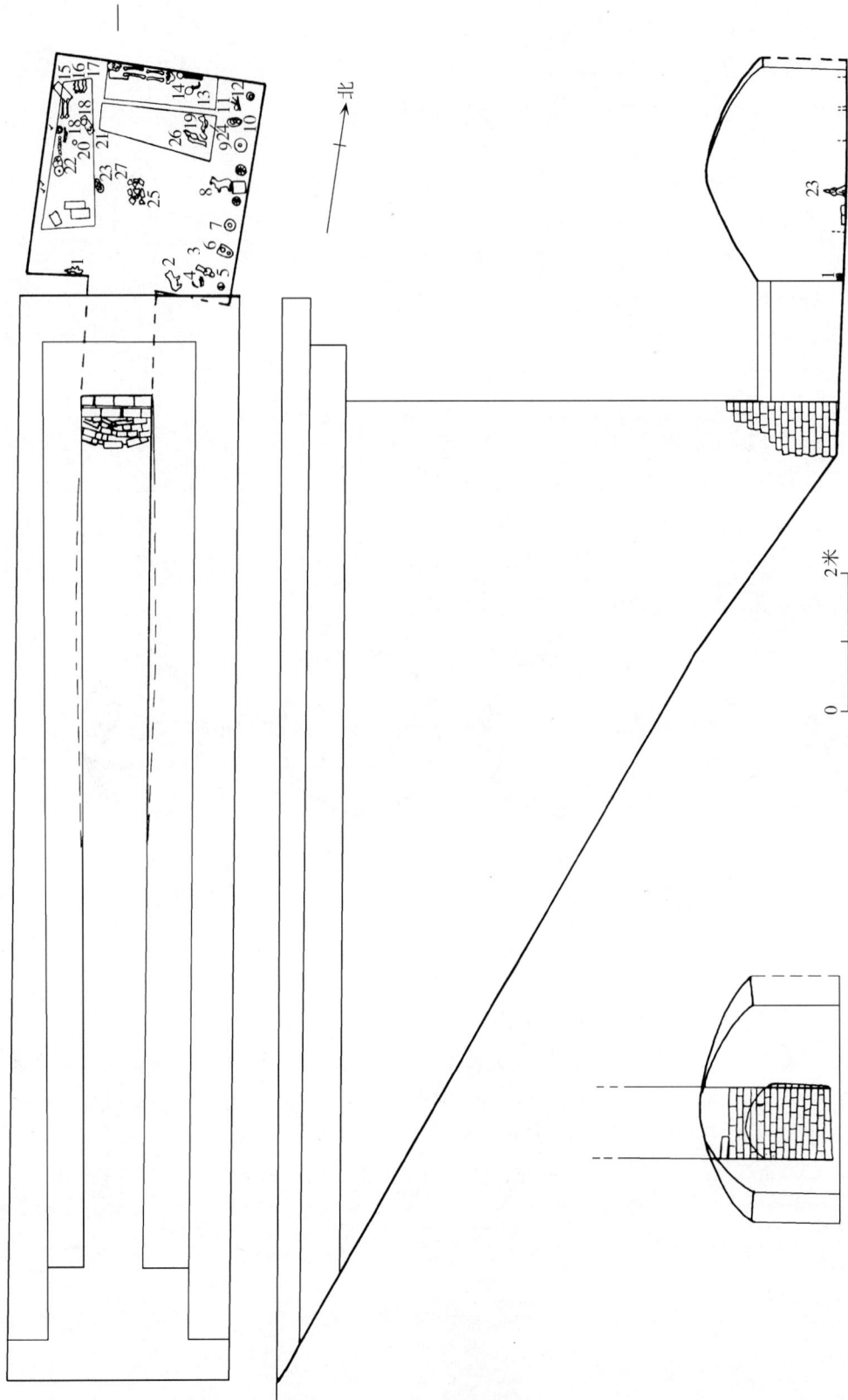

图三三　文M113平、剖面图

1、2.陶狗　3.陶男侍俑　4、5.陶罐　6.陶灶　7、9.陶罐　8.陶牛车　10、23.陶女侍俑　11.陶碓　12.陶磨
13.铜镜　14.银镯　15、16、17.陶猪　18.铜镯　19、26.银钗　20.铜铃　21.铜指环　22.铁镜　24.泥鸡　25、27.陶仓

0.3－0.65、高 0.4 米；第二级台阶东、西壁较窄，为 0.5－0.65 米，北壁较宽，为 0.8 米，高 0.55 米。底呈斜坡形，较陡，深 1.4－9.65 米。封门用小砖错缝平铺砌成，最上面一层，用一排砖封堵；其下五层，用三排砖封堵；最下八层，用三排或四排砖封堵。砖多数为半截碎块，完整的较少。完整的砖长 0.3、宽 0.15、厚 0.06－0.08 米。封门高 1.6、宽 1.05、厚 0.15－0.5 米。甬道平面为长方形，拱形顶，长 1.75、宽 1.05、高 1.25－1.3 米。墓室平面近方形，穹隆顶，南北长 3.2－3.55、东西宽 3.1－3.2、高 2.1 米。墓室西侧放置一副南北向木棺，棺木平面为梯形，长 2.1、宽 0.4－0.85 米，其中放置人骨一具，骨架保存较差，性别、年龄不详。棺底有 5 块砖，可能起铺垫棺木作用。棺内随葬品有铜铃、铜戒指、铜钗、铁镜、陶猪，棺外有陶狗和陶俑。墓室北侧放置两副木棺，偏北的一副，长 1.65、宽 0.45－0.5 米。其中的人骨头西脚东，性别、年龄不详。随葬品均在棺内，有铜镜和银镯。偏南的一副棺为梯形，长 1.75、宽 0.4－0.65 米。棺内随葬银钗和泥鸡。墓室东侧、南侧出土有陶狗、井、灶、罐、牛车、仓、俑、碓和磨。

　　2. 出土器物

　　31 件（组）。有男（女）侍俑、陶牛车、猪、狗、灶、井、磨、仓、碓、罐、泥鸡和铜镜、铜镯、铜铃、铜戒指，银钗、镯，铁镜等。

　　（1）陶器 19 件（组）。有男（女）侍俑、陶牛车、猪、狗、灶、井、磨、仓、碓、罐、泥鸡等。

　　男侍俑　1 件（M113：3）。泥质灰陶。头戴平顶小圆帽，两侧护耳，后面护脑。身穿交领窄袖衫，下着裤，双手拱于腹部，腿部稍做修整。前襟有竖线折皱纹。面施粉黛。实心。高 26.7 厘米（图三四：2，彩版 40、图版 128、129）。

　　女侍俑　2 件。泥质灰陶，形制相似。蔽髻，上身内穿圆领衫，外着交领窄袖衫，衫上有向外翻垂的领子，下着曳地长裙，裙上有折皱。腰间系络带，双手拱于腹部。面施粉黛。络带施白彩，裙上绘黑彩和白色圆点纹饰。M113：10，高 28.8 厘米（图三四：3，图版 125－127）。M113：23，高 29.1 厘米（图三四：1，彩版 42、图版 130－132）。

　　陶牛车　1 组（M113：8）。泥质灰陶。牛作站立状，低首，做曳物姿势，牛角弯曲。长 27、高 14.5 厘米。车为瓦形顶，顶两侧有伸出的棚檐，上有一孔。前壁有窗，后壁有门。前壁外伸出 5 厘米的檐，应为御者坐的地方。车轮上有 16 根辐条，车轮直径 16.5 厘米。车辕不存。车厢长 25、高 26.5 厘米（图三四：9）。

　　猪　3 件。泥质灰陶。阔鼻，长嘴，斜眼，小耳。背上有鬃毛。实心。合模制作。M113：15，母猪。长 16.5、高 9 厘米（图三四：8，图版 133）。M113：16，体肥，公猪，尾巴短粗，体施黑彩。长 17.7、高 10.5 厘米（图三四：7，图版 134）。M113：17，公猪。长 15.5、高 10.2 厘米（图三四：6，图版 135）。

　　狗　2 件。泥质灰陶。站立，仰首，细腰，肋骨清晰。实心，合模制作。M113：1，后腿稍残，长 17、高 12 厘米（图三四：4，图版 136）。M113：2，长 16.3、高 12 厘米（图三四：5，图版 137）。

　　灶　1 件（M113：6）。泥质灰陶。平面为梯形，有两个火膛，火膛四周置箅、钩、刀、瓢、勺等，前有圆泡形饰物。火膛前有台阶式挡火墙，后有阶梯式烟道，台前有方形火门。模制。长 20、宽 10.5－15、高 11 厘米（图三五：11，图版 138）。

　　井　2 件。泥质灰陶。井身为圆桶形，较矮。模制。M113：4，井架交叉较高。井圈直径 10.5、高 13.5 厘米（图三五：4，图版 141）。M113：5，上立斜交叉井架。井圈直径 10.5、高 13.2 厘米（图三五：3，图版 142）。

　　磨　1 件（M113：12）。泥质褐陶。质疏。由上下两扇组成，上扇中部有一凹窝，内有横梁相隔，为放置粮食的地方。直径 10、高 3.9 厘米（图三五：5，图版 139）。

　　碓　1 件（M113：11）。泥质灰陶。碓架一端呈"V"形，另一端有臼窝，上置碓杆。长 21.3、高

图三四 文 M113 出土器物

1、3. 陶女侍俑（文 M113：23、10）   2. 陶男侍俑（文 M113：3）   4、5. 陶狗（文 M113：1、2）

6－8. 陶猪（文 M113：17、16、15）   9. 陶牛车（文 M113：8）

10.5 厘米（图三五：7，图版 140）。

仓　2 件。泥质灰陶。伞状顶，圆桶形器身。顶部有方形孔。M113：25，器身直径 10、高 17.8 厘米（图三五：9，图版 143）。M113：27，器身直径 10.25、高 17 厘米（图三五：8，图版 149）。

罐　2 件。泥质灰陶，形制基本相似。侈口，方唇，溜肩，弧腹，平底微凹。M113：7，口径 12、底径 16、高 22 厘米（图三五：1，图版 144）。M113：9，口径 10.5、底径 16、高 18.5 厘米（图三

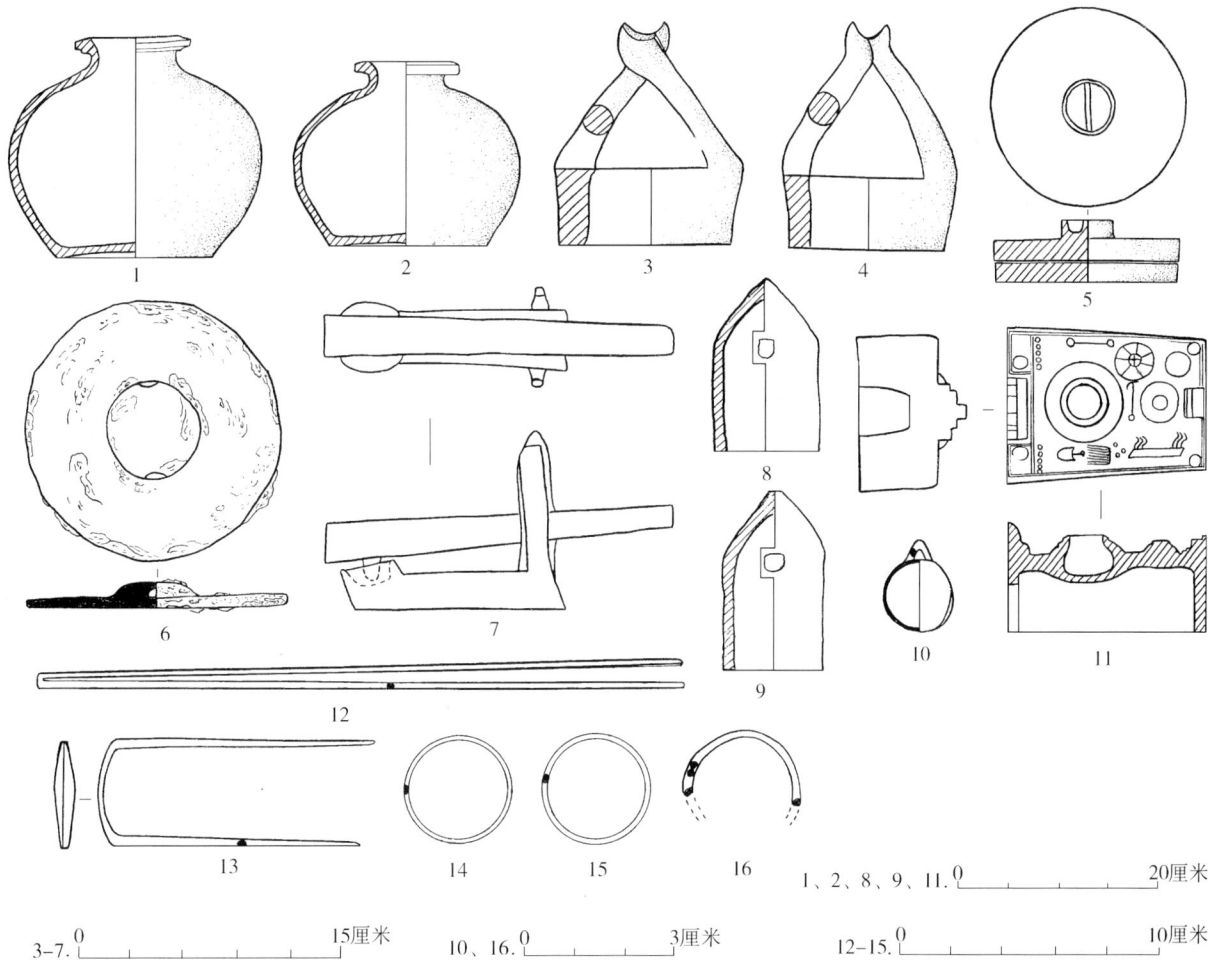

图三五 文 M113 出土器物

1、2. 陶罐（文 M113：7、9） 3、4. 陶井（文 M113：5、4） 5. 陶磨（文 M113：12） 6. 铁镜（文 M113：22）

7. 陶碓（文 M113：11） 8、9. 陶仓（文 M113：27、25） 10. 铜铃（文 M113：20） 11. 陶灶（文 M113：6）

12、13. 银钗（文 M113：19、26） 14. 银镯（文 M113：14） 15. 铜镯（文 M113：18） 16. 铜指环（文 M113：21）

五：2，图版 145）。

　　泥鸡　1件（M113：24）。用泥制作，质地疏松，形制大小与陶鸡相似。

　　（2）　铜器 7件。有镜、镯、指环、铃。

　　镜　1面（M113：13）。圆纽，圆纽座，宽平素缘。内有两圈弦纹，其外有八个连弧纹，连弧纹相接处各有四个圆点，外为三圈弦纹，最外为一圈放射状线纹。直径 11.8、厚 0.2 厘米（图三六，彩版 44）。

　　镯　2副 4件（M113：18）。形制、大小相同，圆形。直径 4.4 厘米（图三五：15，图版 147）。

　　指环　1个（M113：21）。圆形，残。直径 2.4 厘米（图三五：16）。

　　铃　1个（M113：20）。圆球形，上有桥形纽。高 1.8 厘米（图三五：10）。

　　（3）　银器和铁器　5件。有银钗、银镯、铁镜等。

　　银钗 2个。M113：19，顶端窄，下端宽。长 26 厘米（图三五：12，图版 150）。M113：26，上下端等宽，顶端平面近菱形。长 11.2 厘米（图三五：13，图版 151）。

　　银镯　2个。形制相同。圆形。标本 M113：14，直径 4.4 厘米（图三五：14，图版 148）。

　　铁镜　1面（M113：22）。圆纽，镜面微凸，素面。直径 15.6、厚 0.5 厘米（图三五：6，图版 146）。

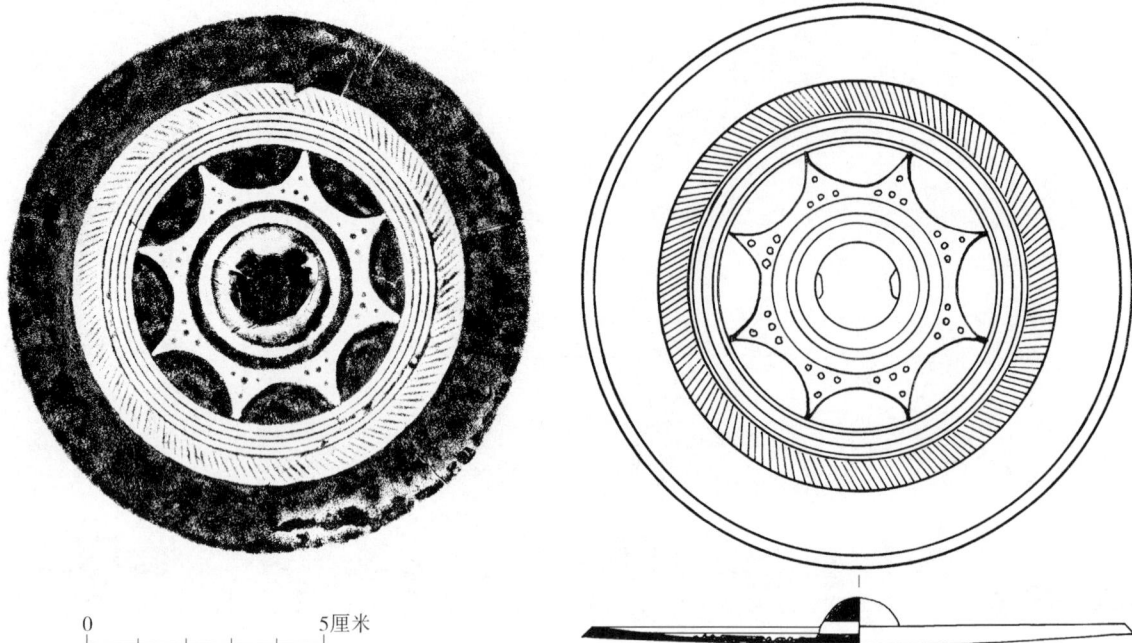

图三六　文 M113 出土铜镜

铜镜（文 M113：13）

（三）　文 M69

1. 墓葬形制

墓葬方向 175 度（图三七）。墓道平面呈梯形，墓口长 18.8、宽 3－3.7 米。第一级台阶宽 0.55－
0.8、高 0.35 米；第二级台阶宽 0.5－0.55、高 0.35 米。底为不规整的斜坡形，距地表深 1.4－9.3 米。
无封门。甬道平面呈梯形，长 2、宽 1－1.1、高 1.1 米，拱形顶。墓室平面近方形，长 2.9－3、宽 2.8－
2.9、高 1.75 米。室内放置 2 副木棺，有 3 具人骨架。墓室北侧和西侧各置一副木棺。棺长 1.75、宽 0.5
－1 米。北侧棺内人骨架腐朽严重，已成粉末，从残留痕迹看头东脚西。随葬品多置于棺内，有铁镜、金
钗、铜镯、银戒指、铜镦。从随葬品看该棺内死者应为女性。西侧棺内人骨头南脚北，仰身直肢，男性，
年龄 40 岁左右。随葬品位于东南侧，有陶罐和陶仓。在北侧木棺的南侧置一东西向骨架，无葬具，仰身
直肢，男性，年龄 50 岁左右。出土器物多位于东侧，有陶马、灶、俑、罐和铜盆。

2. 出土器物

13 件。有男侍俑、鞍马、灶、仓、罐，铜盆、镯、镦，金钗，银戒指，铁镜等。

（1）陶器 7 件。有男侍俑、鞍马、灶、仓、罐。

男侍俑　2 件。泥质灰陶。上身内穿圆领衫，外着交领窄袖衫，下穿袴，双手拱于腹部。面施粉
黛。实心。M69：3，下身残。头戴有缨兜鍪，两侧护耳，后面护脑。腿部稍做修整。残高 24.9 厘米
（图三八：1，彩版 41、图版 152）。M69：4，戴平顶小圆帽，两侧护耳，后面护脑。高 24.8 厘米（图
三八：2，图版 153）。

鞍马　1 件（M69：1）。泥质灰陶。仰首，站立，络头、鞍鞯齐备，有障泥。尾翘。体内中空。

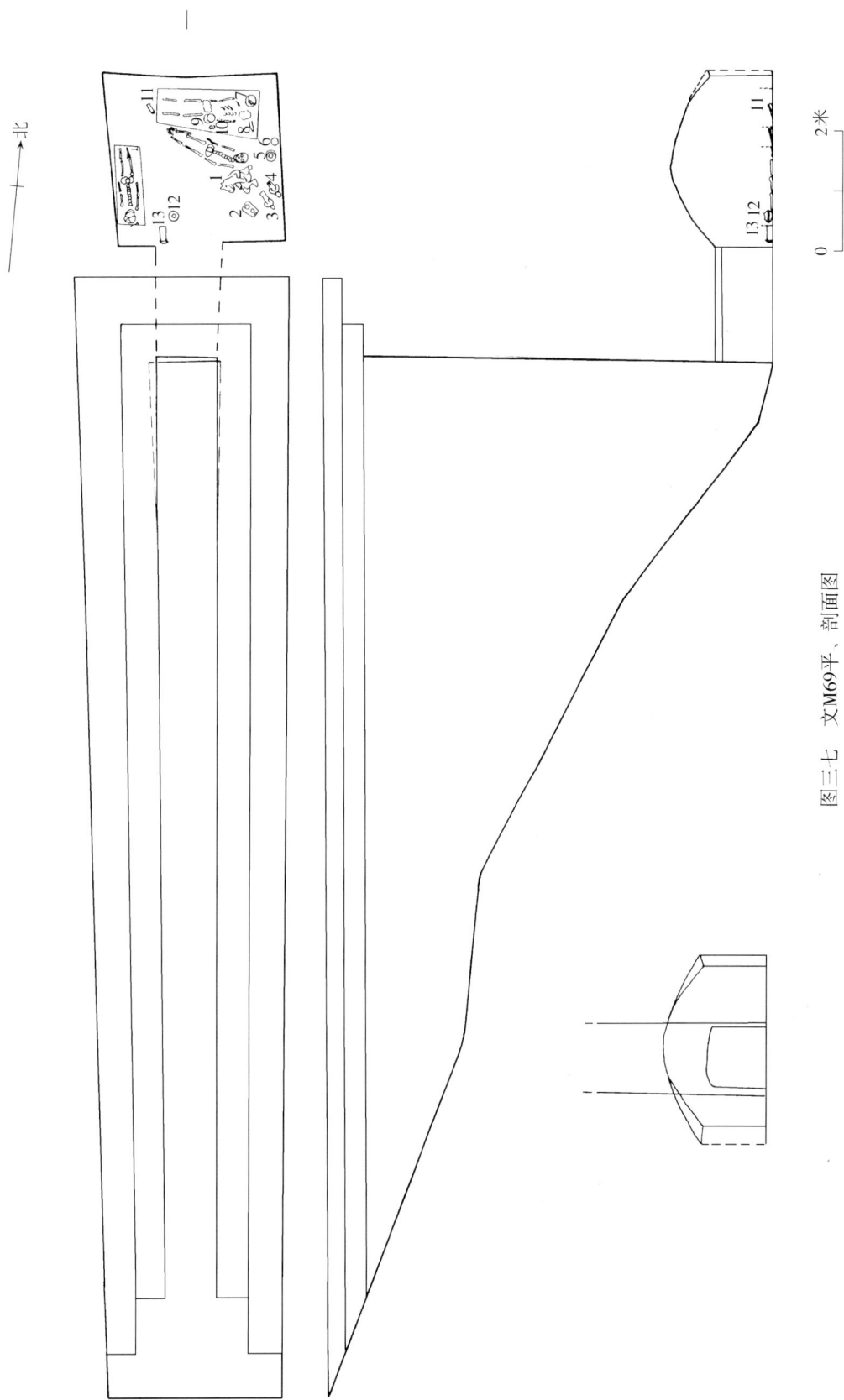

图三七　文M69平、剖面图

1. 陶鞍马　2. 陶灶　3、4. 陶男侍俑　5、12. 陶罐　6. 铜盆　7. 铁镜
8. 金钗　9. 铜镯　10. 银指环　11. 铜敦　13. 陶仓

通体施黑彩。马腿与体粘接痕迹明显。长36、高31.5厘米（图三八：3，彩版43）。

灶　1件（M69：2）。泥质灰陶。平面为梯形，有两个火膛，火膛四周置算、钩、刀、瓢、勺等，前端有圆泡形饰物。火膛前有挡火墙，后有阶梯式烟道，灶前有方形火门。模制。长20、宽13.5～15、高7厘米（图三八：7，彩版45、图版155）。

仓　1件（M69：13）。泥质灰陶。小口微敛，广肩，直腹，靠近底部稍内收，底有三足，现已残。仓盖上饰瓦纹，腹饰三组弦纹。口径7、残高26.5厘米（图三八：6，图版154）。

罐　2件。泥质灰陶。口均残。M69：5，溜肩，鼓腹，底似有假圈足，肩有两组"＜"形纹饰。底径13.5、残高17厘米（图三八：12，图版156）。M69：12，圆球形腹，平底微凹。素面。底径15、残高17厘米（图三八：13，图版157）。

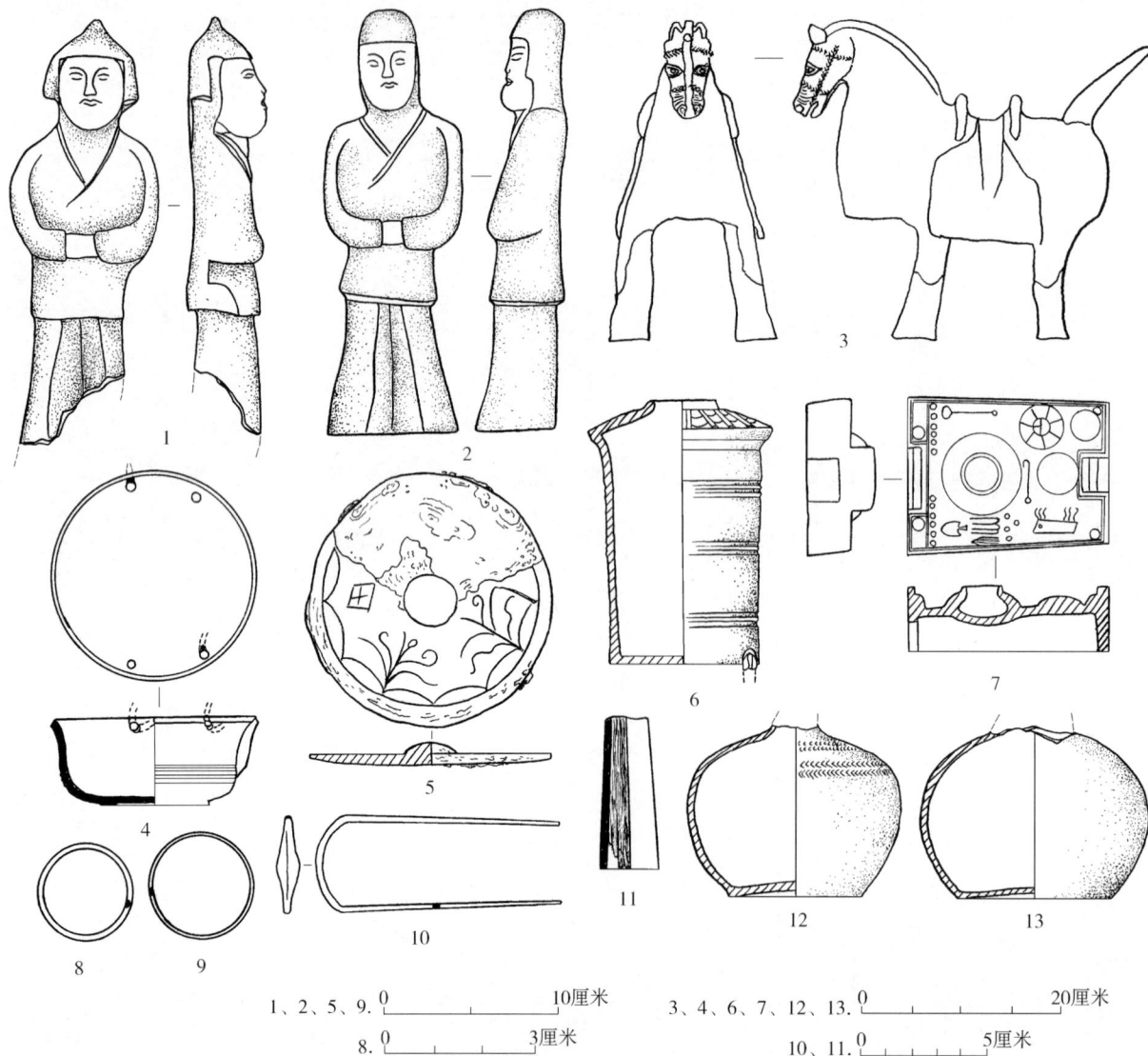

图三八　文 M69 出土器物

1、2. 陶男侍俑（文 M69：3、4）　3. 陶鞍马（文 M69：1）　4. 铜盆（文 M69：6）　5. 铁镜（文 M69：7）　6. 陶仓（文 M69：13）　7. 陶灶（文 M69：2）　8. 银指环（文 M69：10）　9. 铜镯（文 M69：9）　10. 金钗（文 M69：8）　11. 铜镦（文 M69：11）　12、13. 陶罐（文 M69：5、12）

（2）铜器 3 件。有盆、镯、镦。

盆　1 件（M69：6）。侈口，方唇，束腰，矮圈足。口沿上有相对应的四个小孔，空内残留铁丝痕迹。腹饰凹弦纹。盆外壁、器底均有烟炱痕迹。口径 21、圈足径 11、高 8.5 厘米（图三八：4，彩版 46、图版 158）。

镯　1 副 2 个（M69：9）。圆形。直径 6.9 厘米（图三八：9，图版 159）。

镦　1 件（M69：11）。上窄下宽，中空。长 3 厘米（图三八：11，图版 160）。

（3）其他 3 件。有金钗、银指环、铁镜。

金钗　1 个（M69：8）。分成两股，顶端平面呈菱形。长 10 厘米（图三八：10，彩版 47）。

银指环　1 个（M69：10）。圆形。直径 1.9 厘米（图三八：8）。

铁镜　1 面（M69：7）。宽平素缘，圆纽。缘内为几组连弧纹，镜面为花草纹，现能看清的有两组，从镜面布局分析应有四组。在花草纹中间有一个"田"字。直径 14.7、厚 0.5 厘米（图三八：5，彩版 48）。

（四）　文 M61

1. 墓葬形制

墓葬方向 168 度（图三九）。墓道平面近梯形，墓口长 14.15、宽 3 - 3.7 米。第一级台阶宽窄不一，宽 0.5 - 0.85、高 0.35 米。第二级台阶宽度亦不相同，东、西两壁较窄，为 0.5 - 0.7 米，北壁较宽，为 0.9 米，台阶高 0.9 米。底呈斜坡形，较陡，接近封门处平缓，深 1.4 - 9.3 米。封门由空心砖横立封堵，共七块，最上一层为半块砖。封门高 1.6、宽 1.05 米。空心砖上饰菱形云纹及乳钉纹，砖长 105、宽 40、厚 20 厘米。甬道平面为长方形，长 1.9、宽 0.95、高 1.3 米，拱形顶。墓室由主室和侧室两部分组成。主室平面近方形，西壁、北壁略弧，穹隆顶，南北长 2.8、东西宽 2.85 米。侧室位于主室西壁偏南处，口宽里窄，拱形顶，口宽 0.75、里宽 0.55、高 0.5 - 0.7 米。墓室南、北部及侧室各置一东西向放置的梯形木棺。北侧棺长 1.65、宽 0.3 - 0.5 米。墓主头东脚西，随葬品有铜钗、陶猪、铜弩机。南侧木棺长 1.5、宽 0.35 - 0.5 米。墓主头东脚西，随葬品有铜镜、五铢钱、綖环钱、女侍俑、陶磨、陶井、陶灶、陶罐、陶仓。侧室内的棺长 1.65、宽 0.4 - 0.6 米，墓主头东脚西，棺内有铜镜、铜钗。棺外有陶牛车、鞍马。这三副骨架均保存不好，性别、年龄不详。

2. 出土器物

19 件（组）。有女侍俑、牛车、马、猪、灶、井、磨、仓、碓、罐和铜钗、铜镜、铜弩机、钱币等。

（1）陶器 11 件（组）。有女侍俑、牛车、马、猪、灶、井、磨、仓、碓、罐。

女侍俑　1 件（M61：4）。泥质灰陶。蔽髻，上身内穿圆领衫，外着交领窄袖衫，衫上有向外翻垂的领子，下着曳地长裙，裙上有折皱。腰间系络带，双手拱于腹部。面施粉黛。髻上施黑彩，衫、裙上施红色、黑色彩绘。高 29 厘米（图四〇：1，图版 161 - 163）。

牛车　1 组（M61：1）。泥质灰陶。牛作站立状，低首，做曳物姿势，牛角弯曲。长 25.5、高 14.5 厘米。车为瓦形顶，顶两侧有伸出的棚檐，上有两孔。前壁有窗，后壁有门。前壁外伸出 3.5 厘米的檐，应为御者坐的地方。车轮上有 16 根辐条，车轮直径 15 厘米。车辕不存。车厢长 23、车高 27 厘米（图四〇：4，彩版 49）。

鞍马　1 件（M61：2）。泥质灰陶。仰首，站立，垂尾。络头、鞍鞯、障泥齐备。体内中空。后腿残。通体施白彩。长 34、高 33.5 厘米（图四〇：6，图版 164）。

猪　1 件（M61：12）。泥质灰陶。阔鼻，短嘴，斜眼，小耳，尾巴短粗，母猪。背上有鬃毛。实

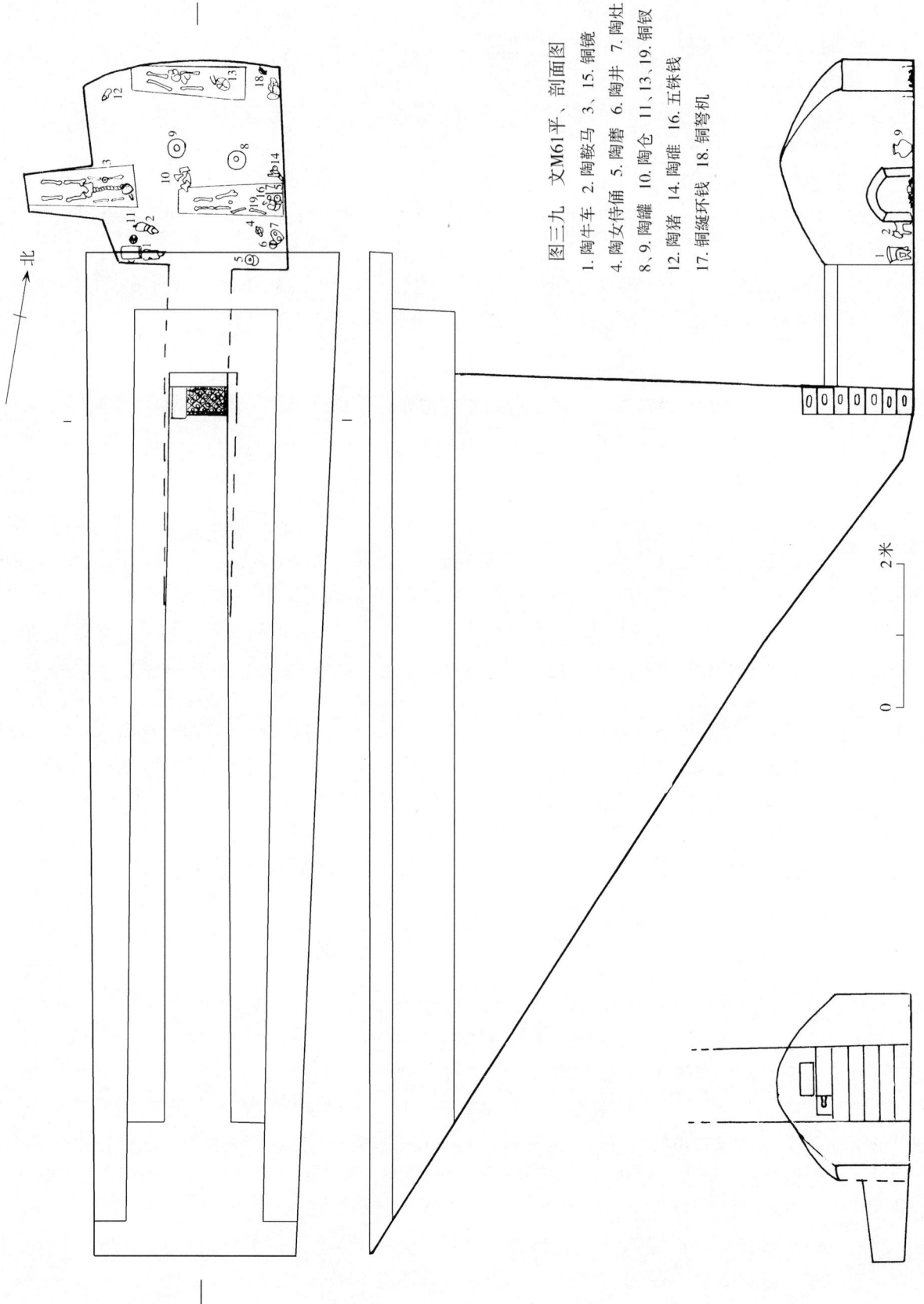

图三九　文M61平、剖面图

1.陶牛车 2.陶鞍马 3、15.铜镜 4.陶女侍俑 5.陶磨 6.陶灶 7.陶井 8、9.陶仓 10.陶罐 11、13、19.铜钗 12.陶猪 14.陶碓 16.五铢钱 17.铜缝环钱 18.铜弩机

北

2米

0

图四〇　文 M61 出土器物

1. 陶女侍俑（文 M61：4）　2. 陶碓（文 M61：14）　3. 铜弩机（文 M61：18）　4. 陶牛车（文 M61：1）　5. 陶猪
（文 M61：12）　6. 陶鞍马（文 M61：2）　7、8. 陶罐（文 M61：8、9）　9. 陶磨（文 M61：5）　10. 陶井（文 M61：6）
11. 陶仓（文 M61：10）　12. 陶灶（文 M61：7）　13－15. 铜钗（文 M61：11、13、19）

心。合模制作。长 17.6、高 9 厘米（图四〇：5，图版 165）。

灶　1 件（M61：7）。泥质灰陶，稍残。模制。平面为梯形，有两个火膛，火膛上四周置算、钩、瓢、勺等，前有圆泡形饰物。火膛前有阶梯形挡火墙，后有台阶式烟道，台前有方形火门。长 19.5、宽 11－13.5、高 7.5 厘米（图四〇：12，图版 167）。

井　1 件（M61：6）。模制。泥质灰陶。井身为圆桶形，较矮，上立斜高井架。井圈直径 10.5、高 12.5 厘米（图四〇：10，图版 170）。

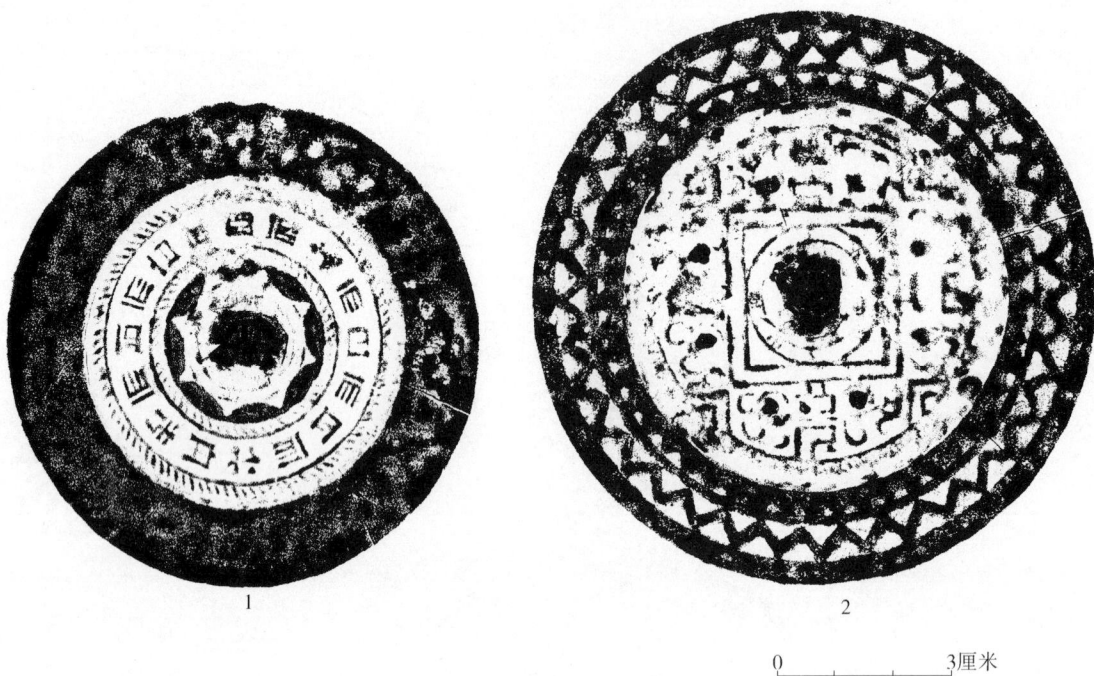

图四一　文 M61 出土铜镜

1. 文 M61：3　　2. 文 M61：15

磨　1件（M61：5）。泥质褐陶。质地较疏。由上、下两扇组成，上扇较大，中部有一凹窝，内有横梁相隔，为放置粮食的地方。直径 11 厘米。下扇较小，直径 9.6 厘米。磨厚 2.5 厘米（图四〇：9，图版 172）。

仓　1件（M61：10）。泥质灰陶。伞状顶，圆桶形器身。顶部有方形孔。器身直径 12、高 19 厘米（图四〇：11，图版 169）。

碓　1件（M61：14）。泥质灰陶。碓架一端呈"V"形，另一端有臼窝，上置碓杆。长 20、高 10 厘米（图四〇：2，图版 171）。

罐　2件。泥质灰陶。侈口，方唇，平底微凹。M61：8，细颈，斜肩，弧腹。口径 7.5、底径 15.5、高 21.5 厘米（图四〇：7，图版 166）。M61：9，粗颈，溜肩，鼓腹。口径 9.5、底径 11.5、高 19.5 厘米（图四〇：8）。

（2）铜器 6件。有钗、弩机、镜等。

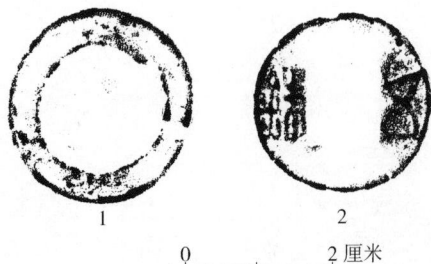

图四二　文 M61 出土钱币

1. 绖环钱（文 M61：17）　2. 五铢钱（文 M61：16）

钗　3个。M61：13，平面呈"U"形，上下端等宽，顶端平面近菱形（图四〇：14，图版 173）。长 11.2 厘米。M61：11，残。残长 8 厘米（图四〇：13）。M61：19，顶端窄，下端宽。长 15.4 厘米（图四〇：15，图版 174）。

弩机　1件（M61：18）。凸字形，四周有边框。长 3.9、宽 1.4、高 2.4 厘米（图四〇：3，图版 168）。

镜　2面。M61：3，昭明镜。圆纽，圆纽座，宽平素缘。纽外有八个连弧纹，纹间以短横线填充，其外为两圈射线纹，其间有一圈铭文，为"内清以昭明夫日月光"，中间以"而"字连接。直径 8.4、厚 0.3 厘米（图四一：1，彩版 50）。M61：15，规矩纹镜。圆纽，圆纽座，宽平素缘。纽外为两圈弦纹，内有八个距离相等的两条或三条竖线，圆圈外为方栏，栏外有规矩纹、枝叶纹和圆圈纹，缘内饰两圈锯齿纹。直径 9.7、厚 0.3 厘米（图四一：2，彩版 51）。

（3）铜钱币　2 枚。五铢和綖环钱各 1 枚。M61：16，五铢，边廓窄，"五"字交笔较直，朱字头方折。钱径 2.4、穿径 0.9 厘米，重 1.5 克（图四二：2）。M61：17，綖环钱，钱径 2.6、穿径 1.7 厘米，重 1.8 克（图四二：1）。

（五）　文 M49

1. 墓葬形制

墓葬方向 173 度（图四三）。墓道平面近梯形，墓口长 17.5、宽 2.9 - 3.2 米。第一级台阶宽 0.55 - 0.6、高 0.5 米；第二级台阶宽 0.45 - 0.5、高 0.3 米。底呈斜坡形，南侧缓直，接近墓室处较陡，呈折曲状，深 1.5 - 9.8 米。未见封门。甬道平面呈长方形，平顶，长 1.4、宽 0.85、高 1 米。墓室平面近方形，南壁略弧，穹隆顶，长 2.85 - 3.25、宽 2.7 米，高 2.2 米。在墓室北侧放置三排东西向排列的砖，每排两块，平铺，间距 0.25 - 0.3 米。在这三排砖间有骨粉痕迹，这些砖可能为木棺下铺垫木棺所用（图版 5 - 7）。在西侧的一排砖的南侧有一块砖横铺，上用隶书刻"建元十四年……"铭文。出土的随葬品位于墓室四周，计 23 件。有陶罐、女侍俑、磨，铜镯、五铢钱、柿蒂形铜饰（12 枚），铁镜。从出土的墓砖上所刻的"张氏女朱妃妇"可判断该墓主为女性。

2. 出土器物

23 件（枚）。有女侍俑、陶罐、磨，铜镯、五铢、柿蒂形铜饰，铁镜和铭文砖。

（1）陶器 6 件（块）。有女侍俑、罐、磨等。

女侍俑　2 件。泥质灰陶，形制相似。蔽髻，上身内穿圆领衫，外着交领窄袖衫，下着曳地长裙，裙上有折皱。腰间系络带，双手拱于腹部。面施粉黛。M49：3，高 29.5 厘米（图四四：1，图版 175 - 177）。M49：4，高 29.5 厘米（图四四：2，图版 178 - 180）。

罐　2 件。泥质灰陶。侈口，方唇，溜肩，鼓腹，平底微凹。M49：1，体瘦高，下腹斜收明显。腹饰凹弦纹。口径 8、底径 12.5、高 21.5 厘米（图四四：3，图版 181）。M49：2，体较矮，素面。口径 9、底径 14.5、高 17 厘米（图四四：5，图版 182）。

磨　1 件（M49：5）。泥质褐陶。陶质疏松。由上、下两扇组成，上扇中部有一凹窝，内有横梁相隔，为放置粮食的地方。一侧有用泥巴做出的一块，应为漏粮食的沟槽。直径 10.2、高 3.3 厘米（图四四：8，图版 185）。

铭文砖　1 块（M49：10）。灰褐陶。竖刻两行文字，隶书。第一行刻"建元十四年二月十二日张氏女"十三字，第二行刻"朱圮妇"三字。长 34、宽 14、厚 6 厘米（图四六，彩版 56）。

（2）铜器 13 件。有柿蒂形铜饰、镯。

柿蒂形铜饰　1 组 12 枚（M49：12）。形制基本相似。片状，中间微鼓，一端稍尖，另一端圆弧。长 1.8 厘米（图四四：6）。

镯　1 件（M49：6）。圆形。直径 7.2 厘米（图四四：7，图版 183）。

（3）五铢铜币　3 枚。M49：8，钱径 2.1 - 2.3、穿径 1 厘米，重 2.2 克。无边廓。钱体模糊，不

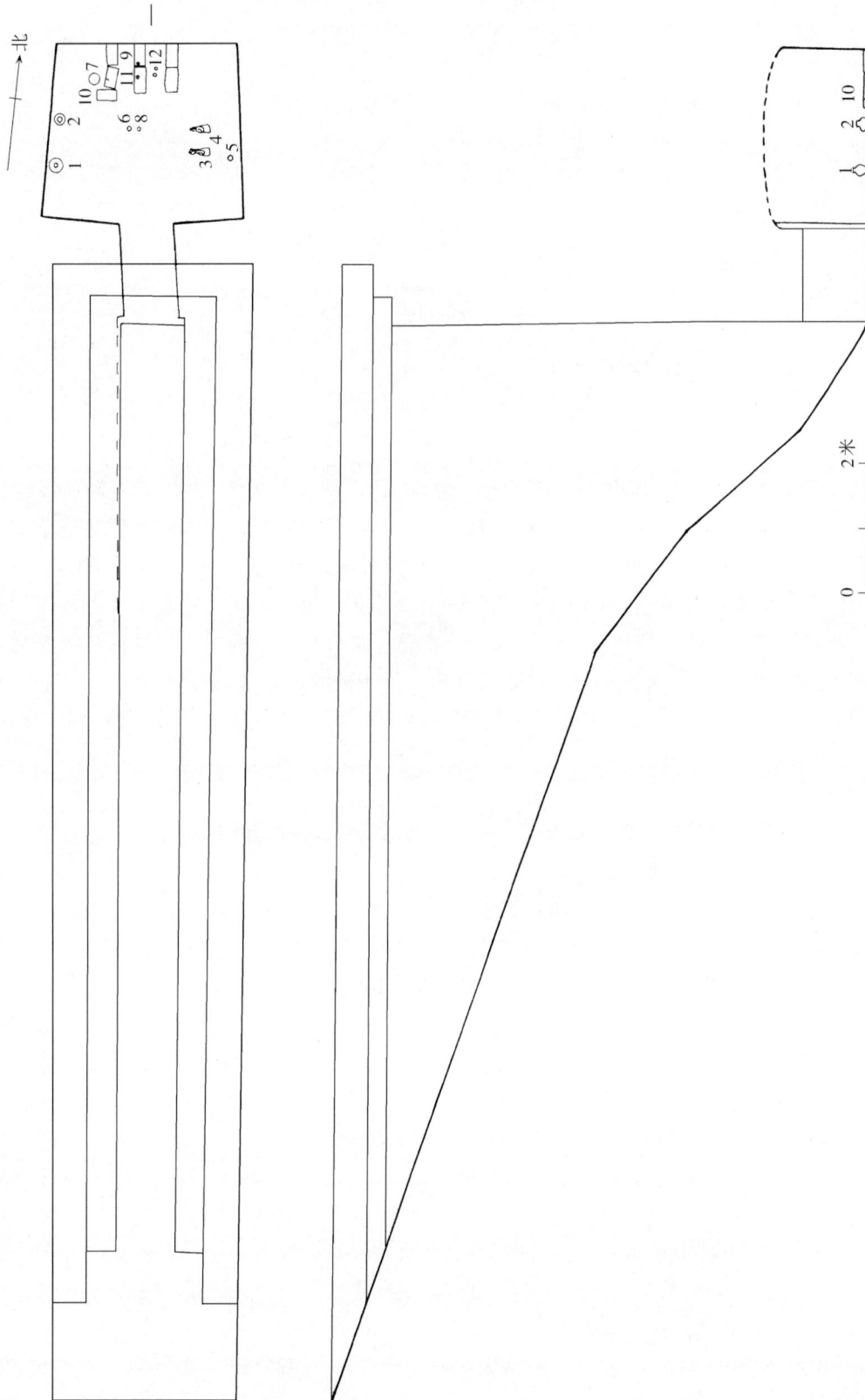

图四三 文M49平、剖面图

1、2.陶罐 3、4.陶女侍俑 5.陶磨 6.铜镯 7.铁镜 8、9.铜钱 10.铭文砖 11.五铢钱 12.铜柿蒂形饰

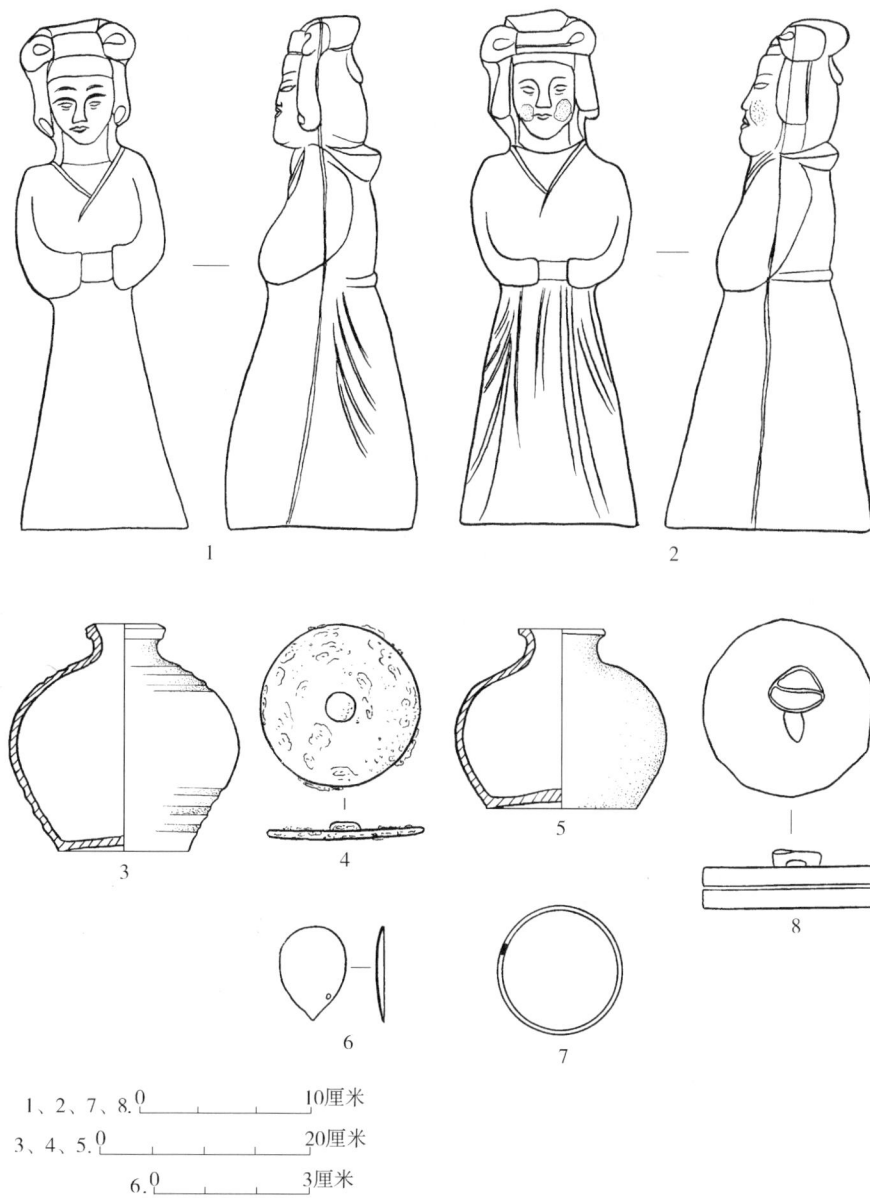

图四四　文 M49 出土器物

1、2. 陶女侍俑（文 M49：3、4）　3、5. 陶罐（文 M49：1、2）　4. 铁镜（文 M49：7）

6. 铜柿蒂形饰（文 M49：12）　7. 铜镯（文 M49：6）　8. 陶磨（文 M49：5）

大规整，隐约可见五字一部分（图四五：1）。M49：11，钱体模糊，但依稀可见五铢两字。钱径 2.2、穿径 1 厘米，重 1.2 克（图四五：2）。M49：9，残损严重，重 1.9 克。但依稀可见五铢两字。尺寸与其他两枚大致相同。

（4）铁镜　1 面（M49：7）。圆纽，镜面微凸，素面。直径 15.6、厚 0.5 厘米（图四四：4，图版 184）。

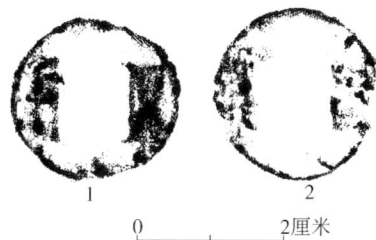

图四五　文 M49 出土钱币

1、2. 五铢钱（文 M49：8、11）

图四六　文 M49 出土建元十四年铭文砖拓片（M49：10）

（六）　文 M44

1. 墓葬形制

墓葬方向 173 度（图四七）。墓道平面呈梯形，墓口长 14.3、宽 3-3.4 米。第一级台阶宽 0.5-0.7、高 0.4 米。第二级台阶宽 0.5-0.55、高 0.25 米。底为曲折的斜坡形，深 1.4-9.45 米。土坯封门，竖向侧卧封砌，现残存四层，高 0.4、宽 0.9、厚 0.4 米。土坯质地坚硬，呈灰褐色，多数已残，完整的土坯长 45、宽 15、厚 10 厘米。甬道平面呈梯形，拱形顶，长 45、宽 0.65-0.85、高 1.1 米。墓室由主室及侧室组成。主室平面近方形，南壁略弧。西壁长 2.7、北壁长 2.5、东壁长 2.6、南壁长 2.5 米。穹隆顶，高 1.85 米，起弧高度 1.1 米。侧室位于墓室西壁偏南处，口宽里窄，口宽 1.3、里宽 0.75 米，拱形顶，底呈斜坡状，口端较高，里端较低。顶高 0.8-1.3 米。主室东北部放置南北向木棺 2 副，棺长 1.6-1.7、宽 0.3-0.5 米，其中各有人骨一具，均直肢葬，头南足北。随葬品基本放置在东南角，有陶牛车、鞍马、男侍俑、狗、鸡、猪、罐、小壶、磨、碓、灶、井、仓和铁镜、铁镰。东侧死者其手骨处有一铜镯，从随葬品看

应为女性。西侧的一具骨架腐朽严重，性别、年龄不清。侧室内放置一副东西向木棺，长 1.8、宽 0.4-0.7 米。棺东侧出土上下垒放的墓砖两块，另一块砖志位于这两块砖南侧。人骨仰身直肢，头东脚西，骨架腐朽严重，性别、年龄不详。该墓出土的器物为陶牛车、陶仓、陶俑。

2. 出土器物

29 件（组）。有男女侍俑、牛车、鞍马、猪、狗、鸡、灶、井、磨、仓、碓、罐、小壶、钵，铜镯、铁镜、残铁器及铭文砖等。

（1）陶器 26 件（组）。有男女侍俑、牛车、马、猪、狗、鸡、灶、井、磨、仓、碓、罐、小壶、钵等。还出土有陶器残片。

男侍俑 1 件（M44：29）。泥质灰陶。头戴平顶小圆帽，两侧护耳，后面护脑。上身内穿圆领衫，外着交领窄袖衫，下着袴，双手拱于腹部，腿部稍做修整。前襟有竖线折皱纹。面施粉黛。实心。高 24.3 厘米（图四八：2，图版 189）。

女侍俑 1 件（M44：30）。泥质灰陶。蔽髻，上身内穿圆领衫，外着交领窄袖衫，衫上有向外翻垂的领子，下着曳地长裙，裙上有折皱。腰间系络带，双手拱于腹部。面施粉黛。高 30 厘米（图四八：1，图版 186 - 188）。

牛车 2 组。形制基本相似。泥质灰陶。牛呈站立状，低首，做曳物姿势，牛角弯曲。M44：1，牛长 27.5、高 16 厘米（图四九：1，彩版 53、54）。M44：24，牛长 28.5、高 17 厘米。车为瓦形顶，顶两侧有伸出的棚檐，上有两孔（图四九：6，彩版 55，图版 192、193、195）。M44：1 顶较平，M44：24 顶较弧。前壁有窗，后壁有门。前壁外伸出长 4、高 4 厘米的栏，应为御者坐的地方。M44：1，前壁两侧有圆形孔，后壁两侧和顶部三面有圆孔。车轮上有 16 根辐条，M44：1，车轮直径 16.5 厘米。M44：24 车轮直径 15 厘米。车辕不存。M44：1，车厢长 25.5、车高 30 厘米（图版 196）。M44：24 车箱长 23、车高 25 厘米。

鞍马 1 件（M44：15）。泥质灰陶。仰首，站立，络头、鞍鞯、障泥齐备。鞍上有制作时刻划的圆圈纹饰。体内中空。后腿、尾残。通体施白彩。长 33.5、高 28.5 厘米（图四九：3，图版 194）。

猪 1 件（M44：17），泥质灰陶。仅残存头及前腿部分。阔鼻，长嘴，斜眼，小耳，背上有鬃毛。残长 9.3 厘米（图四八：10，图版 190）。

狗 2 件。站立，仰首，细腰，翘尾，实心。M44：13，泥质灰陶。长 17.4、高 11.7 厘米（图四八：8，图版 191）。M44：28，泥质灰陶。肋骨清晰。长 20.4、高 10.5 厘米（图四八：4，图版 197）。

鸡 3 件。泥质灰陶。站立，仰头，足为圈足状。M44：14，垂尾。长 14、高 9 厘米（图四八：16，图版 198）。M44：16，残，高 11.4 厘米（图四八：13，图版 199）。M44：26，垂尾。长 13.5、高 9.5 厘米（图四八：14，图版 200）。

灶 1 件（M44：25）。泥质灰陶。平面为梯形，有两个火膛，火膛四周置算、钩、刀、瓢、勺等，前有圆泡形饰物。火膛前有挡火墙，后有阶梯式烟道，台前有圆形火门。模制。长 21、宽 13 - 16、高 6.5 厘米（图四九：2，图版 201）。

井 2 件。泥质灰陶。形制相同。井身为圆桶形，上立井架已残。M44：20，残高 4.8 厘米（图四八：12，图版 202）。M44：21，残高 6 厘米（图四八：9，图版 211）。

磨 1 件（M44：19）。泥质褐陶。陶质疏松。由上下两扇组成，上扇中部有一凹窝，内有横梁相隔，为放置粮食的地方。上扇底部和下扇中部有凹形圆坑相对应。上扇表面有刻槽。直径 9、高 3.9 厘米（图四八：7，图版 203）。

仓 2 件。泥质灰陶。形制相同。伞状顶，圆桶形器身。M44：2，顶部有圆形孔。器身直径 11.5、高 16 厘米（图四九：4，图版 206）。M44：3，顶部有方形孔。器身直径 11.5、高 18 厘米（图四九：5，图版 207）。

碓 1 件（M44：22）。泥质灰陶。残，长 17.4 厘米（图四八：6，图版 208）。

罐 3 件。泥质灰陶。侈口，方唇，平底微凹。M44：8，体瘦，溜肩，弧腹。沿面上有一周凹

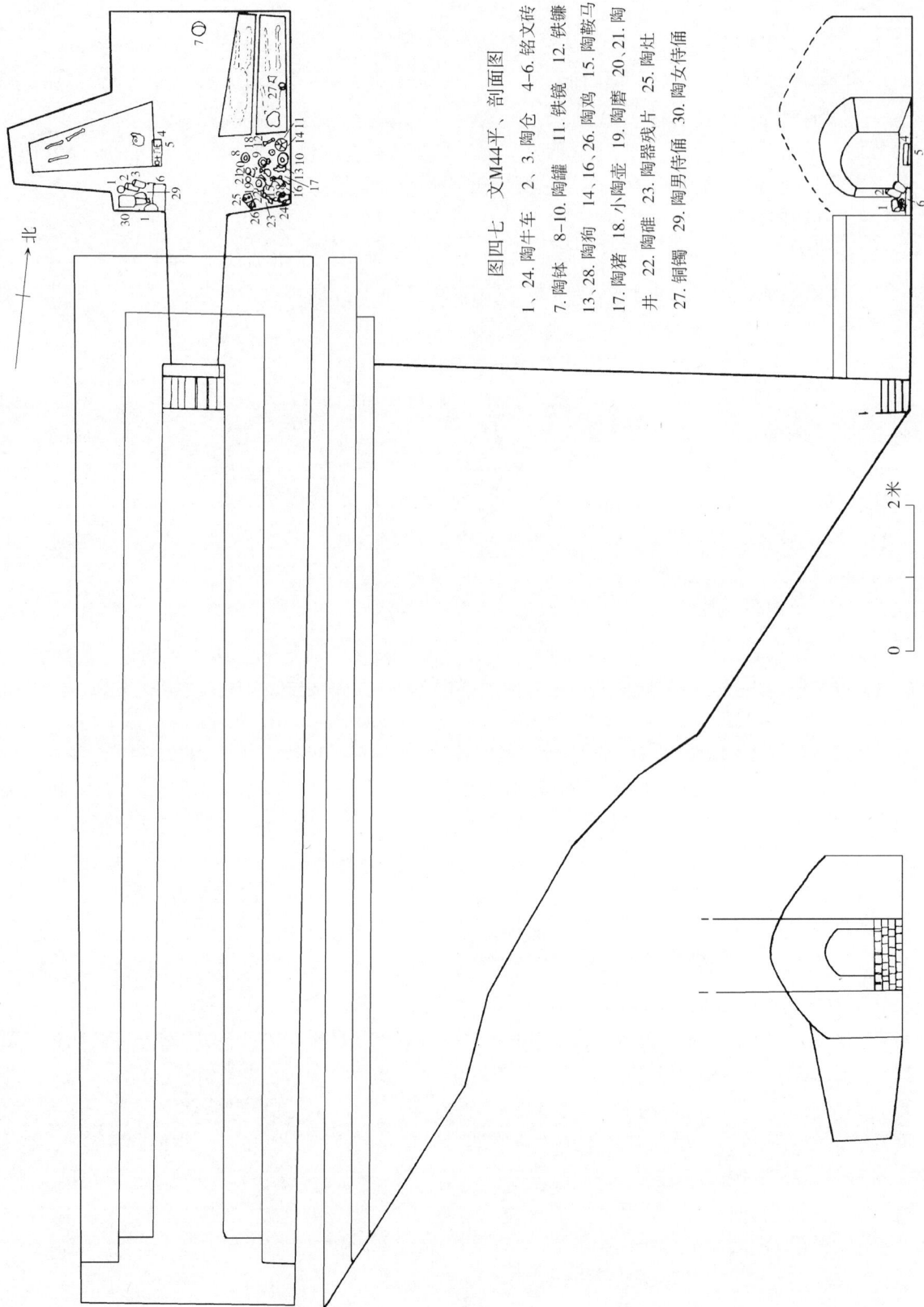

图四七　文M44平、剖面图

1、24.陶牛车　2、3.陶仓　4-6.铭文砖
7.陶钵　8-10.陶罐　11.铁镜　12.铁镰
13、28.陶狗　14、16、26.陶鸡　15.陶鞍马　陶
17.陶猪　18.小陶壶　19.陶磨　20、21.陶
井　22.陶碓　23.陶器残片　25.陶灶
27.铜镯　29.陶男侍俑　30.陶女侍俑

北

图四八　文 M44 出土器物

1. 陶女侍俑（文 M44：30）　　2. 陶男侍俑（文 M44：29）　　3. 铁镜（文 M44：11）　　4、8. 陶狗（文 M44：28、13）

5. 铜镯（文 M44：27）　　6. 陶碓（文 M44：22）　　7. 陶磨（文 M44：19）　　9、12. 陶井（文 M44：21、20）

10. 陶猪（文 M44：17）　　11. 小陶壶（文 M44：18）　　13、14、16. 陶鸡（文 M44：16、26、14）　　15. 铁镰（文 M44：12）

槽。口径 8.5、底径 12、高 21.5 厘米（图四九：7，图版 213）。M44：9，斜沿，肩近平，腹较凸。口径 9、底径 13.5、高 19.5 厘米（图四九：8，图版 205）。M44：10，体矮，斜沿，溜肩，弧腹。口径 11.5、底径 19.5、高 20.5 厘米（图四九：9，图版 204）。

小壶　1件（M44：18）。泥质灰陶。口残，斜肩，下腹直，平底。残高 3.4 厘米（图四八：11，

图四九 文 M44 出土器物

1、6. 陶牛车（文 M44：1、24）   2. 陶灶（文 M44：25）   3. 陶鞍马（文 M44：15）   4、5. 陶仓（文 M44：2、3）

7－9. 陶罐（文 M44：8、9、10）   10. 陶钵（文 M44：7）

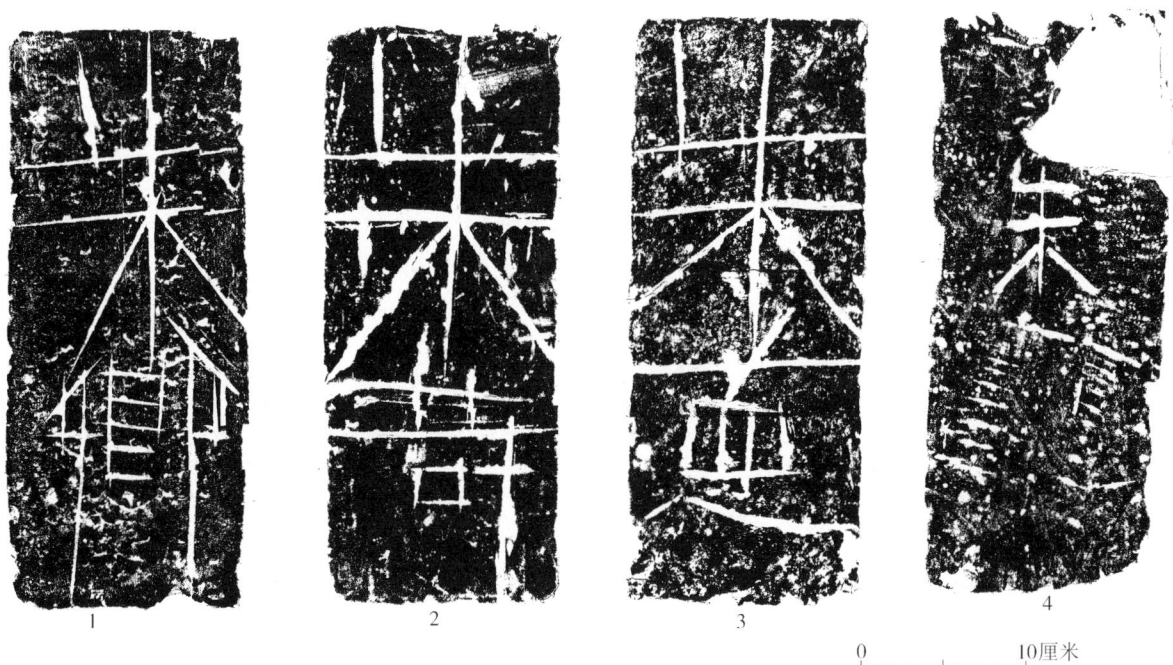

图五〇 文 M44 出土铭文砖拓片

1. 文 M44：4　2、3. 文 M44：5　4. 文 M44：6

图版 210）。

钵　1件（M44：7）。泥质灰陶。敛口，方唇，斜沿，平底。口径 21、底径 11、高 10 厘米（图四九：10，图版 209）。

铭文砖　3块。灰褐陶。M44：4，上用隶书刻"朱卿"2字。砖长 34、宽 14、厚 6 厘米（图五〇：1，彩版 57）。M44：5，两面刻字，一面刻"朱苟"，一面刻"朱悪"。砖长 34.5、宽 14、厚 6 厘米（图五〇：2、3，彩版 58、59）。M44：6，上半部用隶书刻"朱"字，下半部有用锐器刻划的横道、竖道，字迹不清。砖长 34、宽 14.5、厚 6 厘米（图五〇：4，彩版 60）。

（2）铜器　1件。镯（M44：27），圆形。直径 6.5 厘米（图四八：5，图版 214）。

（3）铁器　2件。有镜、镰。

镜　1面（M44：11）。圆纽。镜面微凸。素面。直径 15.5、厚 0.3 厘米（图四八：3，图版 212）。

镰　1件（M44：12）。近刀形，一端宽，另一端窄，有刃。残长 16.5 厘米、宽 1.5－4.2 厘米（图四八：15，图版 215）。

（七）　文 M35

1. 墓葬形制

墓葬方向 170 度（图五一）。墓道平面近梯形，墓口长 20.85、宽 3.3－3.5 米。第一级台阶宽 0.6－0.75、高 0.6 米；第二级台阶北高南低，宽 0.55－0.6、高 0.4－0.65 米。底呈斜坡形，南侧不太规整，至中间有长 1.6 米的一段为近平底，再向北侧比较陡，接近甬道处缓平，深 1.4－10.3 米。

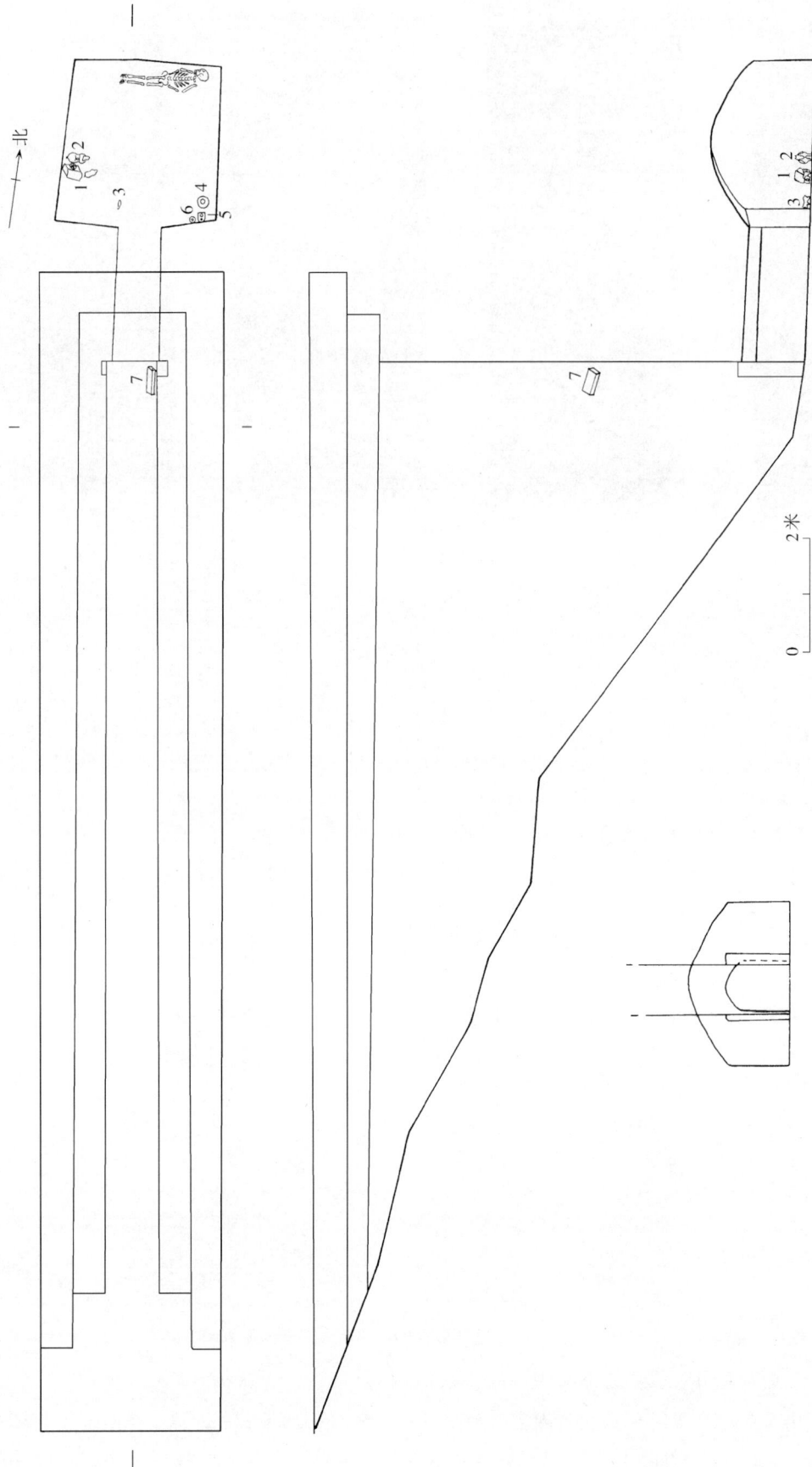

图五一 文M35平、剖面图

1.陶牛车 2.陶鞍马 3.陶狗 4.陶罐 5.陶灶 6.陶磨 7.铭文砖

墓道填土中距墓口深约 5 米处出土一块铭文砖，上用隶书一面刻"朱丈北至首"，另一面刻"东至庙门"。墓道壁同甬道相接处有封门槽，封门槽宽 0.25、高 1.25 米；伸入西壁 0.1、伸入东壁 0.2 米，未见朽木痕迹。甬道平面为长方形，拱形顶，长 2.4、宽 0.85、高 1.1 米。墓室平面近梯形，穹隆顶，南北长 2.8－2.95、东西宽 2.1－2.5、高 2.25 米。仅在室内北部发现一具东西向人骨，未见木棺，墓主头东脚西，仰身直肢葬，男性，年龄 50 岁左右。随葬器物多放置在墓室西南角和东南角，有陶牛车、鞍马、狗、灶、罐、磨等。

2. 出土器物

7 件。均为陶器。除陶磨为泥质褐陶外，余皆泥质灰陶。种类有牛车、鞍马、狗、灶、罐、磨和铭文砖等。

牛车　1 组（M35∶1）。牛为站立状，大耳，低首，作曳物姿势。身上用墨线绘成圆圈纹，圈内绘白色十字交叉斜线纹。长 26、高 14.5 厘米。车为卷棚式顶，顶两侧有伸出的棚檐，上有两孔。前壁有窗，窗高 9.5、宽 5.5 厘米。后壁有门，门高 11.5、宽 6 厘米。前壁外伸出长 4.5、高 3.5 厘米的栏，应为御者坐

图五二　文 M35 出土器物

1. 牛车（文 M35∶1）　2. 陶狗（文 M35∶3）　3. 陶罐（文 M35∶4）　4. 陶磨（文 M35∶6）
5. 陶灶（文 M35∶5）　6. 鞍马（文 M35∶2）

的地方。车轮上有16根辐条，车轮直径16厘米。车辕不存。车厢长27、高30厘米（图五二：1）。

鞍马 1件（M35：2）。仰首，站立，络头、鞍鞯、障泥齐备。体内中空。通体施黑彩。络头绘白彩，胸带上用白色圆点纹绘出半圆状。以红彩绘出缰绳、胸带、鞧带及鞧带下条带状饰物。马体高大厚重。长34、高32.5厘米（图五二：6，彩版64）。

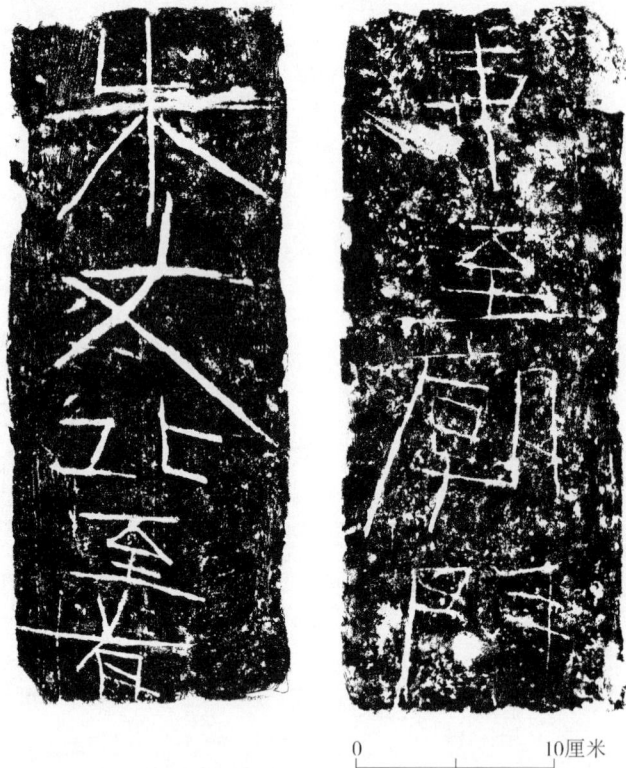

图五三　文M35出土铭文砖拓片
文 M35：7

狗 1件（M35：3）。站立，仰首，细腰，肋骨清晰。脖子上戴有项圈。实心，合模制作。长19、高11.4厘米（图五二：2，图版216、217）。

灶 1件（M35：5）。平面为梯形，有两个火膛，火膛模印箅、钩、刀、瓢、勺等图案，前有台阶式挡火墙，后有阶梯式烟道，灶前开方形火门。模制。长20.5、宽12.5－15.5、高10厘米（图五二：5，图版218、219）。

罐 1件（M35：4）。大口，斜沿，尖唇，溜肩，圆腹，大平底。腹饰竖斜绳纹。口径11.5、底径16、高22厘米（图五二：3，图版220）。

磨 1件（M35：6）。由上、下两扇组成，上扇中部有一凹窝，内有横梁相隔，为放置粮食的地方。下扇略小。直径10、高4.2厘米（图五二：4，图版221）。

铭文砖 1块（M35：7）。灰褐色。砖两面刻字，隶书，一面刻"朱丈北至首"，另一面刻"东至庙门"。长33.5、宽14、厚6厘米（图五三，彩版61、62）。

（八）　文 M20

1. 墓葬形制

墓葬方向170度（图五四）。墓道平面近梯形，墓口长18.55、宽2.8－3.2米。第一级台阶宽0.5－0.6、高1.1米；第二级台阶东西两壁宽0.35－0.4米，北壁最宽处为0.6米，高0.2－0.45米。东、西壁台阶中间有一斜坡，南侧较高，北侧略低。底呈不规整的斜坡形，北侧较陡，南侧缓直，呈折曲状，深1.4－9.5米。封门用小砖及空心砖封堵，高1.05、宽1米。底层用两块空心砖横向封堵，其上用六层小砖平铺，顶部中间平置一块铭文砖，上用隶书刻"朱卿"二字，这块砖志与其他各墓墓室和墓道填土中出土的砖志放置位置不同。空心砖上饰菱形纹、云纹和乳点纹，周边饰斜菱形纹，长0.84、宽0.37、厚0.2米（图五五）。小砖素面，长38、宽19、厚9厘米。甬道平面为长方形，拱形顶，长2.4、宽1、高1.6米。墓室平面近方形，南、北两壁略弧，穹隆顶，东西长2.6－2.8、南北宽2.1－2.5米，高2.25米。葬具已不存，仅在墓室中部发现一块头骨。出土器物位于墓室四周，有牛

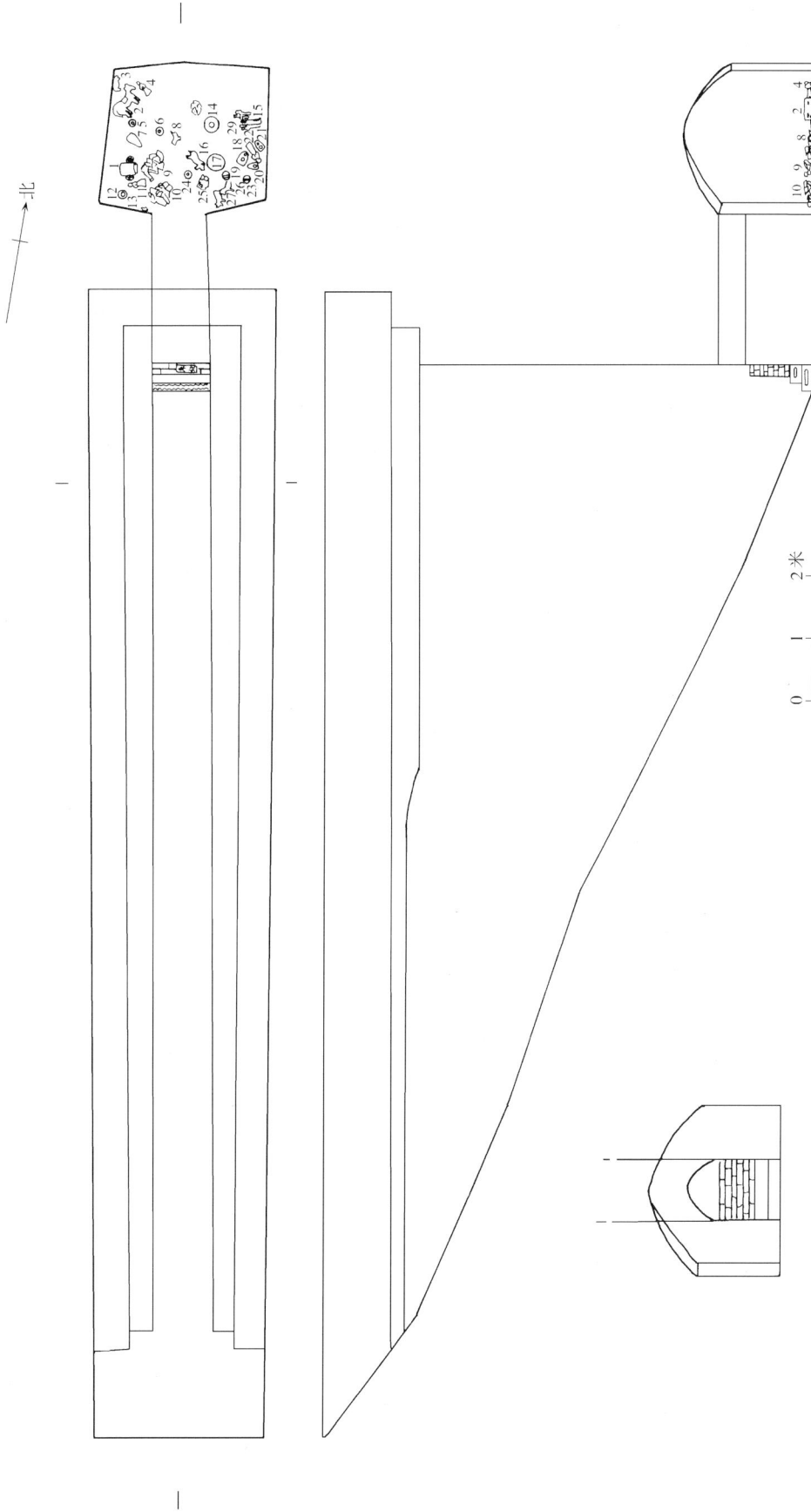

图五四　文 M20 平、剖面图

1.陶牛车　2、9.陶鞍马　3、16、25.陶猪　4、11、13.陶男侍俑　5、24.陶磨　6.陶饼　7、12.陶仓　8.陶鸡　10、15、29.陶碓　14.陶罐　17.陶钵　18、20、21.陶灶　22.陶女侍俑　19、23.陶井　26、27.陶狗　28.铭文砖

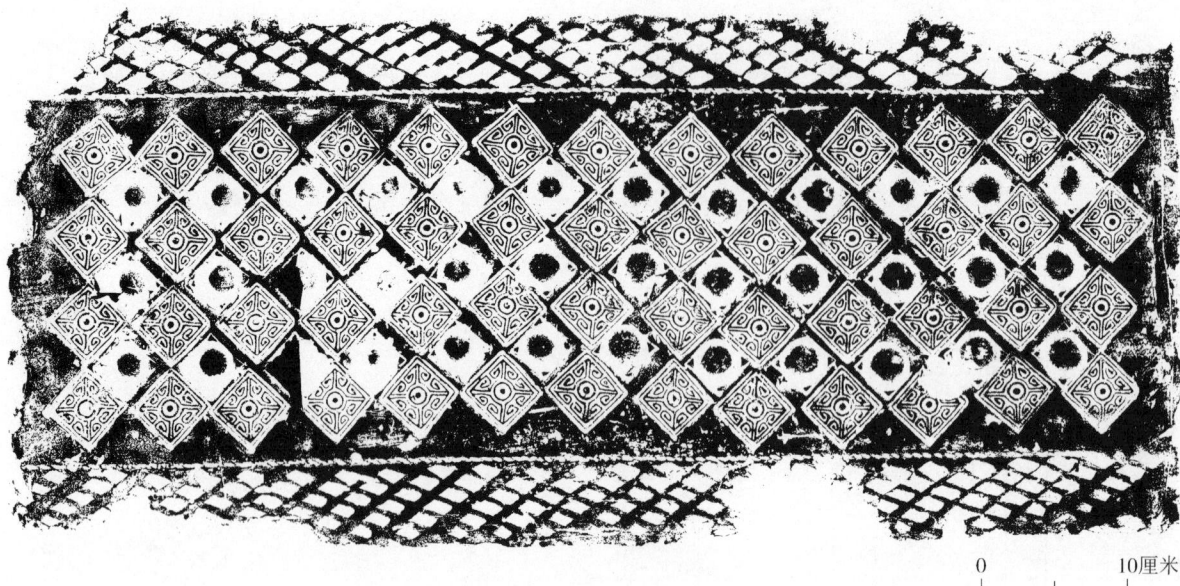

图五五　文 M20 封门空心砖拓片

车、男侍俑、女侍俑、鞍马、猪、狗、鸡、灶、井、碓、磨、罐等。

2. 出土器物

29 件（组）。有男女侍俑、陶牛车、鞍马、猪、狗、鸡、灶、井、磨、仓、碓、罐、钵、饼和铭文砖等。

男侍俑　3 件。泥质灰陶。形制相似。头戴平顶小圆帽，两侧护耳，后面护脑。身穿交领窄袖衫，下着袴，双手拱于腹部，腿部稍做修整。面施粉黛。实心。M20：4，前襟有竖线折皱纹。高 26 厘米（图五六：1，图版 222）。M20：11，下半部、背部残，前襟有竖线折皱纹。残高 26 厘米（图五六：2，图版 223）。M20：13，头部稍残。高 24.5 厘米（图五六：3，图版 224）。

女侍俑　1 件（M20：22）。泥质灰陶。蔽髻，上身内穿圆领衫，外着交领窄袖衫，衫上有向外翻垂的领子，下着曳地长裙，裙上有折皱。腰间系络带，双手拱于腹部。面施粉黛。高 29.5 厘米（图五六：4，图版 225－227）。

牛车　1 组（M20：1）。泥质灰陶。车的形制与其他墓葬出土的相似，仅存残片，无法修复。牛呈站立状，低首，作曳物姿势，牛角弯曲。长 26.5、高 14 厘米（图五六：5）。

鞍马　2 件。泥质灰陶。仰首站立，垂尾，络头、鞍鞯齐备。体内中空。M20：2，直桥鞍，中间有圆孔，鞍上部两侧均有圆圈纹装饰，系制作时刻划。鞯上有刻划的短道纹装饰。长 35、高 29 厘米（图五六：9，图版 228－231）。M20：9，前腿残，鞍下有障泥，通体施红彩。以黑彩绘有缰绳、胸带、鞦带和条带状饰物。长 33.5、高 32 厘米（图五六：8，图版 232）。

猪　3 件。泥质灰陶。阔鼻，长嘴，斜眼，小耳，尾巴短粗。背上有鬃毛。实心。合模制作。M20：3，公猪，长 18.4、高 10.5 厘米（图五六：6，图版 233）。M20：16，身上施黑彩，母猪。长 18.3、高 10.2 厘米（图五六：11，图版 234）。M20：25，公猪，长 16.5、高 10 厘米（图五六：7，图版 235）。

狗　2 件。泥质灰陶。站立，仰首，细腰，翘尾，肋骨清晰。实心。M20：26，长 20、高 11 厘米（图五六：12，图版 236）。M20：27，长 17.7、高 11.4 厘米（图五六：14，图版 237）。

鸡　1 件（M20：8）。泥质灰陶。站立，仰头，垂尾，足为圈足状。长 14.5、高 9 厘米（图五

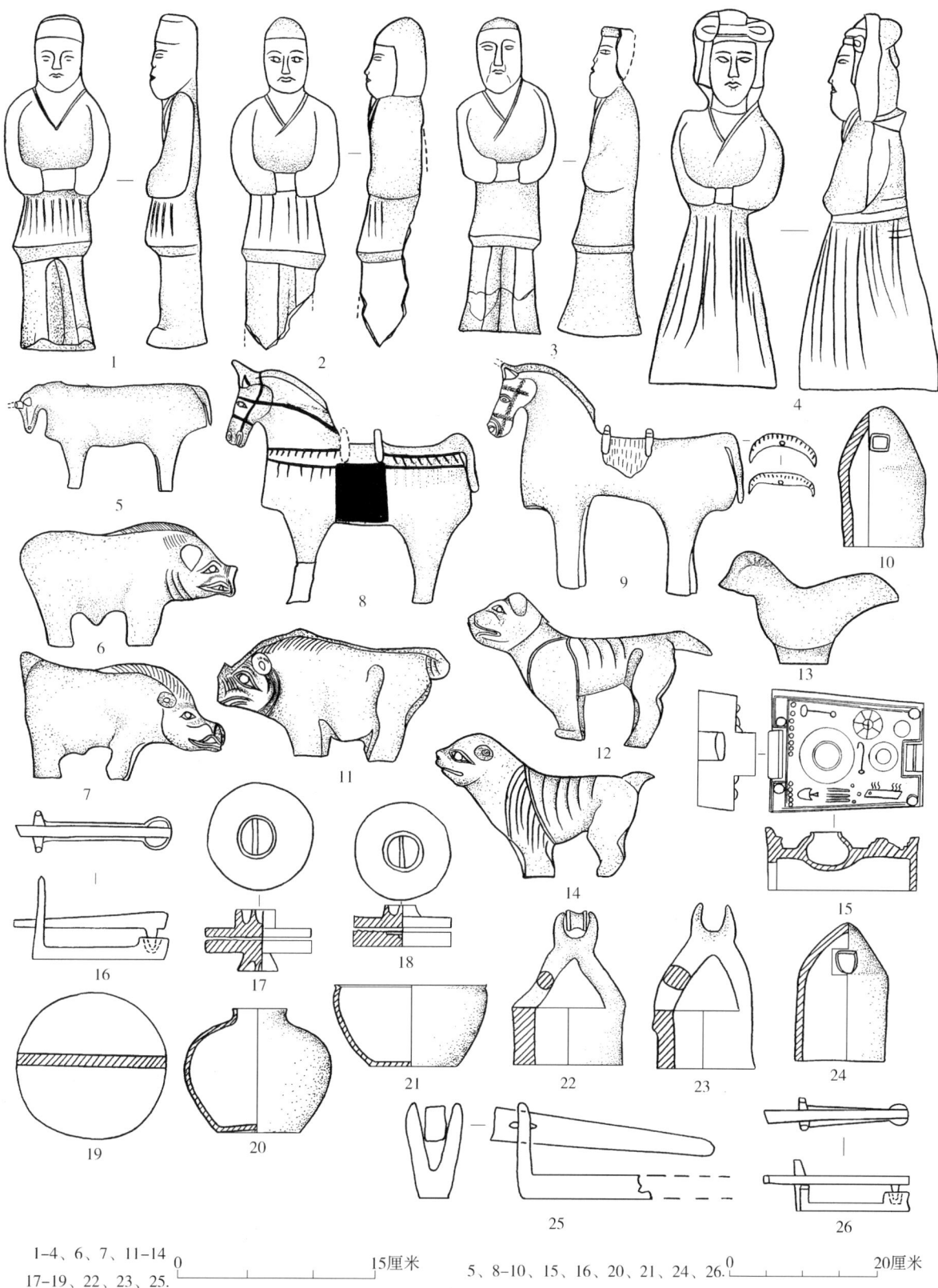

图五六 文 M20 出土器物

1-3. 陶男侍俑（文 M20：4、11、13） 4. 陶女侍俑（文 M20：22） 5. 陶牛（文 M20：1） 6、7、11. 陶猪（文 M20：3、25、16） 8、9. 鞍马（文 M20：9、2） 10、24. 陶仓（文 M20：7、12） 12、14. 陶狗（文 M20：26、27） 13. 陶鸡（文 M20：8） 15. 陶灶（文 M20：20） 16、25、26. 陶碓（文 M20：10、29、15） 17、18. 陶磨（文 M20：24、5） 19. 陶饼（文 M20：6） 20. 陶罐（文 M20：14） 21. 陶钵（文 M20：17） 22、23. 陶井（文 M20：23、19）

六：13，图版238）。

灶　3件。模制，形制相似，尺寸基本相同。泥质灰陶。平面为梯形，有两个火膛，火膛上四周置箅、钩、刀、瓢、勺等，前有圆泡形饰物。火膛前有挡火墙，后有阶梯式烟道，台前有方形火门（图版241、242）。M20：20，长20、宽13.5－16、高8－8.5厘米（图五六：15，图版239、240）。

井　2件。模制。泥质灰陶。形制相似。井身为圆桶形，上立井架。M20：19，井圈直径8、高13厘米（图五六：23，图版243）。M20：23，井架上有可转动的滑轮。井圈直径8.7、高12厘米（图五六：22，图版244）。

0　　　5厘米

图五七　文M20出土
铭文砖拓片
文M20：28

磨　2件。泥质褐陶。陶质疏松。M20：5，由上下两扇组成，上扇中部有一凹窝，内有横梁相隔，为放置粮食的地方。上扇底、下扇的上部均刻有沟槽。直径7.8、厚3.3厘米（图五六：18，图版245）。M20：24，由两个上扇组成，扇面中部有一凹窝，内有横梁相隔，为放置粮食的地方。直径8.7、高4.8厘米（图五六：17，图版246）。

仓　2件。泥质灰陶。形制相同。伞状顶，圆桶形器身。M20：7，体较瘦，顶部有方形孔。器身直径11.5、高18.5厘米（图五六：10，图版253）。M20：12，体较圆，顶部有近方形孔。器身直径14、高18厘米（图五六：24，图版247）。

碓　3件。泥质灰陶。形制相同。碓架一端呈"V"形，另一端有臼窝，上置碓杆。M20：15，长19.5、高7厘米（图五六：26，图版248）。M20：29，残长18、高7.5厘米（图五六：25，图版249）。M20：10，长20.5、高11厘米（图五六：16，图版250）。

罐　1件（M20：14）。泥质灰陶。直口，短颈，鼓腹，平底微凹。口径7、底径10.5、高16厘米（图五六：20，图版251）。

钵　1件（M20：17）。泥质灰陶。敛口，尖唇，斜沿，平底。口径20.5、底径11.5、高11厘米（图五六：21，图版254）。

饼　1件（M20：6）。泥质灰陶。圆形。直径11.5－12厘米（图五六：19，图版252）。

铭文砖　1块（M20：28）。灰褐陶。上用隶书刻"朱卿"2字。砖长33.5、宽14、厚6厘米（图五七，彩版63）。

（九）　文M6

1. 墓葬形制

墓葬方向175度（图五八）。墓道平面近长方形，长14.35、宽2.5－2.55米。第一级台阶宽0.4－0.45、高0.3米；第二级台阶宽0.25－0.35、高0.3米。底为斜坡形，深1.4－1米。墓道北侧接近甬道处西壁向内凹进，东壁凸出（图版9）。封门为土坯错缝平铺封堵，共11层，高1.2、宽1.08、厚0.2米（图版8）。土坯质地坚硬，深褐色，完整的土坯长44、宽26、厚9厘米。甬道平面为长方形，平顶，长2.4、宽0.96、高1.15米。墓室平面近方形，穹隆顶，东壁宽2.9、西壁宽3、南北长2.8、高1.5－1.75米。墓室内放置三副木棺。北侧木棺平面为梯形，西宽东窄，长1.85、宽0.5－0.75米，棺板厚4厘米。棺内人骨头西脚东，女性，年龄40岁左右，随葬品有铜钗、铜镯。南侧

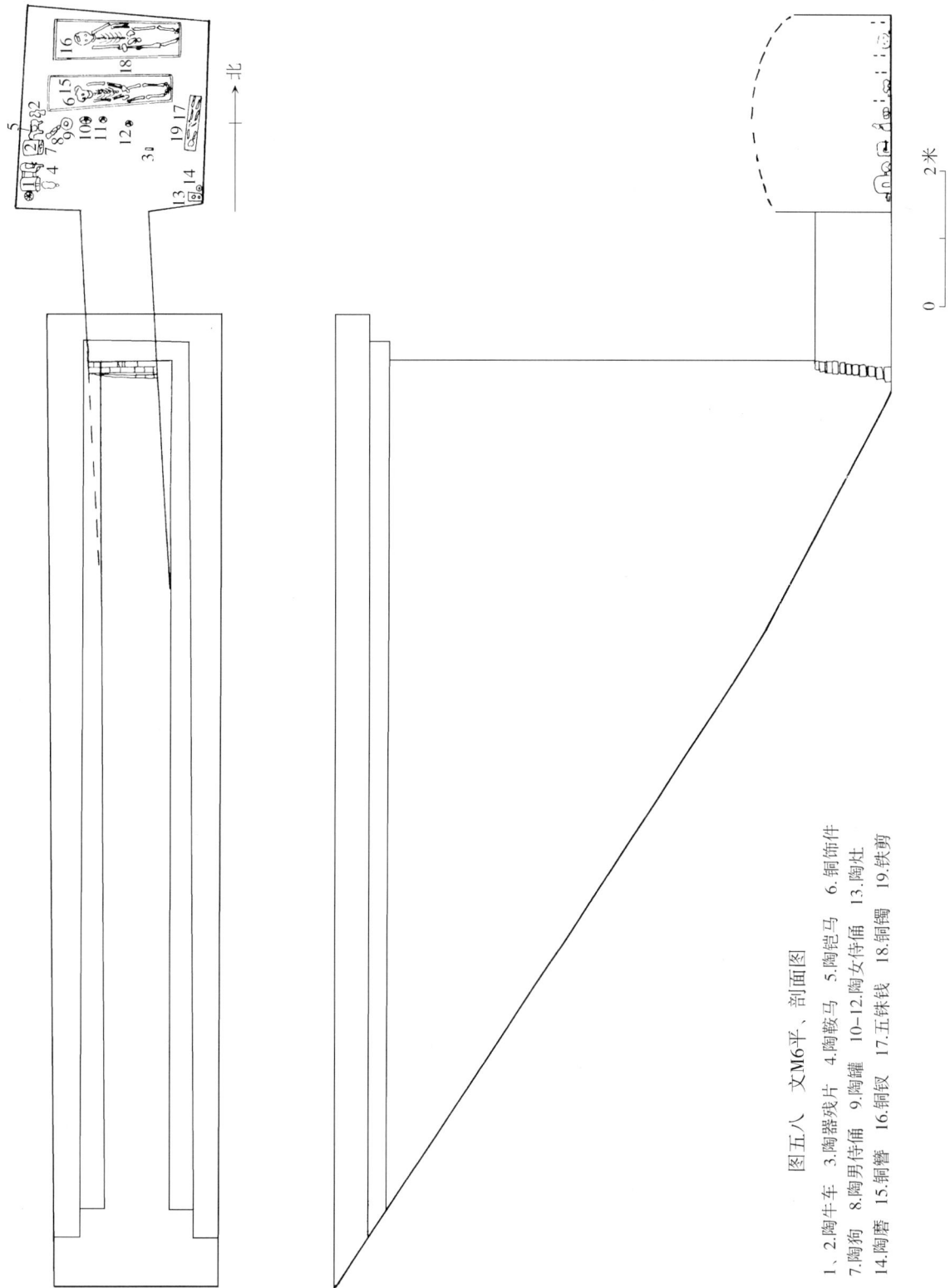

图五八 文M6平、剖面图

1、2.陶牛车 3.陶器残片 4.陶鞍马 5.陶铠马 6.铜饰件
7.陶狗 8.陶男侍俑 9.陶罐 10—12.陶女侍俑 13.陶灶
14.陶磨 15.铜簪 16.铜钗 17.五铢钱 18.铜镯 19.铁剪

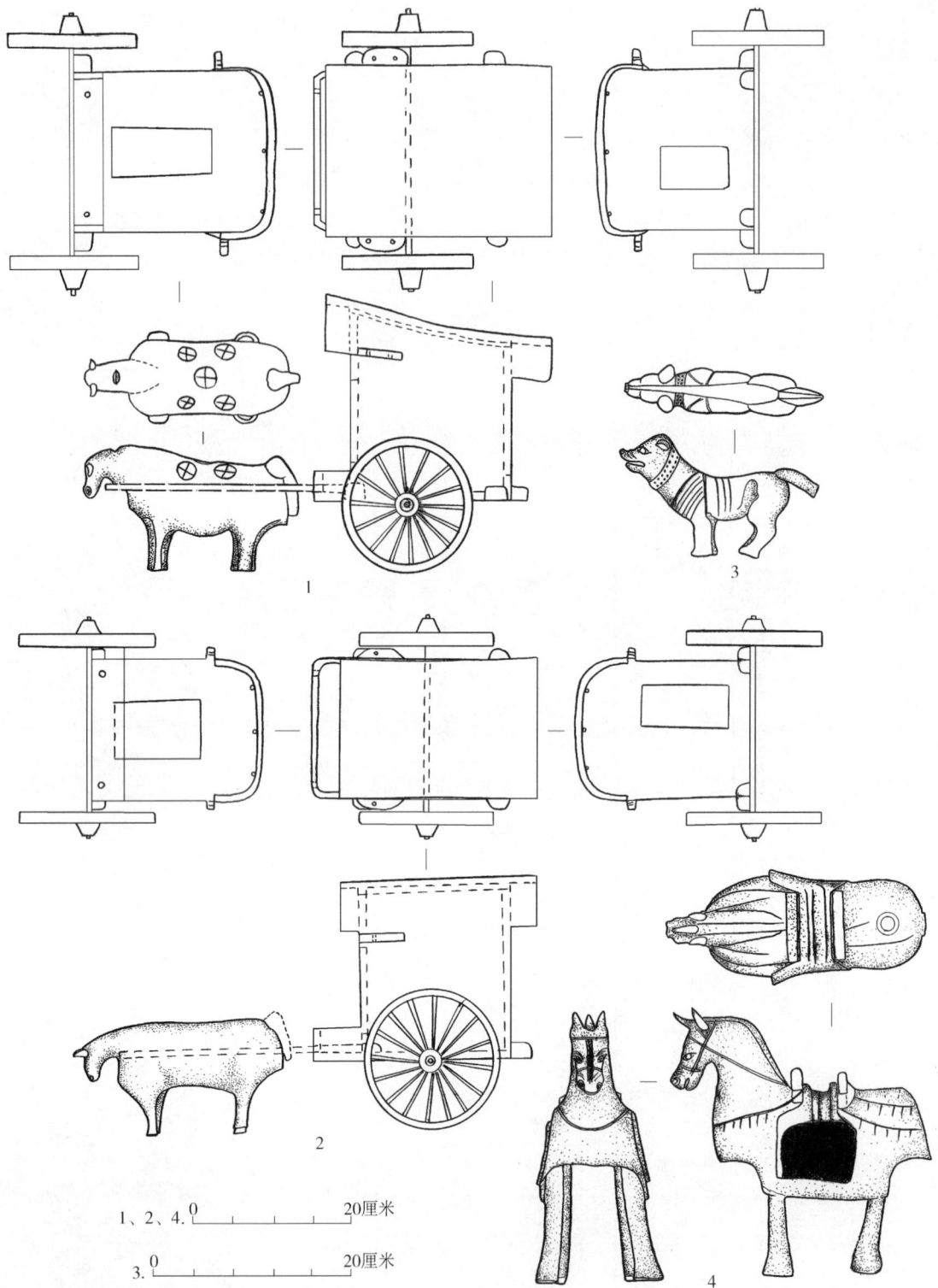

1、2. 陶牛车（文 M6：1、2）

20厘米

1、2、4. 0 ———————— 20厘米

3. 0 ———————— 20厘米

图五九　文 M6 出土器物
1、2. 陶牛车（文 M6：1、2）　　3. 陶狗（文 M6：7）　　4. 陶鞍马（文 M6：4）

木棺平面亦为梯形，长1.84、宽0.37－0.46米，棺板厚4厘米。棺内墓主头西脚东，男性，年龄45岁左右，随葬品为铜钗。此棺南侧随葬陶牛车、鞍马、狗、男侍俑、罐、女侍俑等（图版10－12）。墓室东侧置一南北向木棺，棺长0.81、宽0.21米，内置一头南脚北的幼童，棺内随葬五铢钱和铁剪。墓室东南角放置陶灶、陶磨各一。从出土的三具人骨架分析这应是一个家庭合葬墓。

2. 出土器物

20件（组）。有陶牛车、男女侍俑、鞍马、铠马、狗、磨、罐、灶和铜镯、钗、五铢钱及铁剪等。

（1）陶器12件（组）。有牛车、男女侍俑、鞍马、铠马、狗、磨、罐、灶等。

牛车 2组。M6：1，泥质灰陶。牛为站立状，大耳，低首，作曳物姿势。身上用墨线绘成五个圆圈纹，内绘白色十字交叉斜线纹。牛脖子上有刻出的凹槽，应为放车辕而设。长26.7、高15.4厘米。车为卷棚式顶，前高后低明显。顶两侧有伸出的棚檐，上有两孔。前壁有窗，后壁有门。前壁外伸出4.5厘米的栏，栏周有高3.5厘米高的挡板，应为御者坐的地方。车轮上有16根辐条，轮径16.5厘米。车辕不存。车厢长28.5、高33厘米（图五九：1，彩版65、图版255－258）。M6：2，形制同M6：1基本相似。唯牛上无彩绘，车棚为平顶。牛长27、高13.6厘米（彩版67）。车厢长27.5、高30.5厘米（图五九：2，图版260－262）。

男侍俑 1件（M6：8）。泥质灰陶。戴平顶小圆帽，两侧护耳，后面护脑。上身内穿圆领衣，外着交领窄袖衫，下穿袴，双手拱于腹部。面部施粉，黑彩描出眉、八字胡。襟前有竖线折皱纹。实心。高28.2厘米（图六〇：2，图版259）。

女侍俑 3件。形制相似。泥质灰陶。蔽髻，上身内穿圆领衣，外着交领窄袖衫，衫上有向外翻垂的领子，下着曳地长裙，裙上有折皱。腰间系络带，双手拱于腹部。面施粉黛。发际绘黑色，衫上施红彩，上衣或裙上有白色圆点纹。M6：10，高29.3厘米（图六〇：5，彩版68、图版265－267）。M6：11，高28.8厘米（图六〇：4，图版268－270）。M6：12，高29.1厘米（图六〇：3，图版263、264）。

鞍马 1件（M6：4）。泥质灰陶。仰首站立，络头、鞍鞯、障泥齐备。尾残。体内中空。通体施白彩。用红彩绘出僵绳、胸带和鞧带及胸攀、鞧带上条带纹装饰。障泥施黑彩。长32、高32厘米（图五九：4，图版271）。

铠马 1件（M6：5）。仰首，站立，络头、鞍鞯、障泥齐备。马身上有铠甲，边沿宽厚。鞍桥后有圆孔，上插管状寄生，寄生上刻出网格状纹饰。通体施黑彩。以白彩绘出络头、缰绳、胸攀、鞧带、障泥及攀胸、鞧带上条带纹装饰。马通长36.1、高32厘米（图六〇：1－1，彩版66、图版272）。寄生口外径5、内径3.5、长7厘米（图六〇：1－2，图版274）。

灶 1件（M6：13）。泥质灰陶。下半部残。平面为梯形，有两个火膛，火膛四周模印箅、钩、刀、瓢等图案，前有台阶式挡火墙，后有阶梯式烟道。模制。长20、宽13.2～15.6、高10厘米（图六〇：14，图版275）。

磨 1件（M6：14）。泥质褐陶。质地疏松。由上下两扇组成，上扇中部有一凹窝，内有横梁相隔，为放置粮食的地方。直径10、高3.2厘米（图六〇：7，图版276）。

罐 1件（M6：9）。泥质灰陶。侈口，方唇，溜肩，圆腹，平底微凹。素面。口径7.9、底径12、高17.5厘米（图六〇：6，图版277）。

狗 1件（M6：7）。泥质灰陶。站立，仰首，细腰，肋骨清晰。脖子上戴有项圈，项圈上为圆点纹。实心，合模制作。长19.6、高11.6厘米（图五九：3，图版273）。

（2）铜器及铁器7件。有铜饰件、铜镯、铜钗、铜簪和铁剪等。

铜饰件 1件（M6：6）。上面为菱形，下有三个尖钉。为某物上的饰件。长2厘米（图六〇：15）。

图六〇　文 M6 出土器物

1-1、1-2. 陶铠马（文 M6：5）　2. 陶男侍俑（文 M6：8）　3-5. 陶女侍俑（文 M6：12、11、10）

6. 陶罐（文 M6：9）　7. 陶磨（文 M6：14）　8、9. 铜镯（文 M6：18）　10. 铜簪（文 M6：15）

11. 铁剪（文 M6：19）　12、13. 铜钗（文 M6：16a、16b）　14. 陶灶（文 M6：13）　15. 铜饰件（文 M6：6）

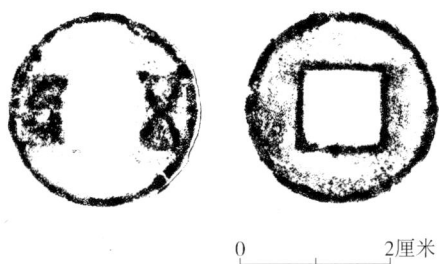

图六一 文 M6 出土钱币
五铢钱（文 M6：17）

铜镯 2件。圆形。M6：18，直径6.6厘米（图六〇：8、9，图版278）。

铜钗 2件。两股分开（图版279）。M6：16a，长16.9厘米（图六〇：12）。M6：16b，长17.1厘米（图六〇：13）。

铜簪 1件（M6：15）。残长9.8厘米（图六〇：10，图版280）。

铁剪 1把（M6：19）。残存一半。长12.5厘米（图六〇：11，图版281）。

（3）五铢铜币 1枚（M6：17）。字迹模糊，"五"字交笔弯曲。钱径2.5、穿径1.1厘米，重2.6克（图六一）。

三　中铁七局三处墓地

　　中铁七局三处位于咸阳市文林路南的头道塬上，西邻双泉村，北端隔路同文林小区相望。1998 年 7 月至 8 月，中铁七局三处在 16 号家属楼施工中发现一座古墓，我所派员对其进行了抢救性发掘。此后，1999 年 12 月至 2000 年 1 月，为配合铁七局三处 17 号家属楼的建设（17 号楼位于 16 号楼的正北 12 米），我所在 17 号楼基下清理古墓 5 座，其中十六国墓 3 座。此地与 1999 年文林小区发掘的 9 座前秦墓地仅一路之隔，两者相距约 200－300 米（图六二）。

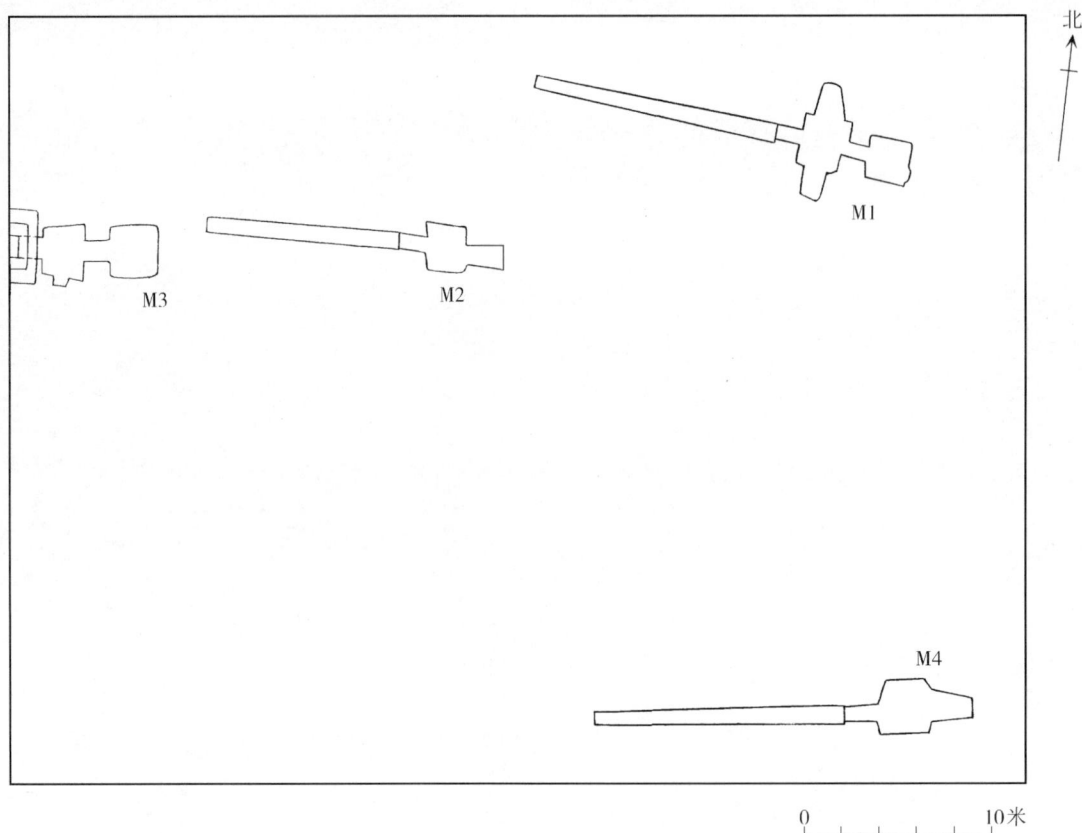

图六二　咸阳中铁七局三处墓葬分布示意图

　　这四座墓皆为东西向相错排列的多室土洞墓，墓道在西，墓室在东。墓道均为平面呈长方形的斜坡形，封门皆用青砖垒砌，位于墓道尽头的甬道口。甬道平面呈长方形或梯形，弧形顶，墓室基本上由前、后二室组成。

（一）　铁 M1

1. 墓葬形制

M1 位于墓地的东部，东西向，方向 270 度，全长 20.8 米，由墓道、甬道、墓室、侧室四部分组成（图六三）。墓道开口距地表 1.4 米，上口平面呈长方形，长 13.4 米，宽 0.92－0.98 米，壁较平直，似经拍打，墓道底部宽增至 1.05 米，最深 8.4 米，坡度 31 度。在墓道东端距底 3.8 米、4.3 米的填土内发现刻字青砖两块，上分别刻有"丁好思大"、"字〃思祖墓"文字。封门以青砖封砌，高 1.45 米，宽 1.05 米，厚 1.1 米，共三重。最外重是整砖南北向平垒成拱形，共 15 层，每层中间的整砖去掉两角形成楔形砖，第二、三重在甬道口顺长立砌 6 层，宽 0.86 米，头重和第二重间夹有南北向竖立的砖层。甬道平面呈长方形，长 1.6 米，宽 0.86 米，高 1.2 米，拱形顶。前室平面呈方形，东、南二壁较长，长 2.7 米，西、北二壁较短，长 2.5 米，墓壁皆朝外弧凸。直壁高 1.24 米，四面起弧结顶，在中部形成一个正方形（长方形），为覆斗形顶，高 2.4 米。前室南、北二壁正中均开有侧室，侧室平面均为梯形，弧顶较平，口宽里窄，外高内低，北侧室宽 1.15－1.4 米，长 1.7－1.8 米，高 0.65－0.88 米；南侧室长 1.5－1.6 米，宽 1.1－1.3 米，高 0.55－0.85 米。前室东壁正中开有过洞，连接前、后二室，过洞平面呈梯形，拱形顶，西宽 0.85 米，东宽 0.74 米，高 1.2 米，进深 1.12 米。后室平面呈方形，北壁略长，为 2.41 米，其余三壁长 2.12－2.18 米，西北角略小于直角。直壁高 1.15 米，四面起弧于顶面中部结顶形成覆斗形顶，高度为 1.8 米，后室东壁南部有一小龛，底和墓室底齐平，高 0.55 米，宽 0.75 米，进深 0.2 米。后室的底部由前至后逐渐升高，约高出前室底部 0.1 米。

葬具皆为木棺，已朽，仅余板灰及铁棺钉，共三副，分别陈放于南、北侧室及后室。北侧室的棺木长 2.1 米，南宽 0.59 米，北宽 0.5 米，内有人骨一具，女性。南侧室棺木长 1.85 米，南宽 0.75 米，北宽 1 米，棺板厚 4－5 厘米，内有两副骨架，男性、女性各一。南北侧室的棺木大头已伸至前室。后室中部偏南陈放一棺，棺长 2.3 米，西宽 0.55 米，东宽 0.4 米，棺板厚 5－8 厘米，内有人骨一具，男性。人骨均仰身直肢，头朝前室，后室和南侧室女性人骨之下有草木灰。出土器物以陶器为主，绝大部分置于前室之四隅，有罐、灶、井、仓、侍俑等。

2. 出土器物

22 件，有陶器、砖雕俑、铜器、泥器及刻字青砖。

（1）陶器 14 件。有罐、仓、灶、井、俑等。除罐为泥质灰陶外，余皆以青砖雕刻而成，大部分经过打磨，色青灰，器形厚重粗糙。

罐 3 件。均泥质灰陶。侈口，束颈，斜折沿，方唇，鼓腹。M1：1，浅灰色，小口，肩较平，平底，最大腹径稍偏上。口径 8、腹径 20.5、底径 13、高 19.5 厘米（图六四：3，图版 282）。M1：6，青灰色，小口，短颈，圆溜肩，下腹稍内收，底微凹，最大腹径在中部。口径 10.5、腹径 26、底径 17.5、高 21 厘米（图六四：2，图版 283）。M1：11，浅灰色，口及肩部有变形，短颈稍粗，溜肩鼓腹，底微凹，体较肥矮，做工粗糙。口径 8.5、腹径 21.5、底径 12.5、高 21 厘米（图六四：1，图版 284）。

仓 1 件（M1：5）。基本为一长方体，上部凿出深 9 厘米的方槽，底部凿空，下雕刻出四个方形支腿，口略小于底。宽 12－13.5、厚 8－9、高 18.5 厘米（图六四：6，图版 293）。

灶 1 件（M1：9）。平面呈长方形，灶面减地凿有两圆形火眼及三面边棱，后面没有边棱，青砖碴口显露。灶前面开方形火门，后面凿出烟囱。长 21、宽 19、高 9.5 厘米（图六四：4，图版 286）。

井 1 件（M1：10）。未经打磨，表面粗糙。略呈圆柱状，平底，上部凿出深 6 厘米的圆形凹槽，中部直径较大，为 11 厘米，上下直径为 10 厘米，高 9.5 厘米（图六四：7，图版 285）。

马 1 件（M1：4）。造型呆板，用整砖雕出身体和头部，整体成扁圆，头下垂，嘴微张，腿、尾、耳处都有插孔，原应插有木质构件。除腹部外，通身饰红彩，用黑彩绘出圆眼、面部和身体的条带。长 29.5、高 13.5 厘米（图六四：5，彩版 69、70）。

狗 1 件（M1：12）。体厚重，蹲坐状，圆耳耸立，正视前方，尾贴臀上卷。嘴、耳涂有红彩，

北 ←

2米

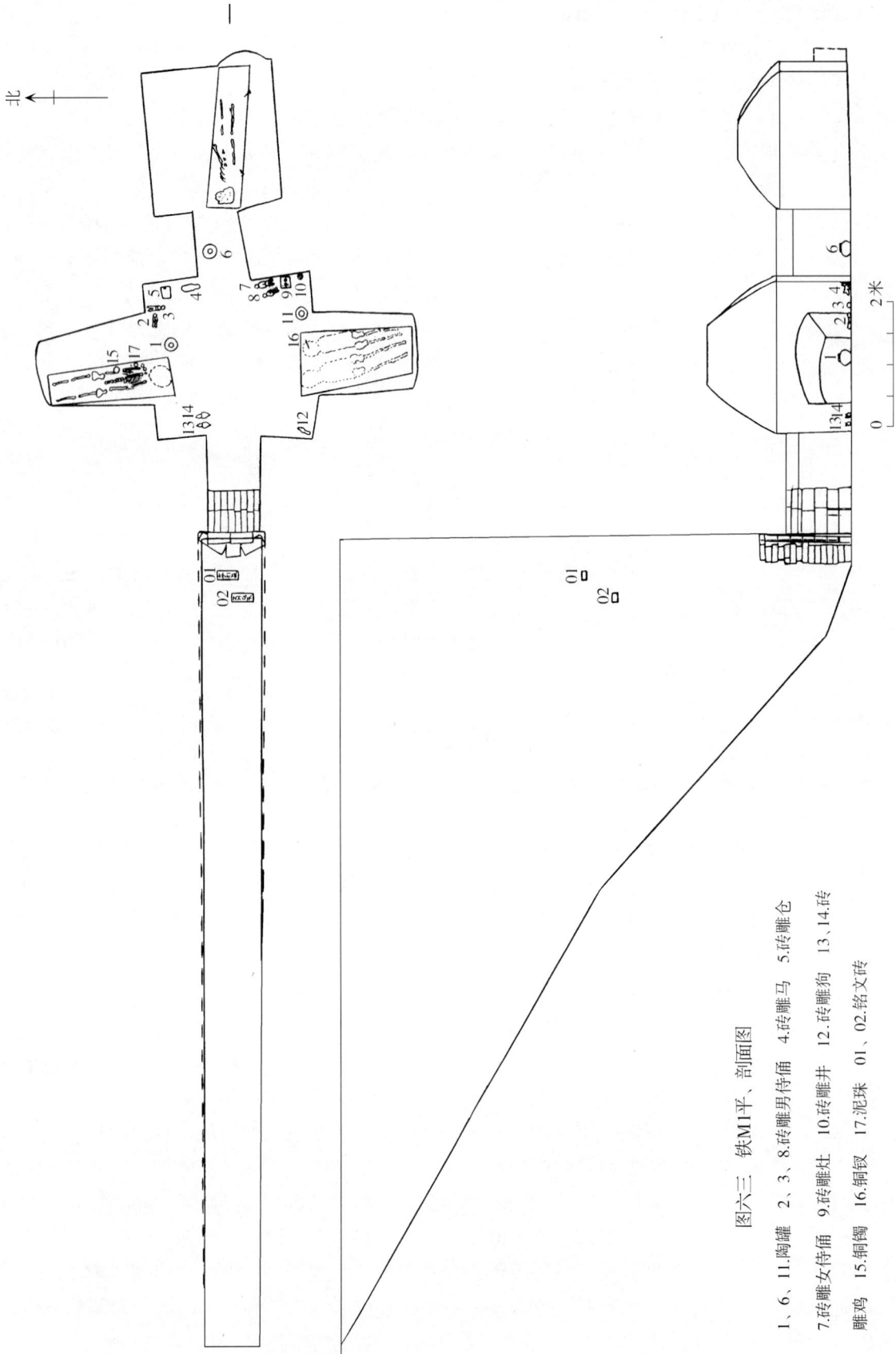

图六三　铁M1平、剖面图

1、6、11.陶罐　2、3、8.砖雕男侍俑　4.砖雕马　5.砖雕仓

7.砖雕女侍俑　9.砖雕灶　10.砖雕井　12.砖雕狗　13、14.砖

雕鸡　15.铜镯　16.铜钗　17.泥珠　01、02.铭文砖

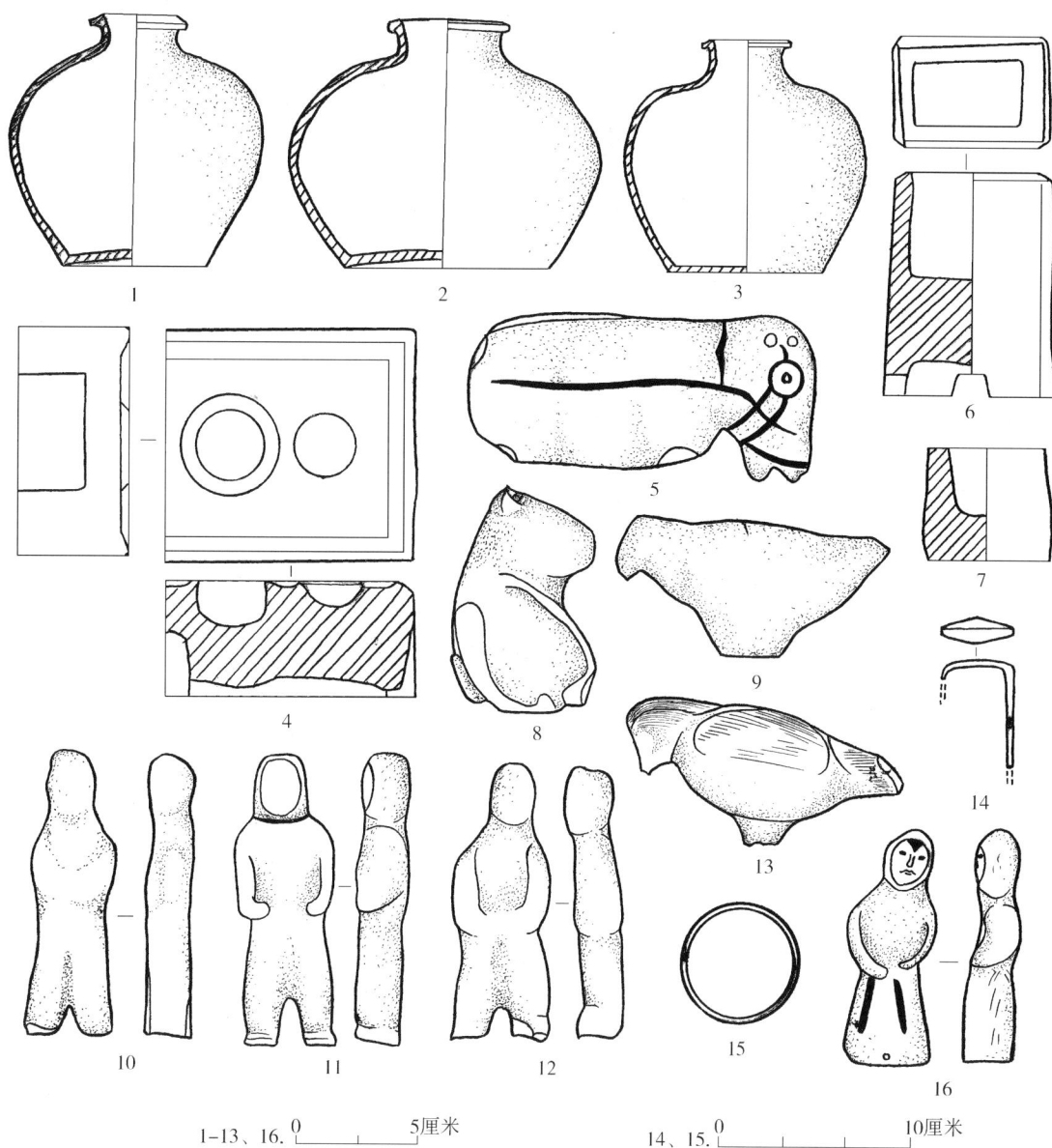

图六四 铁 M1 出土器物

1、2、3. 陶罐（铁 M1：11、6、1） 4. 砖雕灶（铁 M1：9） 5. 砖雕马（铁 M1：4） 6. 砖雕仓（铁 M1：5）
7. 砖雕井（铁 M1：10） 8. 砖雕狗（铁 M1：12） 9、13. 砖雕鸡（铁 M1：14、13） 10—12. 砖雕男侍俑
（铁 M1：2、3、8） 14. 铜钗（铁 M1：16） 15. 铜镯（铁 M1：15） 16. 砖雕女侍俑（铁 M1：7）

面部饰有红彩和黑彩，身饰黑彩。长 12.5、高 18.5 厘米（图六四：8，彩版 71）。

鸡 2 件。M1：13，体厚重，呈站立状，头下垂，翎耸立，平尾，圆座下部刻出爪子，用阴线刻出羽毛，双翅合拢。面、羽部有红彩。长 24.5、高 12 厘米（图六四：13，彩版 72）。M1：14，未打磨，较粗糙。造型古朴、体肥大，呈站立状，头部下垂，平尾，圆形实心平底座。面饰红彩。长 23.5、高 11.5 厘米（图六四：9，图版 287）。

男侍俑 3 件。雕刻极简略，仅能分清大体轮廓，上身穿窄袖紧身衣，下着裤，两腿分开站立，双手合拢于腹。M1：2，头戴圆形帽，头微右偏，面饰红彩，身饰黑彩，高 23.5 厘米（图六四：10，彩版 73、图版 289）。M1：8，头戴圆形帽，头微左偏，高 22.5 厘米（图六四：12，图版 290）。M1：

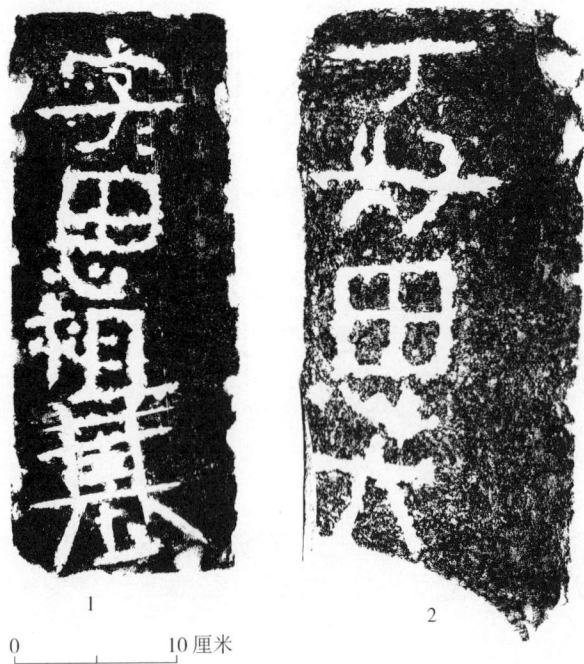

图六五　铁 M1 出土铭文砖拓片
1. 铁 M1：01　2. 铁 M1：02

3，头戴平顶帽，足蹬履，身涂黑彩，高 24.4 厘米（图六四：11，图版 291）。

女侍俑　1 件（M1：7）。头微右偏，呈站立状，围巾裹头，上身穿窄袖紧身衣，下着裙，两手下垂合于腹前。以红彩绘出面部细轮廓，身饰红、黑二彩。高 19.5 厘米（图六四：16，彩版 74、图版 292）。

（2）铜器　2 件。有镯、钗。

镯　1 件（M1：15）。圆形，素面，直径 6.0、环体粗 0.3 厘米（图六四：15，图版 288）。

钗　1 件（M1：16）。钗首平面呈菱形，齿为圆柱状。钗首平面呈菱形，长 3.5、宽 1.3 厘米，钗复原总长 9.5 厘米（图六四：14）。

（3）泥器　仅有泥珠 4 件（M1：17）。皆圆形，直径 2.5、厚 0.8 厘米，中间有穿孔。

（4）铭文砖　2 件。出于墓道东部填土内，青灰色，一面刻有文字，皆魏体楷书，有隶书笔意。M1：01，出土于距墓底 4.3 米处。长 34.7、宽 14.3、厚 6.7 厘米，自上而下阴刻"字＝（字）思祖墓"五字（图六五：1，彩版 76）。M1：02，出土于距墓底 3.8 米处。下部棱角残缺，长 38.5、宽 18、厚 9 厘米，上阴刻"丁好思大"四字（图六五：2，彩版 77）。

（二）　铁 M2

1. 墓葬形制

由墓道、甬道、前后墓室组成的土洞墓，方向 276 度，全长 16 米（图六六）。墓道上口平面呈长方形，长 10.3、宽 0.8、最深 8.3 米。坡度 42 度，其两壁不甚规整，局部有凹凸现象。封门以青砖和空心砖混合砌筑，高 1.34、宽 0.78、厚 0.4 米，下半部分用残砖平砌成拱形，砖块之间用小砖块和瓦片加楔固定，共 11 层，高 0.95 米；封门上部先横铺一个空心砖，其上再用青砖平砌三层，高 0.39 米。空心砖长 0.59、宽 0.28、厚 0.14 米，面饰方格纹。甬道平面基本呈长方形，长 1.6、宽 0.82、高 1.02 米，拱形顶。前室平面呈方形，南壁略朝外弧凸，西北角小于直角，其余三角皆大于直角，四壁长 2.1-2.3 米，直壁高 1.28-1.38 米，四面起弧结顶形成覆斗形顶，高 2 米。后室直接开于前室东壁南侧，平面呈梯形，南、北壁长 1.85-1.9 米，东壁长 1.22 米，西壁长 0.9 米，拱形顶，直壁高 1.1 米。后室高 1.22-1.3 米，底部由前至后逐渐升高，约高出前室 0.1 米。墓室四壁棱角明显。

未发现葬具。仅于前室中部偏南发现有一人头骨残骸。性别、年龄不详。出土器物基本陈放于前室中部偏南，有罐、俑、灶、仓等。

2. 出土器物

10 件。除一件罐为泥质灰陶外，余皆以青砖雕刻打磨而成，和 M1 的形制基本相同，现分别叙述。

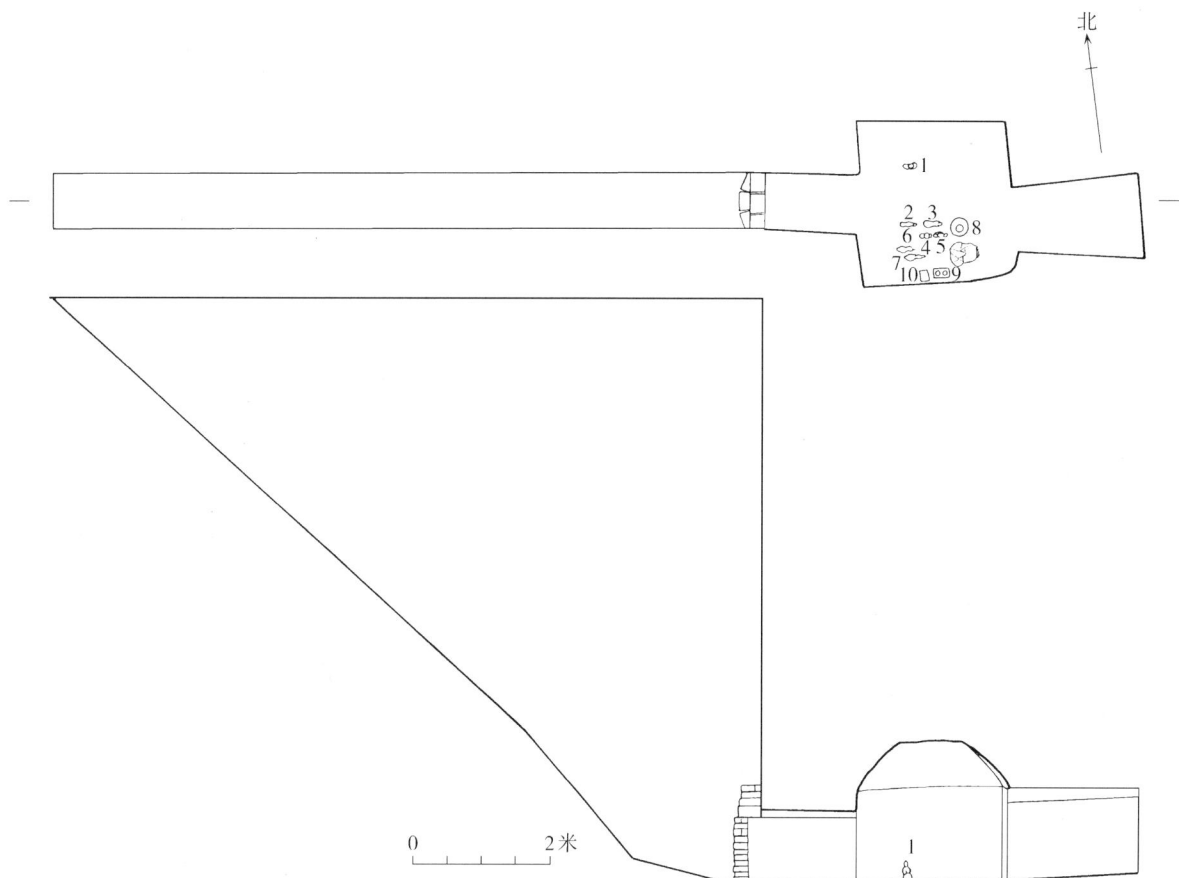

图六六 铁 M2 平、剖面图

1. 砖雕男侍俑 2. 砖雕狗 3. 砖雕马 4、5. 砖雕女侍俑 6、7. 砖雕鸡 8. 陶罐 9. 砖雕灶 10. 砖雕仓

罐 1件（M2∶8）。泥质灰陶，轮制。侈口，斜折沿，方唇，束颈，溜肩，鼓腹，底微凹。口径 9.3、腹径21、底径12.5、高20厘米（图六七∶4，图版301）。

灶 1件（M2∶9）。平面呈长方形，灶面四周留有凸棱，中间减地凸出两圆形火眼，灶底减地凿 出四边的凸棱，中部有一凸起的锅底形。灶前面凿有火门，后面雕有烟囱。面饰黑彩。长24、宽18、 高9.5厘米。灶上放置一陶甑，陶甑火候不足，呈褐色，折沿方唇，弧壁平底。口径8.5、底径4、高 3.5厘米（图六七∶8，彩版80）。

仓 1件（M2∶10）。长方体形，平底，上部凿出方形凹槽，深10.5厘米，外表涂黑彩，槽内有 白色遗物。长12、宽9.8、高18厘米（图六七∶9，图版294）。

狗 1件（M2∶2）。体肥硕，蹲坐，肥颊宽吻，双耳圆大，尾贴臀上卷。通体饰黑彩，红彩饰于 耳、颊等细部。长6、高21厘米（图六七∶7，图版295）。

马 1件（M2∶3）。体肥硕，呈站立状，头下垂，双耳竖直，四腿粗短，短尾。面部饰红彩。长 23.5、高13.5厘米（图六七∶10，图版296）。

鸡 2件。未打磨，表面粗糙。呈站立状。M2∶6，长尾短喙，头下垂，双羽合拢，方形座。面 部和尾部饰红彩。长23.5、高14厘米（图六七∶6，图版299）。M2∶7，尖喙，头朝下，尾微翘，双 翼拢起，圆柱形座，较高。面饰红彩。长21.5、高17.5厘米（图六七∶5，图版300）。

男侍俑 1件（M2∶1）。头微右偏，上身穿窄袖紧身衣，双臂下垂合拢于腹，下穿缚裤，足穿 履。高21.5厘米（图六七∶2，图版297）。

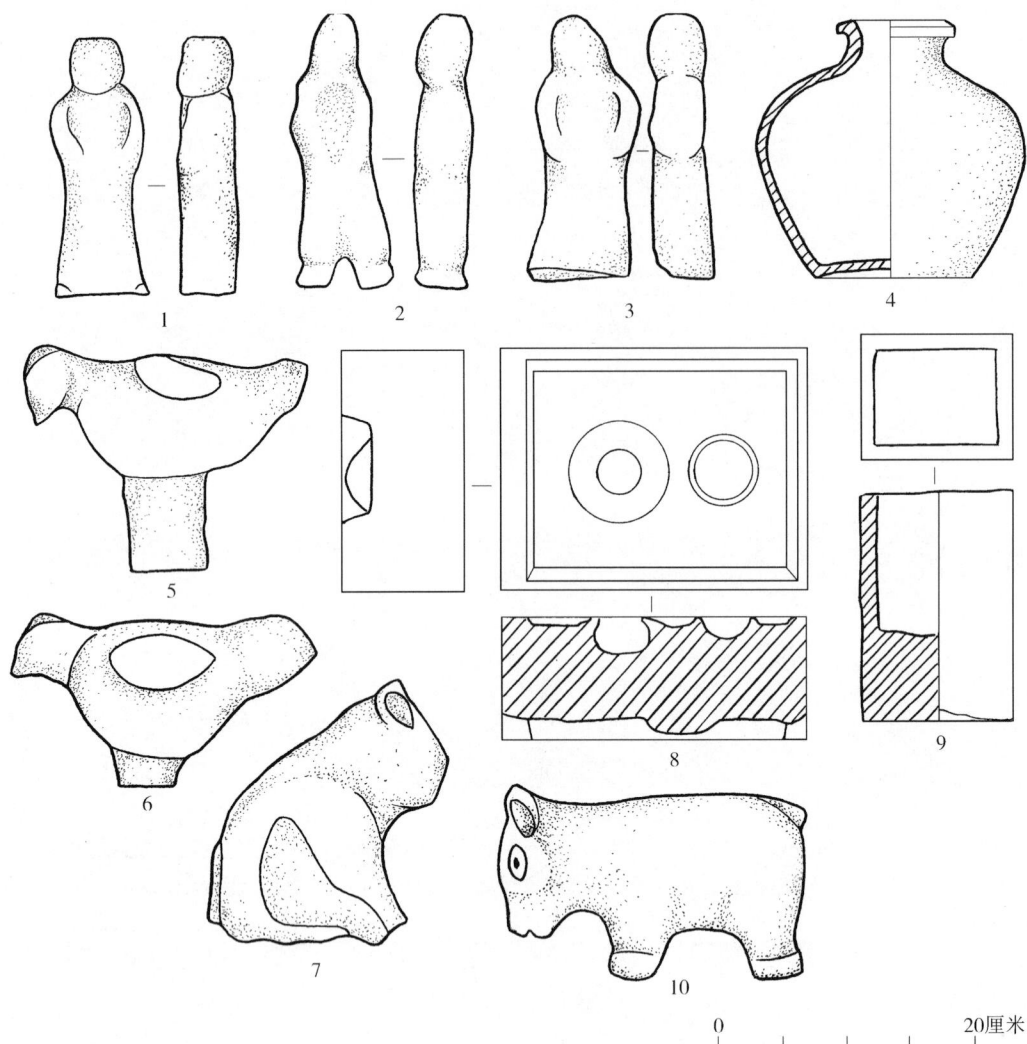

图六七　铁 M2 出土器物

1、3. 砖雕女侍俑（铁 M2：5、4）　2. 砖雕男侍俑（铁 M2：1）　4. 陶罐（铁 M2：8）　5、6. 砖雕鸡（铁 M2：7、6）

7. 砖雕狗（铁 M2：2）　8. 砖雕灶（铁 M2：9）　9. 砖雕仓（铁 M2：10）　10. 砖雕马（铁 M2：3）

女侍俑　2件。皆穿裙。M2：4，头微偏左，背部刻有两道凹痕，似为衣褶。通体饰黑彩。高 20 厘米（图六七：3，图版 298）。M2：5，头戴平顶帽，两臂下垂合于腹前，上身着窄袖紧衣，足蹬靴。通体饰黑彩，面部、上身前部饰红彩。高 22 厘米（图六七：1，彩版 75）。

（三）　铁 M3

1. 墓葬形制

M3 位于墓地的最西端，墓道大部位于楼基外，被建筑物所压，无法发掘，仅发掘东端 0.7 米长的一段（图六八）。墓道平面呈长方形，开口距地表 1.5 米。上口宽 3.65 米，长度不详。由墓口往下 0.28 米于墓道南、北、东三壁各留一生土台阶，南台阶宽 0.7 米，北台阶宽 0.62 米，东台阶宽 0.5 米。第二级台阶距第一级台阶深 0.8 米，台阶南宽 0.53、北宽 0.72、东宽 0.55 米。经过两层台阶的

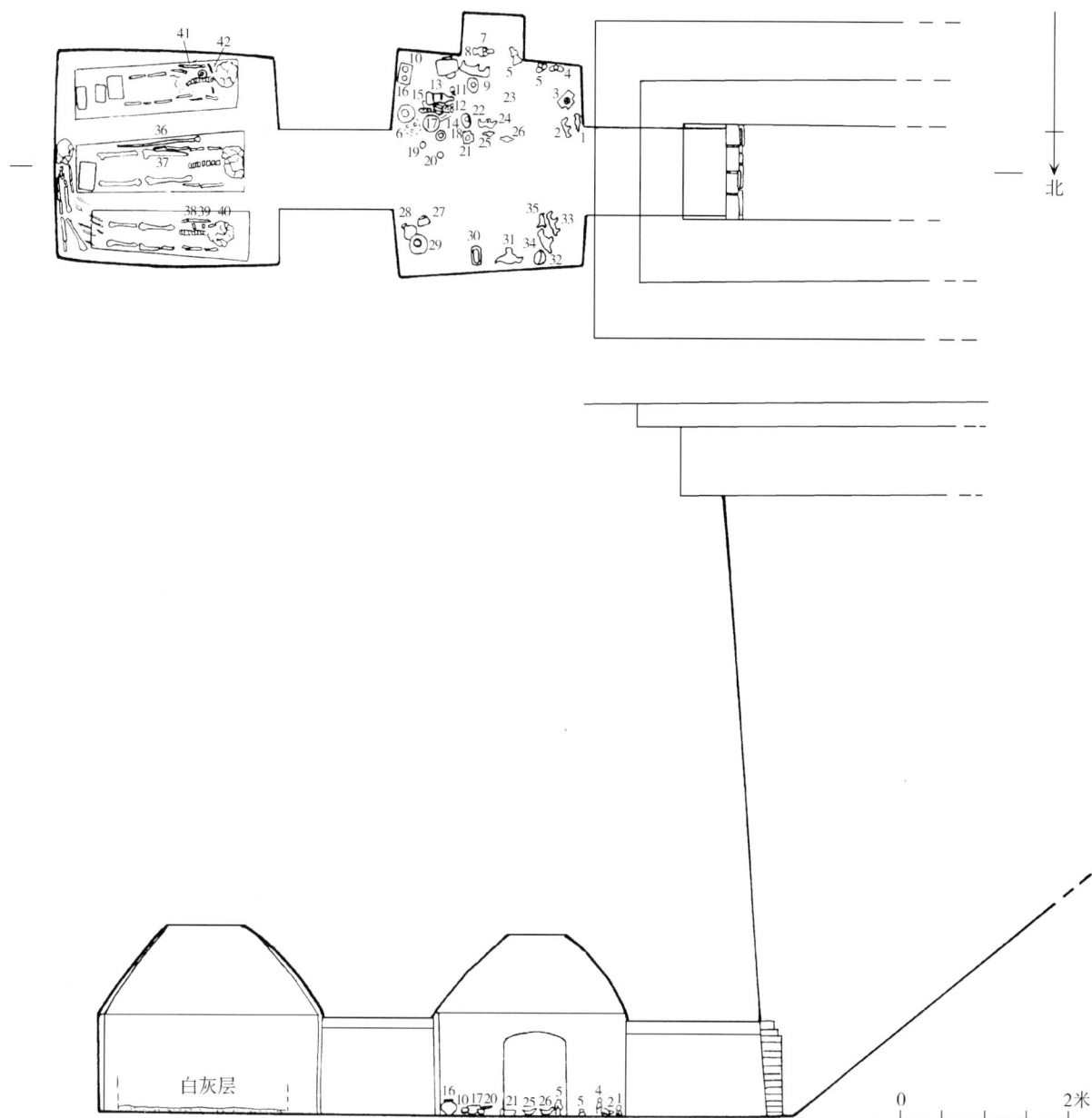

图六八　铁 M3 平、剖面图

1、2、33. 陶狗　3. 陶灶　4. 砖雕男侍俑　5、7. 陶男侍俑　6. 漆盒　8. 陶牛车　9. 女侍俑　10. 砖雕灶　11、12. 陶牵马俑
13. 陶马　14. 陶井　15. 陶碓　16、27. 侈口罐　17. 铜镳斗　18. 陶壶　19、20. 陶盆　21. 陶灶　22. 女侍俑　23、24. 陶猪
25、26、35. 陶鸡　28. 带系罐　29. 直口罐　30. 砖雕仓　31、32. 砖雕鸡　34. 陶钵　36. 铁刀　37. 铁削　38. 玉管
39、40. 铜印章　41. 铜镜　42. 铜簪

缩小，墓道最终宽 1.1 米，最深 9.75 米。方向 268 度。封门以青砖错缝平砌。甬道平面略呈长方形，长 1.65、宽 1.02、高 1.1 米，拱形顶。墓室土洞，由前室、过洞及后室组成。前室平面呈方形，四壁略外凸，东壁长 2.6 米，西壁长 2.28 米，南壁长 2.13 米，北壁长 2.32 米。四面直壁上起弧聚于顶部形成方形或长方形顶，高 2.12 米，直壁高 1.2 米。前室南壁中部开一假耳室，耳室宽 0.73、高 1、进深 0.54 米，弧顶略平。

过洞平面呈长方形，连接前后二室，长 1.35、宽 0.74、高 1.3 米，拱形顶。

后室形状基本和前室的相同，东壁长 2.35、西壁长 2.5、南壁 2.5、北壁长 2.6 米。顶已坍塌，恢复高度约 2.2 米。后室底部往后逐渐升高，比前室底高 4-8 厘米。

葬具为木棺，皆朽成灰，共三副，东西向平行摆放于后室，大头朝向前室。南棺长 2.1 米，宽 0.56-0.65 米，棺东部平放青砖三块，似为塞棺固定人体之用。中棺长 2 米，宽 0.64-0.88 米，棺板厚 10 厘米，棺底铺有白灰，棺内东端填塞青砖一块。北棺长 1.88 米，宽 0.48-0.62 米，人骨身侧塞青砖一块，人骨下铺白灰，最下有"人"字形席纹朽痕。人骨共四具，保存较差，其中一具紧贴后室东壁北侧，南北向，骨架较凌乱，男性，无葬具，当属迁葬。其他三具分别陈放于木棺内，中棺的人骨为男性，两侧的为女性。

出土器物有陶罐、灶、仓、俑及铜鐎斗、铁刀、印章等，其中铜镜、印章、玉管等小件器物和铁刀置于后室木棺内，余皆陈放于前室四隅。另外在前室中部和东南部发现有鸡骨和兽骨（图版 13-15）。

2. 出土器物

共 48 件。有陶器、铜器、铁器、玉器等。

（1）陶器　33 件（组）。有罐、灶、井、碓、俑、牛车等，除仓、灶、鸡等 5 件器物以青砖雕成，器形和 M1、M2 的基本相同外，余皆为陶土烧制的泥质灰陶和红陶。

罐　4 件。泥质灰陶 3 件，灰白陶 1 件（M3：28）。依口沿变化分为侈口罐、直口罐和带系罐三种。

侈口罐　2 件。侈口，斜沿，圆唇，束颈，鼓腹，平底微凹。M3：27，体稍瘦长，小口，圆肩较平，下腹斜收。口径 6.7、腹径 17、底径 8.2、高 16 厘米（图六九：5，图版 302）。M3：16，体较矮胖，平肩。腹身饰 6 道凹弦纹，罐内装有白色谷物朽骸，有光泽，当为糜子类作物。口径 9、腹径 24、底径 14、高 20.5 厘米（图六九：1，图版 303）。

直口罐　1 件（M3：29）。直口，短颈，溜肩，鼓腹斜收，平底微凹。肩、腹印有数道平行竖线纹，体较高大。口径 10.7、腹径 24、底径 11、高 27 厘米（图六九：2，图版 305）。

带系罐　1 件（M3：28）。色灰白，颈稍长，斜肩较平，肩附双系，腹饰四道凹弦纹，小平底微凹，体较小。口径 6.2、腹径 14.5、底径 4.5、高 11.9 厘米（图七〇：2，图版 304）。

壶　1 件（M3：18）。泥质红陶。小口微侈，凸颈，斜肩，扁圆腹，假高圈足，平底微凹。口径 3.9、腹径 12、底径 10、高 13 厘米（图七〇：3，彩版 78）。

仓　1 件（M3：30）。以青砖凿刻而成，略呈长方体形。方口，平底，直壁，外表打磨稍光。宽 12.5、高 19 厘米（图六九：6，图版 308）。

钵　1 件（M3：34）。色灰褐。敛口，圆唇，凸肩，收腹，凹底。口径 15.5、腹径 17.5、底径 9.5、高 9.5 厘米（图七〇：1，图版 307）。

碓　1 件（M3：15）。泥质红陶。平底，一端塑起圆形臼窝，另半端耸起"V"形支架，架上搁置长方形碓杆，碓头置于臼窝内。长 16、宽 3、高 5 厘米（图七〇：13，图版 306）。

井　1 件（M3：14）。泥质红陶。井身呈圆桶形，腹稍内收，井沿圆形稍侈，上安弧形井架，井架正中捏塑一辘轳。平底微凹。底径 9.5、高 12.5 厘米（图七〇：4，图版 309）。

小盆　2 件。泥质红陶，口稍敛，平底。M3：19，底微凹，腹斜收，盆内面涂白彩。口径 8.5、底径 4.5-4.9、高 3 厘米（图七〇：6，图版 310）。M3：20，腹圆收。口径 8.2、底径 5、高 2.4 厘米（图七〇：7，图版 311）。

灶　3 件。M3：3、M3：21，泥质红陶。形制大小相同，平面均呈"凸"形，灶前开一火眼，上耸"凸"字形阶梯式挡火墙。灶面前部突起一圆形火眼，后部耸起一烟囱和管状火道。灶面上模印有

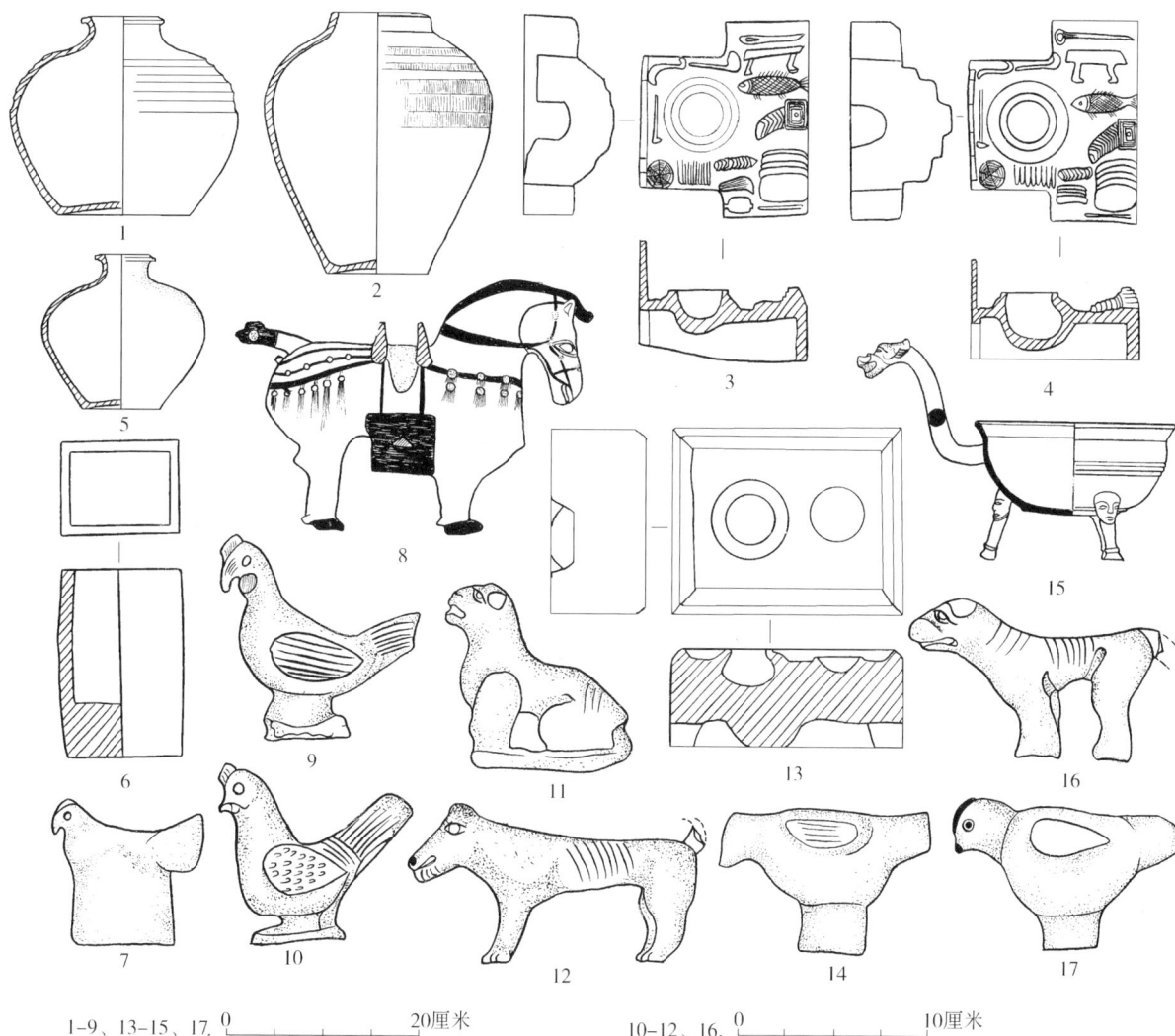

图六九 铁 M3 出土器物

1、5. 陶侈口罐（铁 M3：16、27） 2. 陶直口罐（铁 M3：29） 3、4. 陶灶（铁 M3：3、21） 6. 砖雕仓（铁 M3：30）

7、9、10. 陶鸡（铁 M3：26、35、25） 8. 陶马（铁 M3：13） 11、12. 陶狗（铁 M3：1、33） 13. 砖雕灶（铁 M3：10）

14、17. 砖雕鸡（铁 M3：31、32） 15. 铜镶斗（铁 M3：17） 16. 陶狗（铁 M3：2）

鱼、俎、钩、铲、勺、箅、肉等灶具及食物。M3：3，长 9.5—18、宽 13.5—21、高 5.5—10.6 厘米（图六九：3，图版 312）。M3：21，长 9.5—18、宽 13.7—21.5、高 5.5—10.6 厘米（图六九：4，彩版 79、图版 313）。M3：10，以青砖雕刻而成，色青灰。平面呈长方形，灶前、后略凿有火门及烟道。灶面涂黑彩，四边凸起，中部凸起两圆形火眼，体厚重。长 24.5、宽 19、高 10 厘米（图六九：13，彩版 81）。

鸡 5 件。M3：31、M3：32 以青砖雕刻而成，实心，粗糙笨重，下附实心柱形座。M3：31，喙稍长，前伸，双翅隆起，尾稍上翘。长 22、高 14.5 厘米（图六九：14，图版 314）。M3：32，圆头、短冠，尖喙稍残，圆腹短尾，头、腹部有红彩。长 23.5、高 16 厘米（图六九：17，图版 315）。M3：25、M3：26、M3：35，三件均为陶质，模制。M3：26，色灰褐，圆形中空座，尖喙翘尾，双目外凸。造型简朴。高 7.5 厘米（图六九：7，图版 317）。M3：35，色青灰，长喙短尾，长方形平底座高 10.5 厘米（图六九：9，图版 318）。M3：25 形制、大小同于 M3：35，泥质红陶。短喙长尾，圆形平

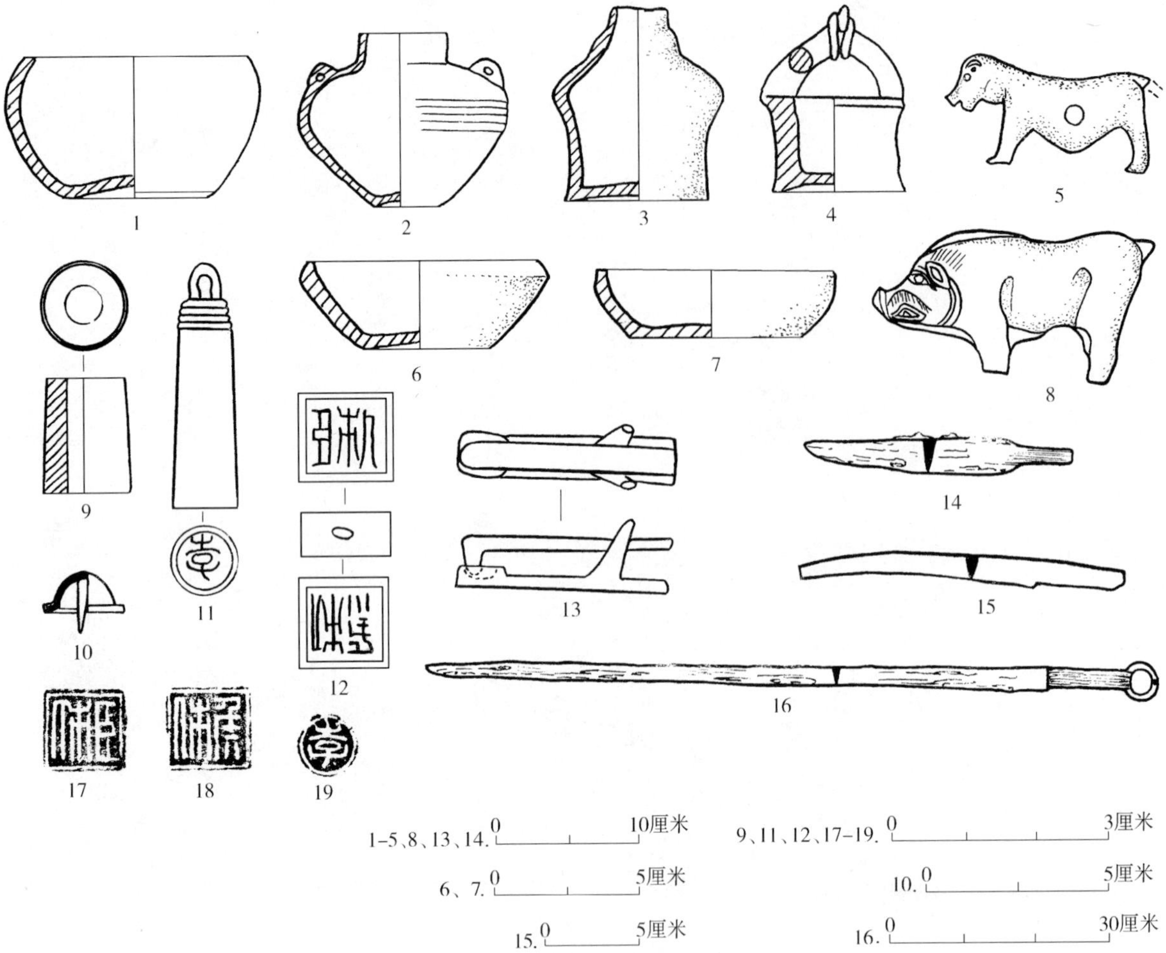

图七〇　铁 M3 出土器物

1. 陶钵（铁 M3：34）　2. 陶带系罐（铁 M3：28）　3. 陶壶（铁 M3：18）　4. 陶井（铁 M3：14）　5、8. 陶猪
（铁 M3：24、23）　6、7. 陶盆（铁 M3：19、20）　9. 玉管（铁 M3：38）　10. 铜泡钉（铁 M3：6）　11、19. 铜
圆印章（铁 M3：40）　12、17、18. 铜方印章（铁 M3：39）　13. 陶碓（铁 M3：15）　14. 铁削（铁 M3：37）
15. 铜簪（铁 M3：42）　16. 铁刀（铁 M3：36）

底座。造型逼真。高 9.5 厘米（图六九：10，图版 316）。

　　狗　3 件。均合模制，中间有抹光痕。M3：1，色灰褐，蹲坐，昂首，宽吻短耳，双目外凸，尾
贴臀稍卷，长方形平底座。高 9.5 厘米（图六九：11，图版 319）。M3：2，色橙红，站立，宽吻短耳，
尾残，双腿合成一体。高 8 厘米（图六九：16，图版 321）。M3：33，色青灰，站立，长嘴前伸，腰腹
细长，肋骨明显，腹中空。高 8 厘米（图六九：12，图版 320）。

　　猪　2 件。M3：23，泥质红陶。长吻前伸，双耳厚大，体稍长，短尾，站立，腹中空。面染黑褐
彩。通高 10 厘米（图七〇：8，彩版 82）。M3：24，色灰褐，手制。四蹄分立，小耳宽吻，口微张，
鼻孔圆大，前腿前倾，腹尖圆，腹中部对穿一圆孔，蹄分二瓣，尾残。通高 7 厘米（图七〇：5，彩版
83）。

　　马　1 件（M3：13）。色橙红，模制，腹中空，通体饰彩。鬃毛竖起涂黑，前端伸出耳际往下稍
垂，末端上翘，似为缨，耳尖圆直立，白眼黑蹄，马面及颈部以黑彩绘有笼头、鞴带，上绘有白色泡
饰，攀胸上附双泡，泡下缀黑色的须状流苏。马鞍竖立，涂红彩，鞍间有白色的垫，顺鞍两端分别以

黑色革带垂有红边黑里的方形障泥各一，障泥中部绘有红色的三角形镫。马背、臀绘有三周黑色的鞯鞴，上附白色泡饰 21 只，流苏 13 只。马尾后翘伸直，尾端涂黑打结并以横物固定。通长 37、高 26 厘米（图六九：8，彩版 84、85）。

牛车　1 组（M3：8）。色红褐，由一牛一车组成。均涂条带状黑彩。牛眼圆睁，鼻孔圆大，内涂白彩，犄角弯曲前伸。牛首、背、臀绘有黑色鞯、鞴，体肥硕，尾贴臀。腹中空。通长 30、高 13 厘米。车顶为卷棚形，前后出檐，两端稍上翘，上饰五道黑彩。车厢略呈长方体形，两壁涂黑彩，前壁正中开一长方形窗，后壁右侧开一门，平底，底有井形架，架左、右和后部均出头；车底前端伸出一长方形围栏，高 3 厘米，围栏前面近底处左右两端各留一圆孔，当为插设木辕所置。车两侧有轮，车辐 16 根。通长 25、高 29 厘米（图七一：2，彩版 86）。

俑　7 件。可分牵马俑、男侍俑、女侍俑三类。除 1 件（M3：4）以青砖雕刻，余皆合模制成，体两侧有抹光痕。

牵马俑　2 件。形制相同。泥质红陶。站立，出土时相向站立于马首两侧（彩版 87）。头戴黑色条纹盝顶帽，帽顶打结，结后突出，高蒜头鼻，面庞圆润，上身内穿圆领衣，外着开领交衽衣，中袖，左手握置于胸前，右手自然按于腹，手指六根，腰系带。下穿筒状裤，有缚腿，脚穿翻底履。面涂白彩，头染黑。M3：11 高 19.5 厘米（图七一：6，彩版 88）。M3：12，高 18.9 厘米（图七一：7，彩版 89）。

女侍俑　2 件。M3：9，泥质灰陶。头戴冠状假髻，鬓发作圆弧状垂至耳际，瓜子形脸，面部肌肉丰满。上身内穿圆领衣，围领垂过肩，作弧状三角，腰带几近胸，双手合拢置于上腹。下穿红、白竖条纹间色裙，足穿白色方头履。除过发髻涂黑彩外，余皆涂一层白粉。高 24.7 厘米（图七一：3，彩版 90、图版 328）。M3：22，泥质红陶。头戴黑色十字形假髻，鬓发垂过耳根，面涂白粉，额部又于白彩上涂红，面庞清秀，上身内穿圆领衣，外着开领交衽衣，红色披肩。宽袖，双手合拢于腹，腰系带，腰前有垂带。下身穿黑、红色竖条纹间色裙，长裙垂地，裙色斑驳。除过颈部和发髻外，均涂白彩。高 21.9 厘米（图七一：4，彩版 91、图版 322-324）。

男侍俑　3 件。M3：4，以青砖雕刻而成，实心，表面粗糙不平，仅能分辨大形轮廓。椭圆形头，上身着紧身衣，多处涂红彩，左手按于腰，右手向上曲抱。下穿裤，有缚腿，足蹬圆头履。高 26 厘米（图七一：8，图版 331）。M3：5、M3：7，2 件皆模制，形制大体相同。M3：5，色红褐，头戴圆形帽，帽后凸起，脸形长方，高鼻圆颔。上身着紧身圆领窄（紧）袖衣，双手抱举于腰，腰束带，下穿圆筒裤，足蹬圆形翻头履。高 29.4 厘米（图七一：1，彩版 92、图版 329、330）。M3：7，色深灰，头戴圆帽，帽带勒下颌，鼻较扁。上身着紧身中袖袍，下腹刻有一"十"痕，下身穿圆筒裤，足蹬圆形翻头履。高 23.5 厘米（图七一：5，彩版 93、图版 325-327）。

（2）铜器　11 件。有鐎斗、镜、簪、印章等。

鐎斗　1 件（M3：17）。柄端作龙首形。侈口，斜折沿，圆腹，腹身饰三道凸弦纹，圜底较平，底、腹粘附大量黑色炱，腹下三腿，腿上端作人面状，下端为蹄形足。口径 21.2、通高 22.5 厘米（图六九：15，彩版 94）。

镜　1 件（M3：41）。圆形，鼻纽，围绕纽座耸起六乳，乳间绕以四凤。其外绕以两周水波纹。直径 8.65 厘米（图七二，彩版 95）。

簪　1 件（M3：42）。略呈刀形。通长 13.3 厘米（图七〇：15，图版 333）。

印章　2 枚。M3：39，呈长方体。中部有横穿孔，一面阴文篆书"侯休"，一面阴文篆书"臣休"，印面有边栏。长、宽均 1.15 厘米，高 0.4 厘米（图七〇：12、17、18，彩版 98、99）。M3：40，柱形，顶部稍细，有穿孔，印面圆形，直径 0.85 厘米，阴文篆书一"李"字，通高 3.3 厘米（图七

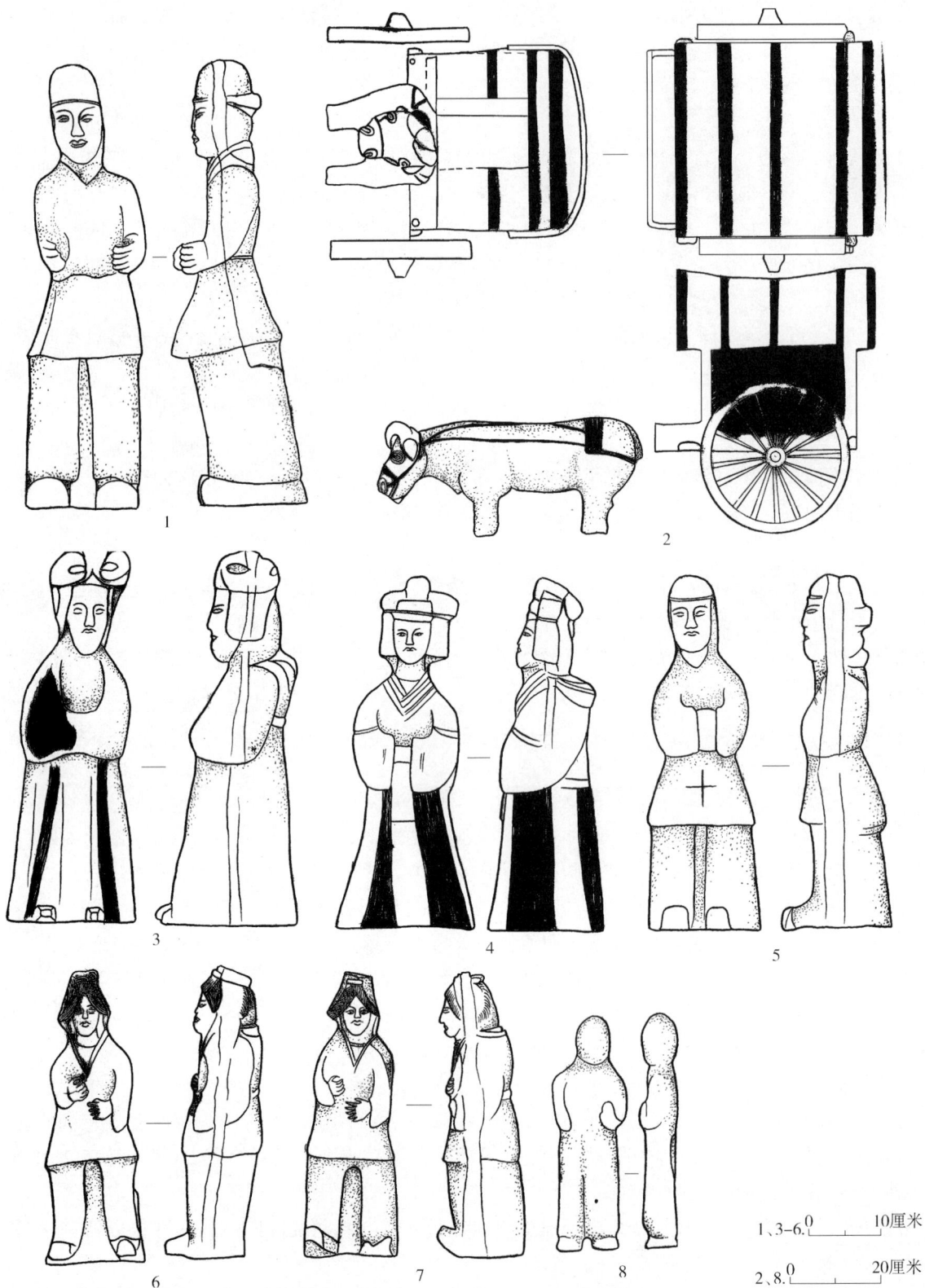

图七一　铁 M3 出土器物

1、5、8. 陶男侍俑（铁 M3：5、7、4）　2. 陶牛车（铁 M3：8）　3、4. 陶女侍俑（铁 M3：9、22）

6、7. 陶牵马俑（铁 M3：11、12）

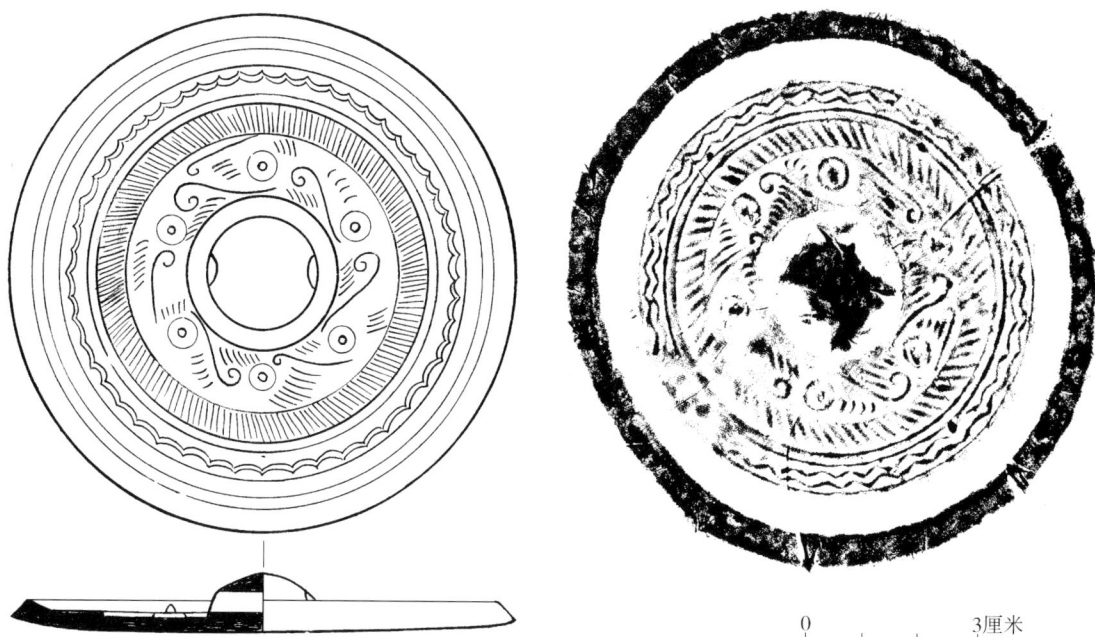

图七二 铁 M3 出土铜镜

铁 M3：41

○：11、19，彩版 100、101）。

泡钉 6 枚（M3：6）。属漆盒上之附件。通长 2.3、高 1.7 厘米（图七○：10，图版 332）。

（3）铁器 2 件。刀、削各一件。

刀 1 件（M3：36）。环首，木柄已朽。柄长 11.7、刃长 86.5 厘米，通长 98.2 厘米（图七○：16，彩版 52）。

削 1 件（M3：37）。木柄已朽。通长 18.6 厘米（图七○：14，图版 334）。

（4）其他 2 件。玉管、漆盒各一。

玉管 1 件（M3：38）。色青灰，圆柱体，外径 1.1～1.2、内径 0.6、高 1.55 厘米（图七○：9）。

漆盒 1 件（M3：6）。圆形，外髹黑漆，木胎，胎厚 0.4～0.6 厘米，直径 22 厘米，高度不详。盖、底均铆三颗泡钉。

（四） 铁 M4

1. 墓葬形制

由长斜坡墓道、两道封门、甬道、前室和后室五部分组成（图七三）。方向 265 度。墓葬是在基槽开挖 4 米时发现的，墓道上部已被破坏。现存墓道略呈梯形，西窄东宽，残长 9.36、宽 0.85 - 0.96 米，复原长度为 13.36 米。墓道底距原地表深 10.44 米。底为斜坡形，在接近甬道处墓道斜坡突然变陡，距甬道有 2.76 米为近平底。填土为五花土，较密实。封门由两重封门构筑。第一道封门位于甬道口部，错缝横向平铺 16 层，高 1.55、宽 1 米；第二道封门位于甬道内，紧贴第一道封门，底层为纵向平铺四块砖，其上纵向竖铺 8 块，再其上交错侧卧铺砖四层。封门高 1.1 米，宽 0.8 米。砖为长方形，长 37、宽 18.5、厚 8.5 厘米。甬道平面略呈梯形，口小里大，弧顶，底为斜坡，西高东低，长

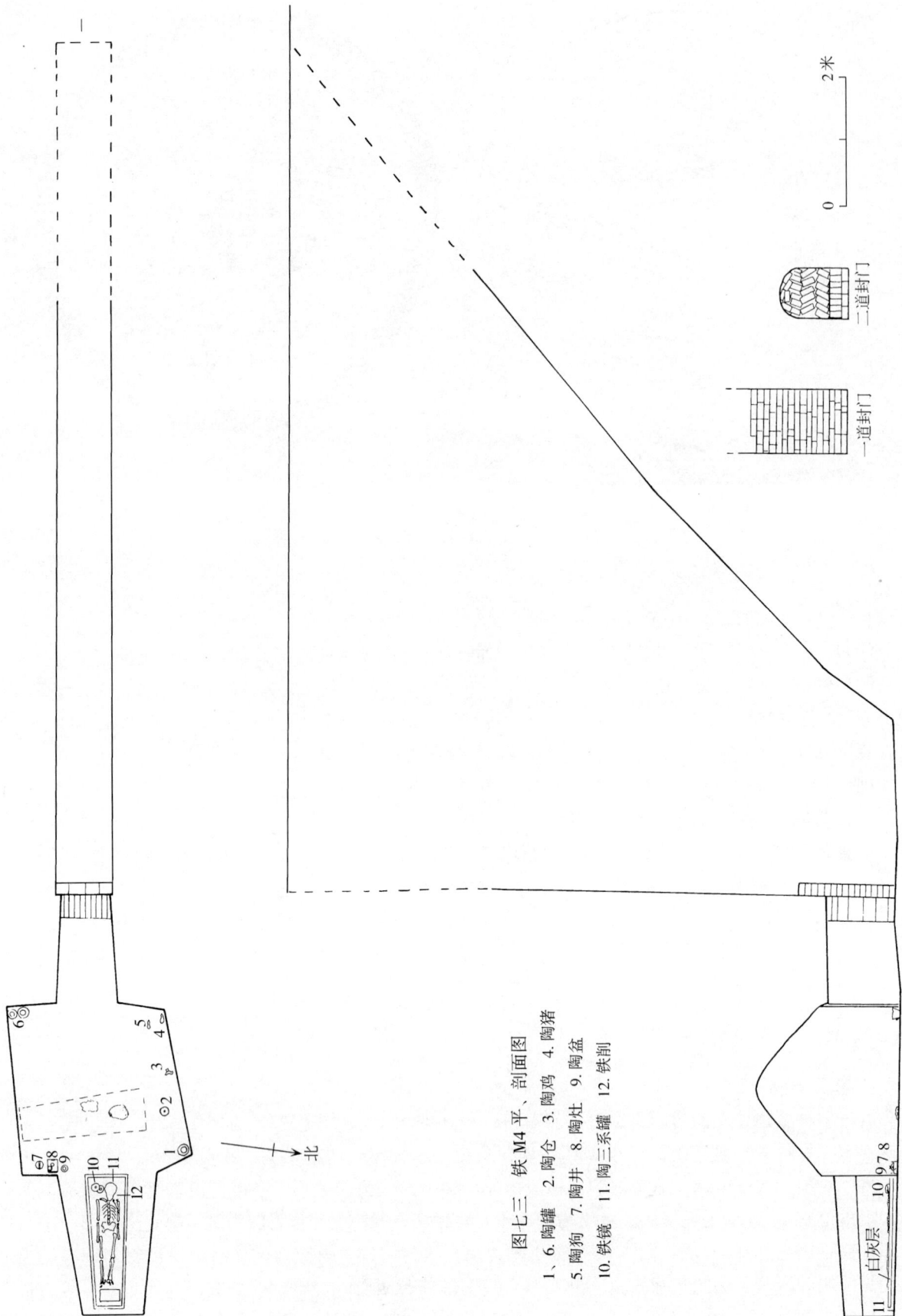

图七三　铁 M4 平、剖面图

1、6. 陶罐　2. 陶仓　3. 陶鸡　4. 陶猪
5. 陶狗　7. 陶井　8. 陶灶　9. 陶盆
10. 铁镜　11. 陶三系罐　12. 铁削

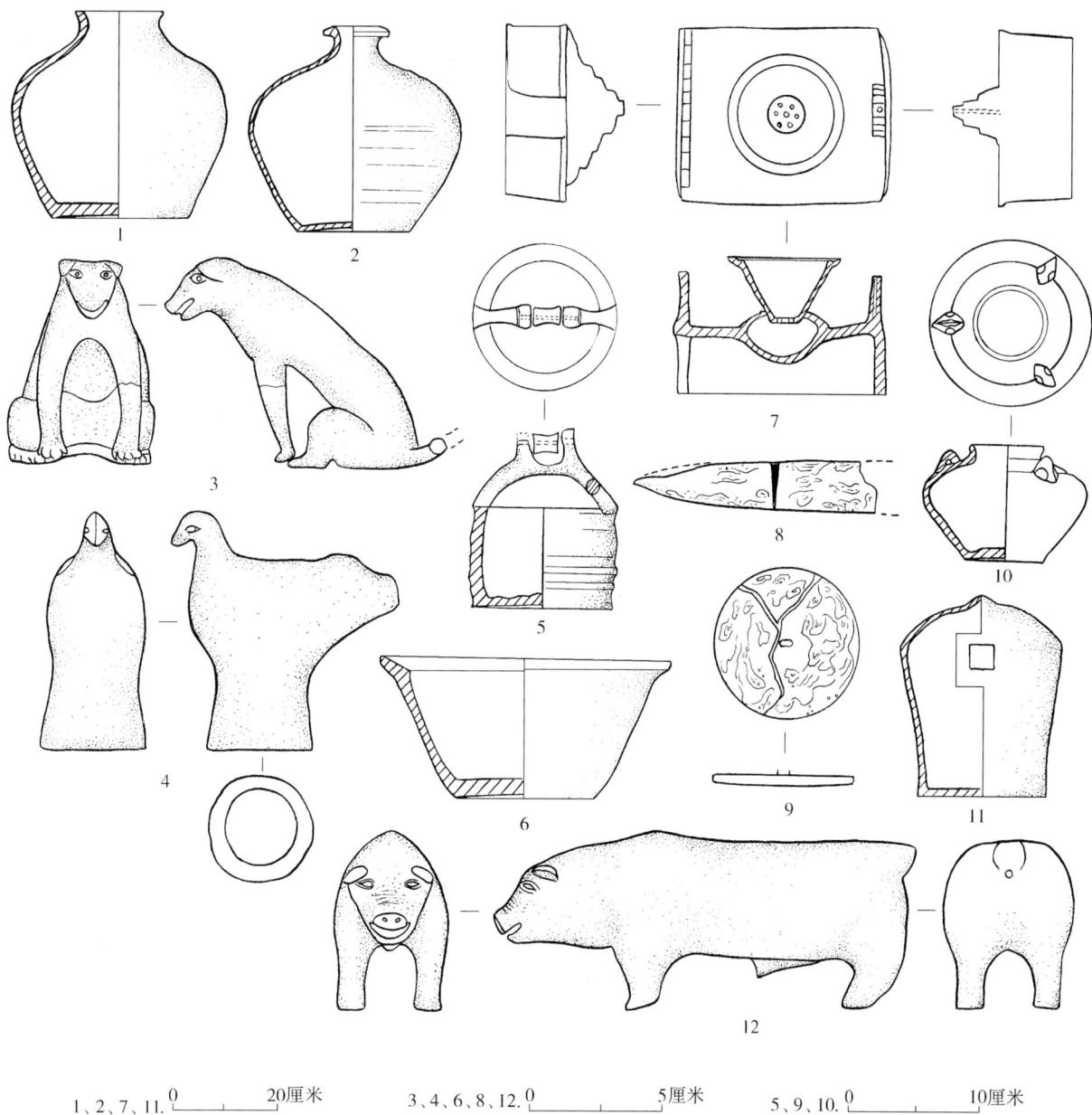

图七四 铁 M4 出土器物

1、2. 陶罐（铁 M4：1、6） 3. 陶狗（铁 M4：5） 4. 陶鸡（铁 M4：3） 5. 陶井（铁 M4：7）

6. 陶盆（铁 M4：9） 7. 陶灶（铁 M4：8） 8. 铁削（铁 M4：12） 9. 铁镜（铁 M4：10）

10. 陶三系罐（铁 M4：11） 11. 陶仓（铁 M4：2） 12. 陶猪（铁 M4：4）

1.74 米；宽 0.8—0.98 米，顶高 1.1 米。

前室略呈方形，四壁外凸，穹隆顶。东西长 2.7、南北宽 2.75 米。直壁高 1.2—1.28、顶高 2.27 米。前室中部发现南北向苇席朽痕，南北长 2.04、东西宽 0.52—0.6 米，席纹清晰可见。骨架已成骨粉，依稀可见头向北。在前室西南角置陶罐，东侧偏北放置陶井、灶、盆，北面置陶仓、鸡、猪、狗等随葬物。后室平面呈梯形，口大里小，口高内低。长 2.22、口宽 1.8、里宽 1、高 0.8—1 米，内置一梯形木棺，棺长 2.12、宽 0.48—0.7 米，棺板厚 4 厘米。仰身直肢葬，头向西，脚下置一长方形条砖一块。年龄性别因腐朽严重不清。棺内人头骨南侧置三系罐 1 件、铁镜 1 件，右肩胛骨处置残铁刀一把。

2. 出土器物

共12件。有陶器和铁器。

（1）陶器 10件。有陶罐、三系罐、灶、仓、井、盆、鸡、猪、狗等。

罐　2件。泥质灰陶。M4∶1，侈口，圆唇，溜肩，鼓腹，平底微凹。口径8.5、腹径21、底径13、高19.8厘米（图七四∶1，图版335）。M4∶6，小口，方唇，斜沿，短颈，广肩，平底微凹。口径5、腹径20.4、底径11、高19.5厘米（图七四∶2，图版336）。

三系罐　1件（M4∶11）。泥质灰陶。侈口，圆唇，短颈，斜肩，上腹突鼓，下腹内收，平底微凹。肩部附三对称菱形系，并饰凸棱一周。口径5.5、腹径12.8、底径6、高8.8厘米（图七四∶10，彩版97）。

灶　1件（M4∶8）。泥质灰陶。平面略呈长方形，前端略窄，后端略宽。单火眼，有长方形灶门，高6、宽4厘米。灶面前后有阶梯形挡火墙。灶台后面挡火墙中间有一烟囱，直到灶面。灶长21、宽16－16.5、通高13厘米。火眼上有一陶甑，泥质灰陶。宽斜沿，敞口，腹壁斜直，平底，底部有7个小孔（图七四∶7，图版337）。

仓　1件（M4∶2）。泥质灰陶。溜肩，腹壁内曲，平底，顶有圆形捉手。上部开有一2.5×2.5厘米的方孔。腹径15.5、底径12.3、高19厘米（图七四∶11，图版339）。

井　1件（M4∶7）。泥质灰陶。圆桶形，敛口，腹壁弧，平底微凹。井沿上有弧形井架，中间放置圆形穿孔辘轳。腹饰三周凹弦纹。口径7.2、底径6.8、高13.6厘米（图七四∶5，图版340）。

盆　1件（M4∶9）。泥质灰陶。宽斜沿，方唇，口微敛，腹壁斜直，平底微凹。口径11.2、底径5.2、高5.3厘米（图七四∶6，图版338）。

鸡　1件（M4∶3）。泥质灰陶。捏制，呈站立状，小头，尖嘴，鸡腿为泥条粘贴而成。下端为圆桶状，中空。长、高均为8.8厘米（图七四∶4，图版341）。

猪　1件（M4∶4）。泥质灰陶，躯长体肥，头上刻划出嘴、鼻、眼，竖耳，短尾，腹下生殖器明显，颈部有刻划的鬃毛。长16.4、高6.8厘米（图七四∶12，图版342）。

狗　1件（M4∶5）。泥质灰陶，蹲坐，体态匀称，制作精巧。双目前视，两耳竖立，前腿直立，后腿盘卧。尾残，长10.8、高7.6厘米（图七四∶3，图版343）。

（2）铁器 2件。有镜、削各一。

镜　1件（M4∶10）。锈蚀严重，圆形。直径11.2、厚0.8厘米（图七四∶9，图版344）。

削　1件（M4∶12）。残长9.6、宽2厘米（图七四∶8，图版346）。

四 平陵 M1

平陵是西汉昭帝刘弗陵的陵墓，位于咸阳市秦都区平陵乡（现属于双照镇）王家庄至互助村之间，平陵乡因平陵而得名。2001年初，咸阳市秦都区交通局修建过双公路（咸阳市境内过塘至双照），该公路从王家庄与互助村两村之间、平陵封土西部穿过，当年5月，在平陵南部、高干渠北部的公路施工中发现古墓葬一座，墓室中的文物已经暴露。秦都区旅游文物局闻讯立即派人赶赴现场，实施保护，并报告咸阳市文物局，市文物局经请示上级文物主管部门同意后迅即安排市考古所组织人力，进行抢救性发掘。2001年5月28日，咸阳市文物考古研究所派人进驻现场开始发掘，为了保证文物的安全，专业人员加班加点，连续作业，5月29日晚发掘工作结束（彩版1-12）。

1. 墓葬形制

墓葬所在位置为咸阳头道塬和二道塬之间的斜坡地带，东北距汉昭帝平陵500余米，南距高干渠120米。当我们赶到现场时，墓室顶部已被筑路机械碾开一个直径一米左右的洞，墓室顶部的生土已塌入墓室，一部分文物已被覆盖，个别文物已经被压坏。所幸的是，由于报告及时，保护得力，墓室内文物未被扰动，随葬器物摆放有序，加之墓葬处于一个斜坡地带，地表水很难进入墓室，墓室内比较干燥，也没有淤土，这是墓室保存较好的一个重要因素；而且墓葬未被盗扰，出土器物组合完整，陶俑色彩艳丽如新，是一份比较科学完整的新资料。

平 M1 是一座南北向的斜坡土洞墓，方向185度。由墓道、过洞、天井和墓室四部分组成（图七五）。其上部6.7米已被修路机械推掉，现在的发掘是在距地表6-7米进行的。墓道平面基本呈梯形，稍偏东，同天井和墓室有一定的角度，现存长度3.92米，南端宽0.9米，北端宽0.8米，底为斜坡，其中的填土呈红褐色，比较湿润松软。过洞水平长0.74米，高0.9米，弧形顶。天井平面呈长方形，南北长2.27米，东西宽0.8米，现存深度1.8-2.2米，底亦为斜坡。墓室平面呈方形，四壁略往外弧凸，转角圆折，南北长2.28-2.7米，东西宽2.44-2.6米，穹隆顶，高1.76米。墓室底比天井最深处低0.24米，距现发掘地表2.5米。墓葬总深度9.7米。墓室口有砖砌封门，最上面两层青砖横向平铺，下面八层为纵向立砌，不对缝，每层八砖，砖长38、宽19.4、厚10.3厘米。封门高1.42、宽0.82、厚0.38米。葬具为木棺，现已朽成灰。东西向放置于墓室北部，大头朝东，东西长1.98米，东端宽0.64米，西端宽0.46米。棺内有人骨一具，骨殖腐朽，不可辨认，大致可以看出人头朝东。棺底铺有一层草木灰，上面撒有一层铜钱币。

出土器物共60余件（组），基本上分布于墓室东西两侧及棺内。墓室东部摆放骑马鼓吹乐俑16件，乐俑分前、后两排，每排八骑，面向均朝西，南北排列。前排有击鼓俑5骑，吹角俑3骑，以击鼓为主；后排有吹角俑5骑，击鼓俑2骑，吹排箫俑1骑，以吹角为主。在后排骑马俑的北部、靠近棺木处放有两匹铠马，一匹通体施黄褐色釉，形体比较高大；一匹遍施彩绘，形体略小一点。另外在骑马乐俑的后面、紧靠东壁处发现一件铁矛。墓室西部以两辆牛车和一辆轺车为中心，两侧摆放女侍俑和伎乐俑六件；其南侧和前面放置有陶仓、灶、壶、罐、井等日用器模型，陶鸡、狗、猪类禽畜俑及铜鐎斗、铜釜等实用器。墓室中部放置有铜吊灯和陶连枝灯各一。墓室口西南部发现泥质天王俑一，惜保存极差，形状不明。棺内主要为墓主随身的装饰品，在其头部发现银钗、铜铃各一，手臂附近发现银镯、指环等，棺底发现大量铜钱币。另外在棺外紧贴墓室北壁中部放置一釉陶虎子，虎子口部残缺，可能系有意打碎，属于一件实用器。

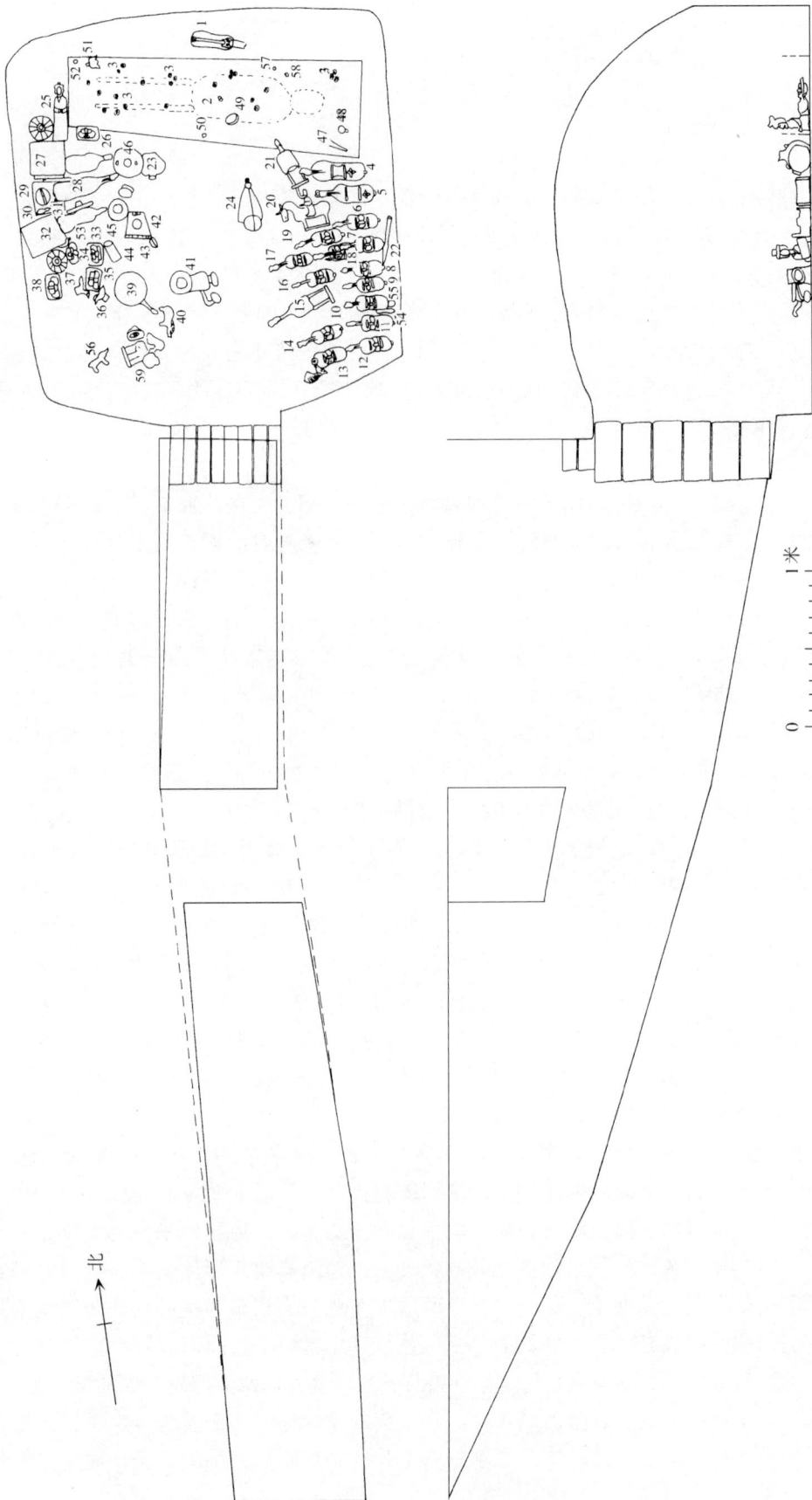

图七五 平M1平、剖面图

1.釉陶虎子 2.铜指环 3.铜钱币 4.釉陶铠甲马 5.陶彩绘铠甲马 6.陶吹排箫骑马俑 7、8.陶吹角骑马俑 9.陶击鼓骑马俑 11、12.陶吹角骑马俑 13—18.陶击鼓骑马俑 19—21.陶吹角骑马俑 22.铁刀 23.陶罐 24.铜吊灯 25.陶女侍俑 26.陶击鼓女乐俑 27.陶牛车 28.陶辎车 29.陶井 30.陶狗 31.陶狗 32.陶牛车 33.陶抚筝女乐俑 34.陶吹角骑马俑 35.陶弹琵琶女乐俑 36、37.陶吹角女乐俑 38.陶吹笙女乐俑 39.铜锥斗 40.陶猪 41.陶连枝灯 42.陶灶 43、44.陶仓 45.铜釜 46.釉陶双系壶 47.银钗 48.铜铃 49.银铃 50.铜指环 51.铜铺首 52.铜指环 53.陶鸡 54—56.陶狗 57.铜环 58.泥珠 59.彩绘泥天王俑残块

2. 出土器物

出土器物共 60 件（组），种类有陶器、铜器、银器、铁器、泥器五大类。另有铜钱币 130 枚。现分类叙述如下。

（1）陶器 44 件（组）。有灶、仓、罐、壶、灯、井、虎子等日用器模型；鸡、狗、猪类家畜家禽模型；骑马鼓吹俑、女坐乐俑、侍俑及铠马、牛车、轺车模型。俑皆合模制作，体内中空，两侧有抹痕，多施彩绘。陶质比较坚硬。

罐 1 件（M1：23）。青灰色。小直口，圆肩，鼓腹，平底微凹，腹部饰七周凹弦纹。口径 5、腹径 18.5、底径 11.5、高 16.5 厘米（图七六：2，图版 345）。

壶 1 件（M1：46）。通体饰酱黄色釉，口部残缺。细颈，侈口，圆肩，肩部附双系，肩周饰三道细弦纹，鼓腹，平底微凹。颈径 4.5、腹径 22、底径 11.2、残高 21 厘米（图七六：1）。

井 1 件（M1：29）。土黄色，略泛红，圆桶状，井圈稍外凸，上附人字形井架，平底。底径 9.5、通高 20.5 厘米（图七六：6，图版 347）。

仓 2 件。土黄色，形状相同，伞状盖，圆柱形身，平底。M1：43，底径 9、通高 19.5 厘米（图七六：7，图版 348）。M1：44 同 M1：43（图版 349）。

灶 1 件（M1：42）。土黄色，平面呈梯形，灶面正中心凸起一圆形火眼，拱形灶门，灶前高耸四层阶梯状凸形挡火墙，灶后设二层阶梯状凸形障烟壁。通长 16、宽 11.5 - 19、高 5.2 - 13 厘米（图七六：9，图版 350）。

连枝灯 1 件（M1：41）。浅黄褐色，柱形身，内中空。上端略大，顶附一圆形灯碗，灯身上部对开四孔插设连枝灯碗，现仅存两枝灯。喇叭形空心座，灯座及下身以朱砂书有字（符），似为道符。底径 15、宽 33、通高 35.5 厘米（图七六：17，彩版 102）。

虎子 1 件（M1：1）。青灰色，原通体施黄褐色釉，现多已脱落，仅有零星遗存。流残缺不全，似为有意打碎。整体呈伏卧状，口大张，尖耳，扁圆腹，方足稍圆，手柄较扁，后设一透气孔。头、颈、四肢关节及柄上均有刻纹。宽 12、高 21.5、通长 32.6 厘米（图七六：11，彩版 96）。

鸡 4 件。形制相同。皆站立，内中空，方形空心座，高冠尖喙，长尾上翘，翅、腿凸出。两件黄褐色，两件红色。标本 M1：30，红色，出土时置于轺车车厢内；通长 13.8、高 11.1、宽 4.2 厘米（图七六：21，彩版 105、106）。

狗 4 件。皆站立，四足两两左右相连于一体。其中土黄色两件，稍高大，形制大小相同，身饰红、白彩；标本 M1：56，宽吻垂耳，带项圈，尾贴臀上卷，通长 19.5、高 9.9 厘米（图七六：13，彩版 103）。灰褐色两件，形制大小相同，稍低矮；标本 M1：55，通长 15.5、高 8.6 厘米（图七六：15，图版 351）。

猪 1 件（M1：40）。土黄色，口、鼻圆大，大耳下垂，鬃毛高耸，腹肥硕，尾粗短。眼、吻及腹下涂红彩。通长 16.5、高 8.9 厘米（图七六：16，彩版 104）。

铠马 2 件。形制基本相似。体内中空，下附踏板，呈站立状。M1：4，通体施黄褐色釉，嘴勒衔镳，齿外露，有鼻挡，山形防钤，上设一插缨孔。背铺长方形剪角鞍，鞍中部略下凹，鞍桥长方形，较矮。具装由面帘、鸡颈、身甲、搭后四部分组成，上密布鱼鳞甲片。体两侧由甲内穿引出两个扁圆形镫。后背中央附有一三足圆孔形的寄生插座，尾贴附于搭后上，长方形踏板上粘附有部分流釉，四蹄圆凸。形体高大，威武雄健。通长 43、宽 16、高 46 厘米（图七七：1，彩版 107 - 109）。M1：5，通体饰彩绘，青白色粉底，上以黑彩绘有络头、眼睛，用红彩绘口、鼻。衔镳、当卢、防钤俱备，头上无插缨孔。身上以红彩绘有横向的甲带十一条，甲带内有排列整齐的黑色鱼鳞甲片；后背绘有纵向的红色甲带五条，上附一红色的三足圆孔形寄生插座；尾甲绘三条横向甲带。马尾宽扁下垂，贴于尾

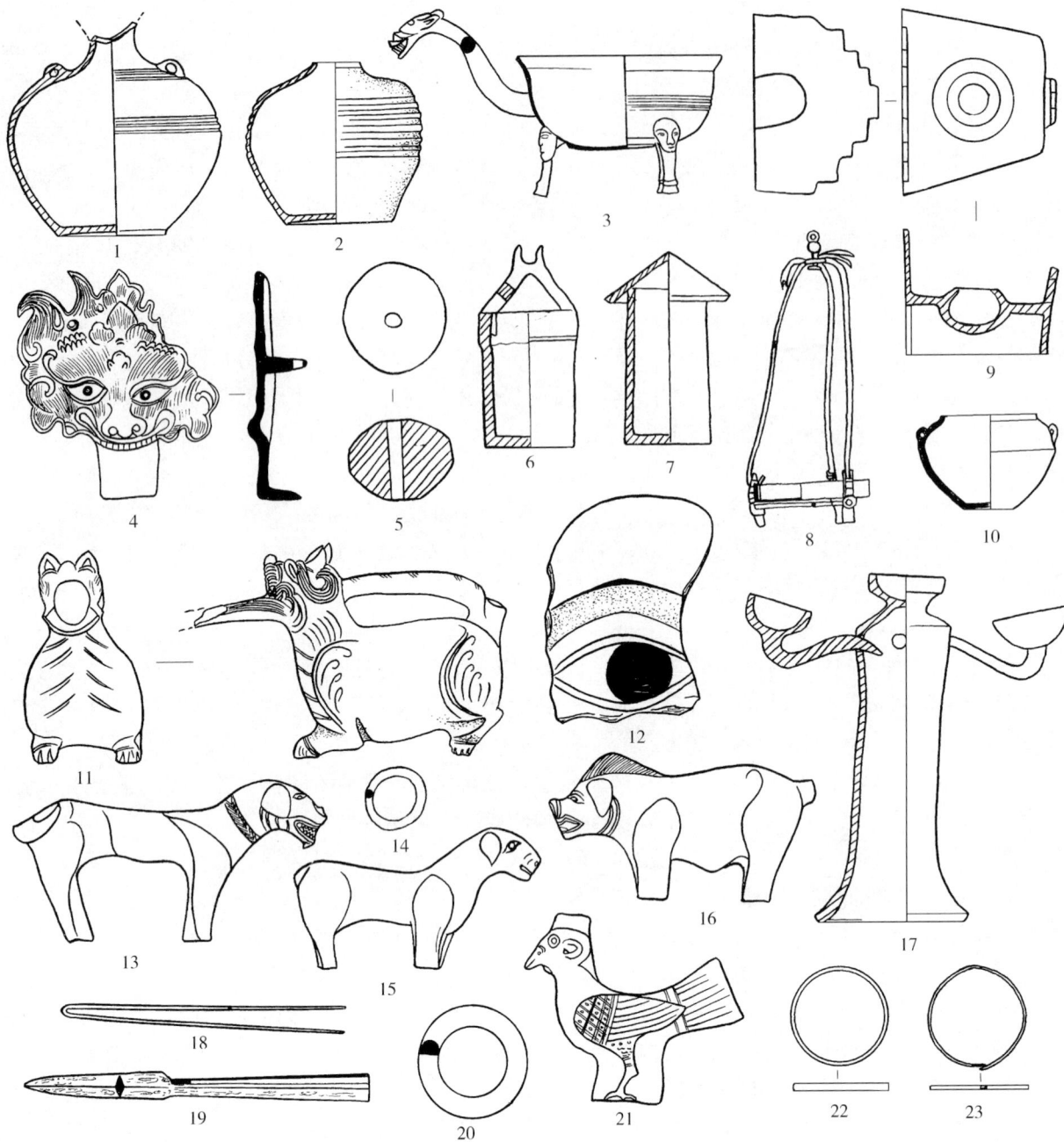

图七六　平 M1 出土器物

1. 陶壶（平 M1：46）　　2. 陶罐（平 M1：23）　　3. 铜鐎斗（平 M1：39）　　4. 铜铺首（平 M1：51）　　5. 泥珠（平 M1：58）

6. 陶井（平 M1：29）　　7. 陶仓（平 M1：43）　　8. 铜吊灯（平 M1：24）　　9. 陶灶（平 M1：42）　　10. 铜釜（平 M1：45）

11. 釉陶虎子（平 M1：1）　　12. 彩绘泥天王俑眼部残块（平 M1：59）　　13、15. 陶狗（平 M1：56、55）　　14、22. 铜指环

（平 M1：2、52）　　16. 陶猪（平 M1：40）　　17. 陶连枝灯（平 M1：41）　　18. 银钗（平 M1：47）　　19. 铁矛（平 M1：22）

20. 铜环（平 M1：57）　　21. 陶鸡（平 M1：30）　　23. 银镯（平 M1：49）

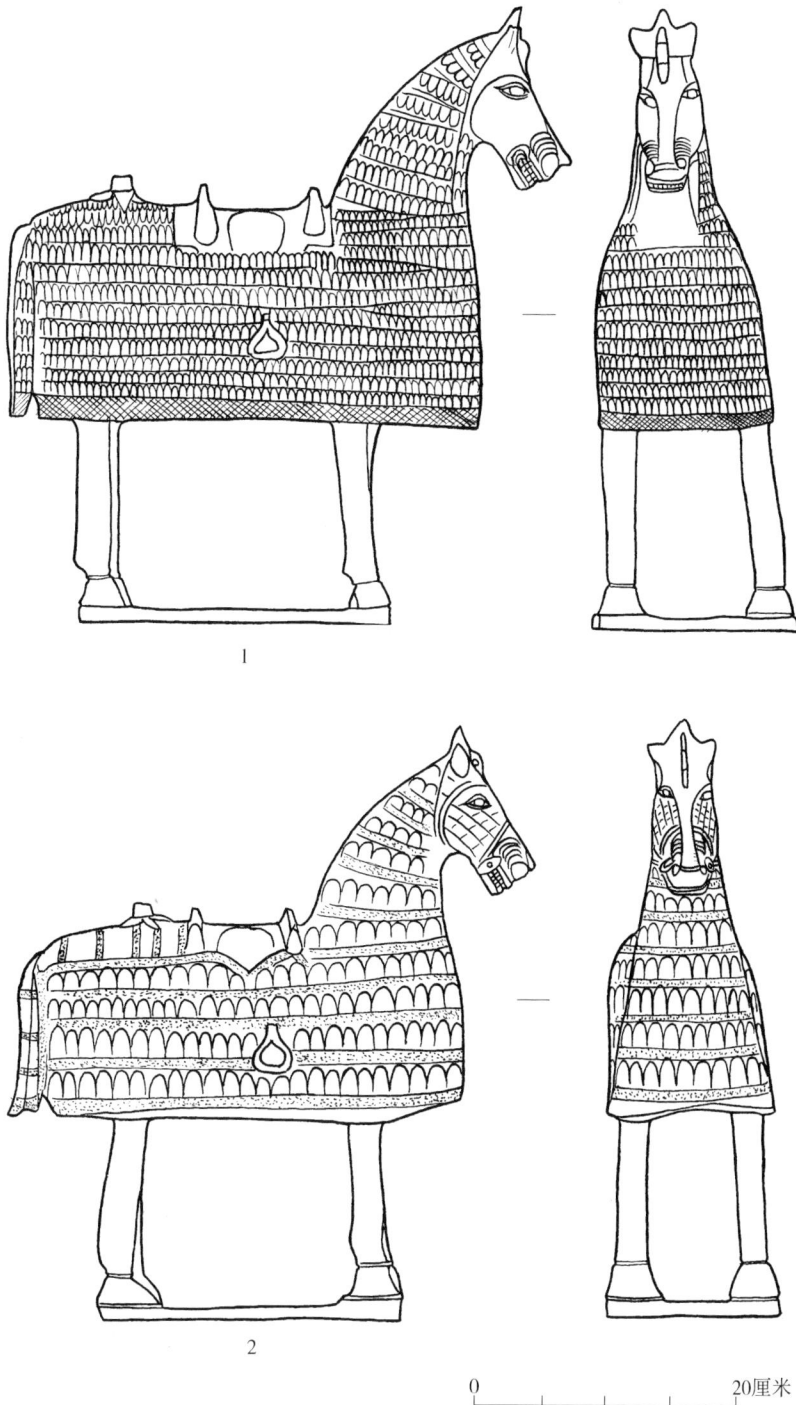

图七七　平 M1 出土陶铠马
1. 釉陶铠马（平 M1：4）　2. 彩绘铠马（平 M1：5）

甲上。鞍桥长方形，较低矮，体两侧有二扁圆形镫。通长 40.5、宽 13.5、高 44.3 厘米（图七七：2，彩版 110—114）。

鼓吹骑马乐俑　16 件。其中吹角者 8 件，击鼓者 7 件，吹排箫者 1 件。人、马的形状、大小基本相同（彩版 115）。乐工端坐于马背上，头戴圆顶帽，帽顶有十字棱线，帽檐饰一至两周弦纹。长脸高鼻，颜面有枣红、白、褐黄三种。骑枣红马者皆枣红面，骑白马者皆白面，余皆褐黄色。面庞上均用

图七八　平 M1 出土陶吹角骑马俑
吹角骑马俑（平 M1：12）

黑彩绘有眉、眼、髭须；上身穿交领紧袖衣，圆领后翻，背正中有一道竖槽，似为衣缝；下身穿直筒裤，足蹬靴。击鼓者头部端正，眼平视；吹角者和吹排箫者头部均偏向一侧，其中吹角者的双手分正握、反挽两种。马皆站立，平首，体内中空，四蹄下附踏板。马口勒衔镳，牙齿外露，鼻孔圆大，眼睛黑白分明。两耳尖短。颈部一侧均有模制的绳纹状鬃毛，另一侧无。头顶的鬃毛（或缨饰）均前伸上翘，状如触角。背均设圆角长方形鞍，鞍较低矮，鞍下垂有障泥。

　　马尾宽扁，下垂贴于臀，头部以黑彩绘有络头，身饰双道带状攀胸及后鞧，颜色有黑、白、红三种。马色亦分三种，白色一匹，枣红色五匹，余皆青色。青色马均于体两侧的髋部饰四个卷云纹饰，纹饰有褐、白、黑三种，以褐色居多；有的还于马颈部以黑（褐）彩绘有杏叶。

　　标本 M1：12，吹角骑马俑。马色枣红，以黑彩绘有攀胸、后鞧。革带之间有小带相连，乐工褐衣褐帽，面色红褐，双手执一长角用力吹奏，长角朝上弯曲高耸，顶端饰两道弦纹，上设有眼。通高45、长 33.3、宽 12.4 厘米（图七八，彩版 116）。

　　标本 M1：18，击鼓骑马俑。马色青灰，面部饰黑色的斑纹，白色的攀胸、后鞧，黑褐色的卷云纹饰，颈一侧饰有杏叶。乐工面貌、服装皆褐色，一手执一鼗鼓，一手执枹敲击置于胸腹间的扁平圆鼓。通长 33、高 39.5、宽 12 厘米（图七九：1，彩版 117）。

　　标本 M1：6，吹排箫骑马俑。马色青灰，齿、鼻及鞍桥涂红彩，以红彩绘攀胸、后鞧，黑色的卷云纹饰及杏叶。乐工衣帽皆褐，面色枣红，双手捧一九孔排箫用力吹奏。通长 32.8、高 39.5、宽 12厘米（图七九：2，彩版 118）。

　　女侍俑　2 件。形状、大小相同，通体饰彩，体内中空，合模制（彩版 124）。头戴黑色蝶状发冠，冠下凸出一方形台座，额发由中间整齐地梳向两端，两侧鬓发垂过耳际；脑后头发整齐地梳贴于头，

图七九 平 M1 出土陶鼓吹骑马俑
1. 击鼓骑马俑（平 M1：18） 2. 吹排箫骑马俑（平 M1：6）

顶部插一圆首梳篦。粉面红靥，朱唇凤眼，黑色长眉，眉心、下颔饰朱点，两颊均戳有一小窝，上涂朱，眼眶上下及眼睑下用朱砂描绘轮廓。长脸方圆，鼻梁上翘，下颔圆润。上身穿红色中袖交领衣，褐色短襦，后领外翻较方；袖口褐色，向上翻挽，腰系褐色带。下身穿红、褐相间的竖条纹裙，裙前露褐色方头履。标本 M1：34，通高 36.7、宽 11.7、体厚 8.7 厘米（图八〇，彩版 119 - 123、126）。标本 M1：25 与 M1：34 基本相同（彩版 125）。

图八〇　平 M1 出土陶女侍俑

女侍俑（平 M1：34）

　　女坐乐俑　4 件。形状、大小基本相同。通体饰彩，体内中空，合模制（彩版 127）。头戴黑色十字形扁平发冠，额发分两层由中间梳向两边，面部妆饰、鬓发及脑后发型和女侍俑的相同。上身穿红（褐）色紧袖交领衣，下身着红、褐色的竖条纹裙，腰系带；均踞坐，弹奏乐器，脸稍方圆，长鼻高耸。M1：33，上身穿褐衣，领、襟、袖缘、腰带皆红色，裙正面中部为褐色。双手正在弹抚一置于膝上的长方形筝，筝红色，八弦。通高 27.8、宽 15.3、厚 10.9 厘米（图八一：1，彩版 138 - 141）。M1：26，服饰同抚筝俑，裙正面中部为红色。一手按一置于膝上的红色扁圆鼓，一手执白色鼓槌敲击。通高 28、宽 14.1、厚 11.1 厘米（图八一：2，彩版 128 - 131）。M1：35，上身穿红色衣，领、襟、腰带皆褐色，裙正面中部为红色，怀抱一四弦圆形琵琶，一手按弦，一手执拨子弹奏；琵琶饰白粉底，上涂红色，现多已脱落。通高 27.8、宽 15.8、厚 10.6 厘米（图八二：1，彩版 132 - 137）。M1：38，上衣同弹琵琶俑。裙正面中部为褐色，双手执物作吹奏状，惜执物已缺失。通高 27.9、宽 14.5、厚 10.6 厘米（图八二：2，彩版 142）。

　　牛车　2 组。形制、大小基本相同，均由一牛一车组成，仅彩绘有一定区别。M1：27，车略呈长

图八一 平 M1 出土陶女坐乐俑
1. 抚筝女坐乐俑（平 M1：33） 2. 击鼓女坐乐俑（平 M1：26）

方体形，前端伸出长方形栏，栏前面两端及车厢前面底部两端均留有车辕插孔。应为木质双辕，已朽。车前面正中开一方形窗，后面一侧开一长方形门，前后出檐的卷棚平顶，檐端稍上翘。车左右两侧面

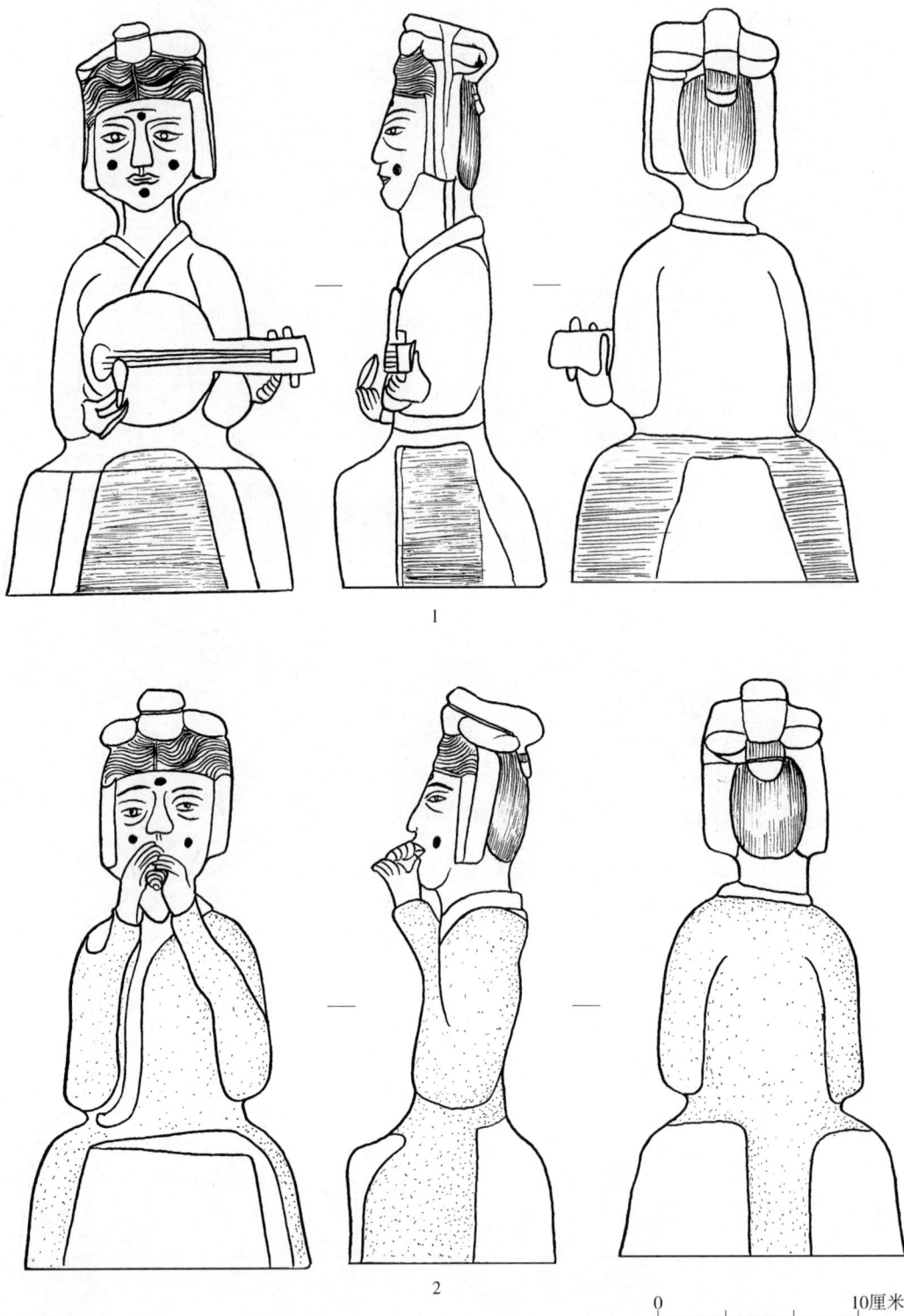

图八二　平 M1 出土陶女坐乐俑
1. 弹琵琶女坐乐俑（平 M1：35）　　2. 吹奏女坐乐俑（平 M1：38）

各开两个方形小窗，窗下凸出有屏泥，屏泥上有三个小孔，前两孔平直，后面的一个小孔朝后倾斜。
屏泥下的车厢中部附有两个拴系，同屏泥上后面两个插孔正对，屏泥前面一孔同车厢底部前端凸出的架头上的孔座正对。可见，车的每面各插设三杆，其中前面的两杆竖直，最后一杆朝后倾斜。车厢底部由"井"形架构成，左、右两侧及后面底部各凸出两个架头。车通体饰彩，底色青白，上以红、黑、褐三色彩绘纹饰。车厢前、后、左、右四面及顶面皆绘有成组连续的枝蔓花果（叶）纹，花果红褐相间，以黑色线条连接分界，顶面的纹饰横向排列，四面的纵向排列。栏的前面及一侧面以红彩绘有相连的枝蔓纹，另一侧面及屏泥上面朱绘竖条纹。门、窗、棚檐、屏泥、车轮的边缘皆饰红边。轮中心凸有毂，其中有孔，原应插有木质车轴，现已朽。车辐红、白相间，共 19 根。车厢体通长 22.8、宽20.7、高 22.8 厘米；轮径 15.4 厘米。牛平首静立，体内中空，下附踏板，犄角弯曲，尾贴臀，以白彩绘有络头，身躯肥壮。通长 30.9、高 18 厘米（图八三：2，彩版 143、148）。另一辆车（M1：32）的形制和 M1：27 基本相同，彩绘稍有区别。车顶面纹饰同 M1：27，唯纵向排列，车厢四面以较粗的红色线条绘有连续卷曲的纹饰带，其中分布黑褐色斑点纹。栏面、棚檐下面及屏泥上面绘有较粗的红色竖条纹，其间有的夹有黑褐色的竖条纹。牛首以黑彩绘有络头，髋部以褐彩绘有卷云纹饰。车体通长 21.9、宽 22.8、高 24.3 厘米；轮径 15.6 厘米。牛通长 31.5、高 1.1 厘米（图八三：1，彩版 144 -147）。

辎车 1 组（M1：28）。由一马一车组成。车为敞棚形，前端伸出长方形栏，栏前面两端有两个车辕插孔。木质双辕已朽。车厢后面较高，靠一侧开一长方形门，两侧面设较宽的弧凸形扶手，扶手前端各耸立一飞鸟。车厢外侧面中部突出有屏泥，屏泥中部、后部各开一孔，后面的一孔朝后倾斜；屏泥下面又凸出一个旗（通幡）杆座，上有两个插孔，同屏泥上的两个插孔正对，由此可见，此车两边各插两杆，前面的杆竖立，后面的朝后倾斜。车通体饰彩，青白底色，边沿及开口部位饰红边，车厢内部四面及栏前面均以红彩绘有相连的枝蔓纹，其间以红、褐色彩绘花果纹，线条流畅，色彩艳丽，构图散而不乱。车轮和牛车的相同，木质车轴已朽。车前一马，灰褐色，俯首，宽吻短面，两耳尖短直立，鬃毛前伸似触角，颈上中部有一凹槽，当为架设轭头所用，尾贴臀，体内中空，敦厚肥壮。车厢通长 18.6、宽 22.5、高 13.8 厘米；轮径 15.6 厘米；马通长 33.8、高 20.1 厘米（图八四，彩版149 - 151）。

（2）铜器 10 件。有釜、鐎斗、吊灯、铃、指环等。

釜　1 件（M1：45）。外壁满附烟炱，敛口，平沿，折肩，肩附双系，斜直腹，略鼓，小平底微凹。口径 10.1、肩径 14、底径 5、高 9.5 厘米（图七六：10）。

鐎斗　1 件（M1：39）。器身遍布烟炱，腹有裂痕，柄脱落。侈口，直腹微鼓，圜底略平，下附三个人面蹄形足，腹中部饰三周凸弦纹，底饰一周凸弦纹。曲柄，柄端呈张口游动的龙首状。通高16.5、长 34.5、口径 21.3 厘米（图七六：3）。

吊灯　1 件（M1：24）。圆形灯盘，下附三足支架。三根铜丝连接底盘，顶端一组作展翅飞翔的大雁。盘径 12、通高 29.5 厘米（图七六：8）。

铃　1 件（M1：48）。略呈苹果形，开口较宽。直径 4.2 厘米（图版 352）。

铺首　1 件（M1：51）。一角残缺，兽首长鬓。长 4.6、宽 4.2 厘米（图七六：4，图版 353）。

指环　4 件。直径 1.3 - 2 厘米。M1：2，2 件，环壁较薄，直径 2 厘米（图七六：14，图版 354）。M1：50，一组 2 件粘连在一起，形制、大小同 M1：2（图版 355）。M1：52，1 件，环体较厚，直径1.3 厘米（图七六：22，图版 356）。

环　1 件（M1：57）。底面较平，断面呈半圆形。直径 2.3 厘米，重 3.7 克（图七六：20，图版357）。

（3）银器　3 件。分钗、镯两种。

钗　1 件（M1：47）。股断裂，断面呈扁圆形。长 18 厘米（图七六：18，图版 359）。

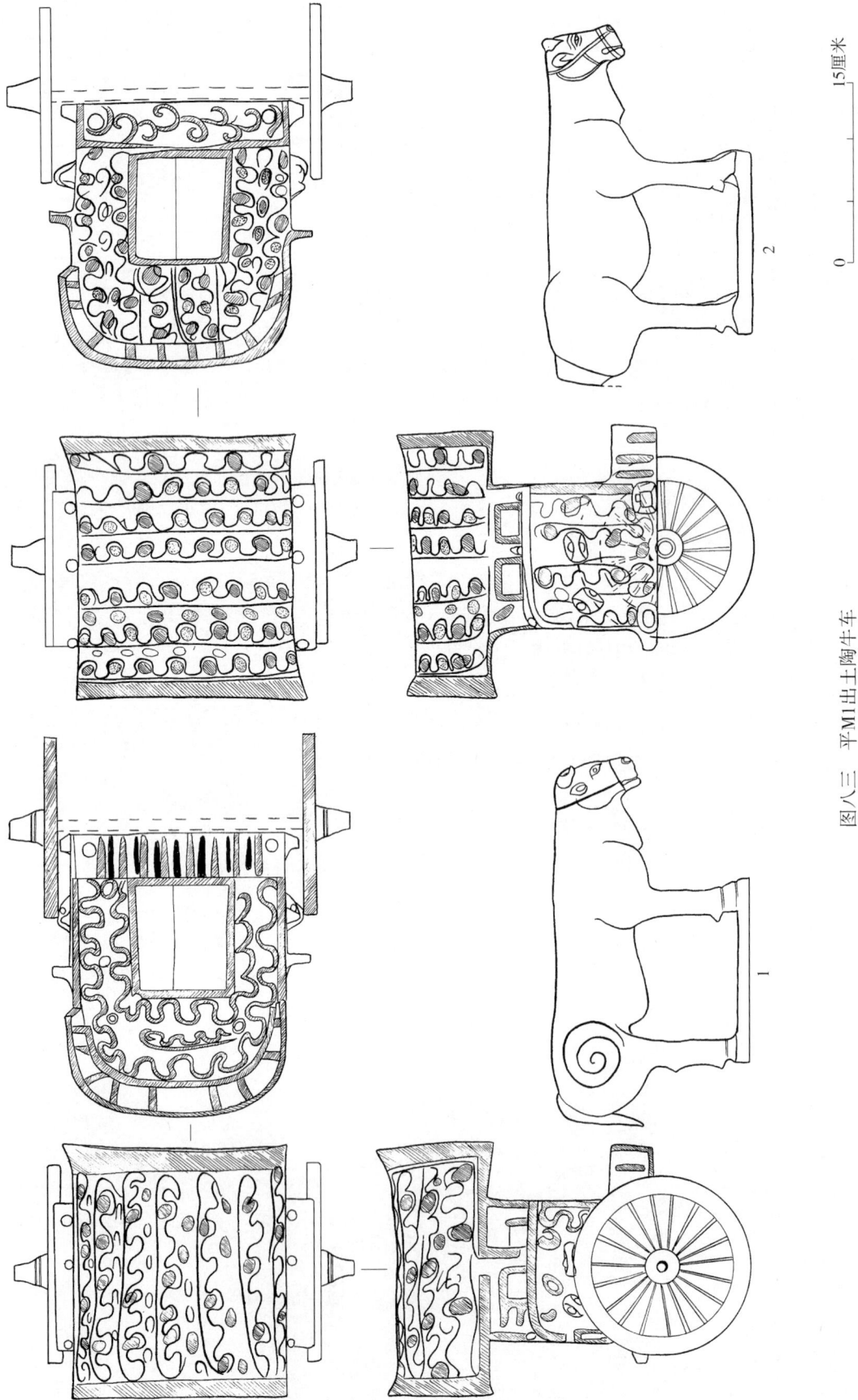

图八三　平M1出土陶牛车
1. 平M1：32　2. 平M1：27

图八四 平 M1 出土陶辎车
辎车（平 M1：28）

镯 2 件（M1：49）。素面，圆形。直径 6 厘米（图七六：23，图版 358）。

（4）铁器及泥器 3 件。

铁矛 1 件（M1：22）。銎孔内残留有朽木。长 36 厘米（图七六：19）。

泥珠 1 件（M1：58）。状如算珠。直径 2.2 - 2.3 厘米（图七六：5，图版 360）。

天王俑 1 件（M1：59）。残破不辨其形。泥质，上饰白粉底，其上又以红、黑色彩绘纹饰。眼睛暴突，红框黑珠。眼长 9、宽 6 厘米（图七六：12），推测其形体相当高大。

（5）铜钱币 130 枚（M1：3）。散置于墓主棺底，有布泉、货泉、大泉五十、蜀五铢、五铢等。

布泉 1 枚（M1：3 - 1）。钱径 2.42、穿径 0.72 - 0.80 厘米，轮厚 0.1 厘米。重 2.95 克（图八五：1，图版 361）。

大泉五十 4 枚。分三型（图版 362）。

A 型 2 枚。边轮内斜，内郭宽厚，"大"字上面一横弯曲较直，"五"字交股较曲；标本 M1：3 - 2，钱径 2.70、穿径 0.80、轮厚 0.25 厘米，重 6.95 克（图八五：2）。

B 型 1 枚（M1：3 - 3）。边轮较平，内郭稍窄，"大"字上面一横较弯曲，"十"字中间一竖较长；钱径 2.74、穿径 0.90、轮厚 0.19 厘米，重 4.5 克（图八五：3）。

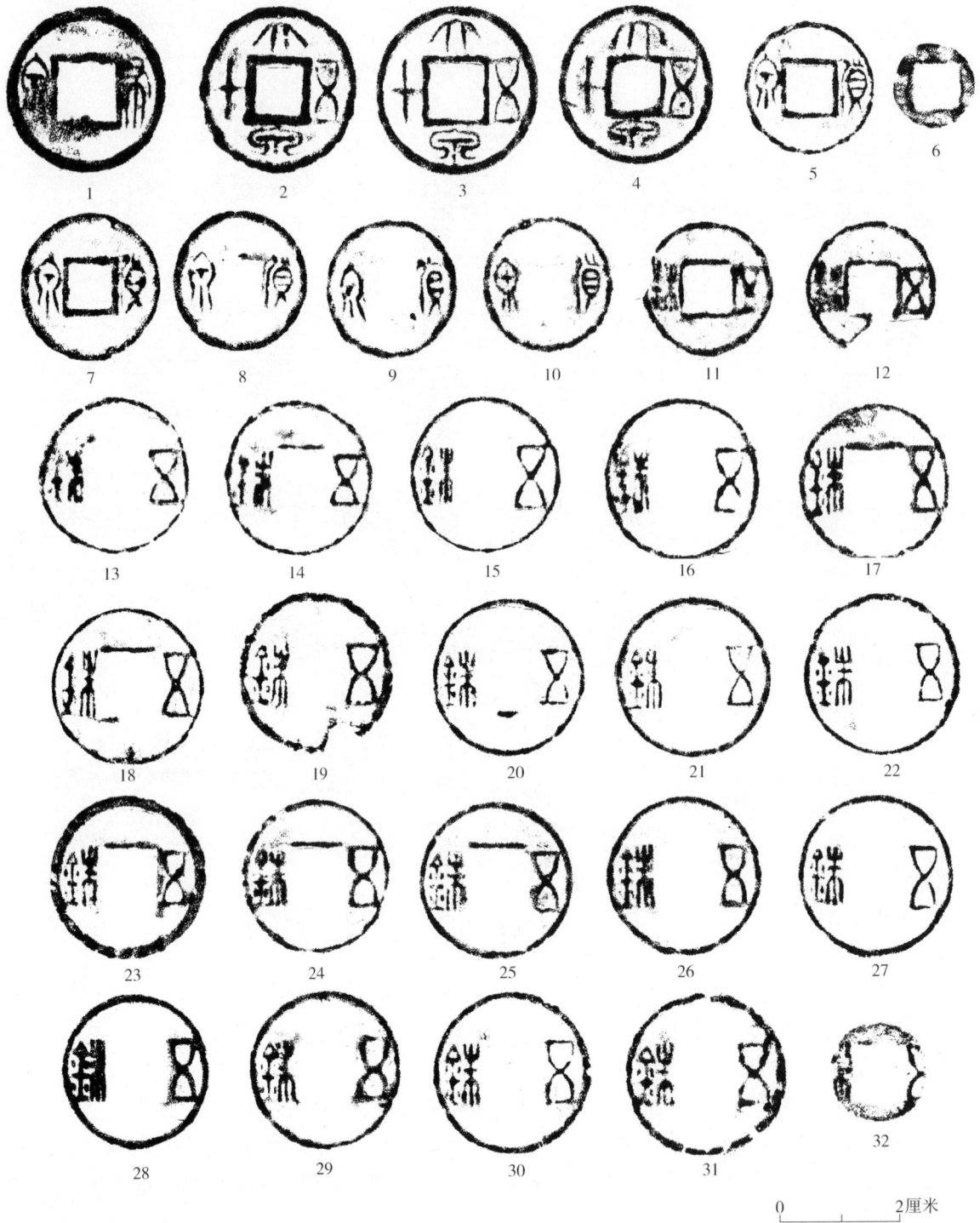

0 ———————— 2厘米

图八五　平 M1 出土钱币

1. 布泉钱（平 M1：3-1）　2. A 型大泉五十钱（平 M1：3-2）　3. B 型大泉五十钱（平 M1：3-3）　4. C 型大泉五十钱
（平 M1：3-4）　5. A 型 I 式货泉钱（平 M1：3-5）　6. 剪边五铢钱（平 M1：3-16）　7. A 型 II 式货泉钱（平 M1：3-
6）　8-10. B 型货泉钱（平 M1：3-10、11、12）　11、12. 蜀五铢钱（平 M1：3-13、3-14）　13、14. A 型五铢钱
（平 M1：3-18、3-19）　15-18. B 型五铢钱（平 M1：3-20、3-21、3-22、3-23）　19. C 型 I 式五铢钱（平 M1：
3-24）　20. C 型 II 式五铢钱（平 M1：3-25）　21 C 型 III 式五铢钱（平 M1：3-26）　22. C 型 IV 式五铢钱（平 M1：3-
27）　23. C 型 IV 式五铢钱（平 M1：3-28）　24-28. D 型五铢钱（平 M1：3-29、3-30、3-31、30-32、3-33）
29-31. E 型五铢钱（平 M1：3-34、3-35、3-36）　32. 剪边五铢钱（平 M1：3-15）

C 型 1 枚（M1：3-4）。边轮内斜，"大"字上面一横弯曲特甚，"五"字下面弯曲，内有一点；钱径 2.6、穿径 0.75、轮厚 0.19 厘米，重 3.42 克（图八五：4）。

货泉 12 枚。分两型（图版 365）。

A 型 9 枚。正、背面皆有内郭，可分三式。Ⅰ式，3 枚。钱径较小，在 2.1-2.28 厘米之间，穿径 0.7-0.74 厘米，边轮较窄，文字笔画较纤细。标本 M1：3-5，钱径 2.15、穿径 0.74、轮厚 0.12 厘米，重 2.08 克（图八五：5）。Ⅱ式，3 枚，边轮内斜，钱径 2.22-2.4 厘米，穿径 0.7 厘米；标本 M1：3-6，钱径 2.4、穿径 0.7 厘米，重 4.39 克（图八五：7）。Ⅲ式，3 枚，边轮宽平，钱径较大。M1：3-7，边轮弯曲变形，背面内郭残存无几，钱径 2.5、穿径 0.7、轮厚 0.12 厘米，重 4.43 克。M1：3-8，边轮上有一小孔，钱较厚重，钱径 2.52、穿径 0.7、轮厚 0.22-0.25 厘米，重 7.2 克。M1：3-9，钱体特别厚重，似系两枚货泉合成，文字漫漶，表面磨蚀光滑，钱径 2.7、穿径 0.8、轮厚 0.35 厘米，重 14.1 克。

B 型 3 枚，正面无内郭，背面有内郭，边轮内斜，钱径较小，字体瘦长，悬针篆。M1：3-10，正面穿上一星，钱径 2.3、穿径 0.65 厘米，重 2.38 克（图八五：8）。M1：3-11，正面穿下一出，钱径 2.3、穿径 0.8 厘米，重 2.05 克（图八五：9）。M1：3-12，钱径 2.22、穿径 0.75 厘米，重 2.3 克（图八五：10）。

蜀五铢 4 枚。钱体轻薄易碎，保存较差，仅有一枚完整。内、外郭俱备，"五"字交股较直，"朱"字上、下皆方折，"金"字头呈镞形，字画紧密。标本 M1：3-13，钱径 2.18、穿径 0.8 厘米，重 1.9 克（图八五：11）。M1：3-14，钱径 2.15、穿径 0.75 厘米，重 1.4 克（图八五：12）。

剪边五铢 18 枚。直径 1.3-2 厘米，重 0.4-1.4 克，钱体轻薄。M1：3-15，钱文合背，钱径 1.1、穿径 0.8 厘米，重 1.1 克（图八五：32）。M1：3-16，钱径 0.8-0.9、穿 0.7 厘米，重 0.5 克（图八五：6，图版 364）。

磨郭五铢 4 枚。钱体轻薄，直径 2.25-2.45 厘米，穿径 0.8-0.95 厘米，重 1.8-2.3 克。标本 M1：3-17，钱径 2.42、穿径 0.9 厘米，重 1.8 克。

五铢 90 余枚。其中残破不能参与分型、式者 45 枚。其余 45 枚五铢可分为五型。

平 M1 出土五铢钱规格统计表　　　　　　　　　　　　　　　　尺寸：厘米

五铢型式	钱径	穿径	轮厚	重量	器物号
A 型五铢	2.64	0.92	0.15	3.65	M1：3-18
A 型五铢	2.50	0.90	0.15	2.60	M1：3-19
B 型五铢	2.51	0.95	0.18	3.50	M1：3-20
B 型五铢	2.52	0.95	0.12	2.50	M1：3-21
B 型五铢	2.55	0.95	0.15	3.40	M1：3-22
B 型五铢	2.55	0.96	0.18	3.15	M1：3-23
C 型 I 式	2.60	0.90	0.18	2.80	M1：3-24
C 型 II 式	2.54	0.95	0.18	3.10	M1：3-25
C 型 III 式	2.60	0.92	0.21	4.50	M1：3-26
C 型 IV 式	2.60	0.95	0.15	3.26	M1：3-27
C 型 IV 式	2.63	0.83	0.13	3.40	M1：3-28

D 型五铢	2.50	0.92	0.10	2.20	M1∶3－29
D 型五铢	2.58	0.98	0.10	2.63	M1∶3－30
D 型五铢	2.60	1.00	0.12	2.90	M1∶3－31
D 型五铢	2.60	0.98	0.13	3.62	M1∶3－32
D 型五铢	2.50	0.98	0.10	2.58	M1∶3－33
E 型五铢	2.63	0.98	0.13	2.85	M1∶3－34
E 型五铢	2.56	0.96	0.12	2.30	M1∶3－35
E 型五铢	2.60	0.94	0.18	2.75	M1∶3－36

A 型　2枚。边轮不整，字型肥矮，"五"字交股较直，"朱"字上部方折，下部圆折，金字头呈三角形，四点粗短，其中一枚穿上有一横。M1∶3－18，钱径2.64、穿径0.92厘米，重3.65克（图八五∶13）。M1∶3－19，钱径2.5、穿径0.9厘米，重2.6克（图八五∶14）。

B 型　8枚。字型瘦长，五字交笔较直，朱字上部方折，下部多方折，仅一枚圆折，金字头呈镞形；其中正面穿上一横者2枚。M1∶3－20，钱径2.51、穿径0.95厘米，重3.50克（图八五∶15）。M1∶3－21，钱径2.52、穿径0.95厘米，重2.5克（图八五∶16）。M1∶3－22，钱径2.55、穿径0.95厘米，重3.40克（图八五∶17）。M1∶3－23，钱径2.55、穿径0.95厘米，重3.15克（图八五∶18）。

C 型　12枚。钱文规整，字画纤细，铸造精良，五字瘦小，上、下出头；朱字上部方折、下部圆折。可分四式。Ⅰ式，1枚（M1∶3－24）。五字较宽博，朱字上短下长，金字四点较长，钱径2.6、穿径0.9厘米，重2.8克（图八五∶19）。Ⅱ式，3枚。五字较瘦小，交股较直，朱字较宽，正面穿下有半星。标本M1∶3－25，钱径2.54、穿径0.95厘米，重3.1克（图八五∶20）。Ⅲ式，5枚。五字较瘦长，交股较曲，铢字瘦长紧密，其中正面穿下半星者4枚。标本M1∶3－26，钱径2.6、穿径0.92厘米，重4.5克（图八五∶21）。Ⅳ式，3枚。五字交股弯曲，其中正面穿上一横者一枚，边轮宽博。M1∶3－27，钱径2.6、穿径0.95厘米，重3.26克（图八五∶22）。M1∶3－28，钱径2.63、穿径0.83厘米，重3.4克（图八五∶23）。

D 型　12枚。文字规整，字画稍粗，五字交股较弯曲，朱字下部一般长于上部，上部方折、下部圆折，金字头呈三角形，其中正面穿上一横者3枚。钱径2.48－2.6、穿径0.92－0.95厘米，重2.3－3.7克。标本M1∶3－29，钱径2.5、穿径0.92厘米，重2.2克（图八五∶24）。M1∶3－30，钱径2.58、穿径0.98厘米，重2.63克（图八五∶25）。M1∶3－31，钱径2.6、穿径1厘米，重2.9克（图八五∶26）。M1∶3－32，钱径2.6、穿径0.98厘米，重3.62克（图八五∶27）。M1∶3－33，钱径2.5、穿径0.98厘米，重2.58克（图八五∶28）。

E 型　11枚（图版363）。钱多轻薄，五字交股较弯曲，朱字上部圆折，金字头呈三角形。标本M1∶3－34，钱径2.63、穿径0.98厘米，重2.85克（图八五∶29）。M1∶3－35，钱径2.56、穿径0.96厘米，重2.3克（图八五∶30）。M1∶3－36，表面鎏金，钱径2.6、穿径0.94厘米，重2.75克（图八五∶31）。

第三章　出土器物

这 24 座墓葬出土器物共 633 件（组），种类有陶器、铜器、铁器、泥器、银器、玉器、金器等，其中陶器 264 件，数量最多，在每座墓葬中所占的比例和绝对数量基本上也最大。铜器次之，有 101 件，主要为一些随身装饰和实用物件。其他种类的器物数量一般较少，其中铁器 16 件，银器 10 件，泥器 23 件，砖雕器物 25 件，铭文砖 8 块，铜钱币 180 枚，其他 6 件。现分类叙述。

一　陶　器

共出土 264 件，可分为罐、灶、仓、井、碓等日用生活器皿模型，鸡、狗、猪类动物模型，鞍马、牛车、轺车、鼓吹乐俑等出行仪仗组合以及男侍俑、女侍俑、胡人俑、牵马俑等。器物以泥质灰陶为主，也有部分泥质红陶，泥质红陶主要集中于师 M5、平 M1、铁 M3 三座墓内，陶质较硬，器物稍轻，烧制火候较高。相反的，有一部分泥质灰陶（主要为俑、磨、牛车类），烧制火候低，陶质较差。出行仪仗组合、俑类及部分动物模型多施彩绘，颜色以红、白、黑、褐四色为主，红色主要施于女俑的服饰、妆靥等；白色多施于俑的面部、鞍马及身体；黑色施于俑的发冠、帽、眼睛、胡须及鞍马、牛的附属性装饰等；褐色主要描绘俑的服饰和牛车、鞍马的装饰等。其中大多数为几种颜色组合装饰。不少彩绘因年代久远，保存条件差而模糊不清或脱落。平 M1 未遭盗扰，墓室内没有淤土，陶俑色彩艳丽如新，保存较好。陶器的制法除过罐、壶、仓、井等多为轮制外，其余的多为合模制作，有的还为手制。动物模型及陶俑多内部中空，也有一部分为实心，如胡人俑、文林小区出土的男侍俑均为实心，器形厚重，表面刮削加工痕迹明显。鞍马、牛的身体为合模制作，其四肢多用手制，压附上去。现将陶器按类分型式叙述如下。

（一）俑　共 61 件。分为男侍俑、女侍俑、胡人俑、牵马俑、武士俑、鼓吹俑、乐俑及羽人 8 类。

1. 男侍俑　15 件。分三式。

Ⅰ式　4 件（师 M5：18、师 M5：21、师 M5：29、师 M5：9）。形体瘦长，脸形长方，头戴圆顶帽，帽后有耳，上身穿中袖交领衣，下着裤，足穿履。标本师 M5：18（图八六：5）。

Ⅱ式　2 件（铁 M3：5、铁 M3：7）。脸庞稍丰，上身穿紧袖或中袖衣，下着裤，足登履。头戴圆顶有耳帽。标本铁 M3：5（图八六：2）。

Ⅲ式　9 件（文 M140：10、文 M113：3、文 M69：3、文 M44：30、文 M20：13、文 M20：11、文 M20：4、文 M69：4、文 M6：8）。头戴平顶或尖顶小帽，上身穿紧袖交领衣，下穿裤。标本文 M113：3（图八六：1）、文 M140：10（图八六：6）、文 M69：3（图八六：3）。

2. 女侍俑 18 件。分三式。

Ⅰ式　4 件（师 M5：6、师 M5：17、师 M5：10、铁 M3：22）。头戴十字形假髻，面庞清秀圆长，上身穿宽袖交领衣，腰前露垂带，下身穿红、白色相间的竖条纹长裙。标本师 M5：6（图八六：7）。

Ⅱ式　3 件（平 M1：25、平 M1：34、铁 M3：9）。头戴蝶状假髻，面部妆点艳丽，裙、袖稍收。

图八六　咸阳十六国墓出土陶俑

1. Ⅲ式男侍俑（文 M113：3）　　2. Ⅱ式男侍俑（铁 M3：5）　　3. Ⅲ式男侍俑（文 M69：3）　　4. Ⅲ式女侍俑（文 M113：23）

5. Ⅰ式男侍俑（师 M5：18）　　6. Ⅲ式男侍俑（文 M140：10）　　7. Ⅰ式女侍俑（师 M5：6）　　8. Ⅱ式女侍俑（平 M1：34）

图八七 咸阳十六国墓出土陶俑

1、2. 牵马俑（铁 M3：11） 3. Ⅲ式鞍马（文 M35：2） 4. 武士俑（师 M11：16） 5. 羽人（文 M140：9）

6. 胡人俑（师 M1：8） 7. Ⅱ式鞍马（铁 M3：13） 8. Ⅰ式鞍马（师 M5：19）

标本平 M1：34（图八六：8）。

　　Ⅲ式　11 件（文 M113：23、文 M6：10、文 M49：4、文 M49：3、文 M6：12、文 M6：11、文 M113：10、文 M61：4、文 M20：22、文 M44：28、师 M11：4）。器物厚重。发冠扁平，上身穿紧袖衣，面庞圆润，衣裙宽大，褶皱明显。标本文 M113：23（图八六：4）。

　　3. 胡人俑　4 件（师 M1：8、师 M1：9、师 M2：18、师 M2：19）。形制相同，泥质灰陶，手制，背部较平，体两侧有刮削痕，其中师 M1：9 和师 M2：18 均无头。标本师 M1：8（图八七：6）。

　　4. 牵马俑　2 件（铁 M3：11、铁 M3：12）。二者形制、大小完全相同，出土时相向站立于马首两侧。泥质红陶，面涂白彩，头染黑。头戴黑色条纹盝顶帽，帽顶打结。上身内穿圆领衣，外着开衩交领衣，中袖，左手握置于胸前，右手自然按腹，下穿缚裤，脚蹬翻头履。标本铁 M3：11（图八七：1、2）。

图八八　咸阳十六国墓出土陶俑

1. 吹角鼓吹俑（平 M1：12）　2. 击鼓鼓吹俑（平 M1：18）　3. 吹排箫鼓吹俑（平 M1：6）

5. 武士俑 1件（师 M11：16）。泥质褐陶，腹部残缺，头戴兜鍪，身穿细叶两裆铠，下着裤，足蹬靴，残高 36 厘米（图八七：4）。

6. 鼓吹俑 16件。均出于平 M1 内，其中吹角者 8件，击鼓者 7件，吹排箫者 1件。人、马的形状、大小基本相同。乐工端坐于马背上，头戴圆顶帽，上身穿交领紧袖衣，圆领后翻，背正中有一道竖槽，似为衣缝；下身穿直筒裤，足蹬靴。马皆站立，平首，体内中空，四蹄下附踏板。

吹角鼓吹俑 8件（平 M1：7、8、10、11、12、19、20、21）。标本平 M1：12（图八八：1）。

击鼓鼓吹俑 7件（平 M1：9、13、14、15、16、17、18）。标本平 M1：18（图八八：2）。

吹排箫鼓吹俑 1件（平 M1：6）（图八八：3）。

7. 乐俑 4件。均出于平 M1 内，形状、大小基本相同。通体饰彩，体内中空，合模制。头戴黑色十字形扁平发冠，上身穿红（褐）色紧袖交领衣，下身着红、褐色的竖条纹裙，腰系带；均踞坐，弹奏乐器，脸稍方圆，长鼻高耸。标本平 M1：33（图八九：1）、平 M1：26（图八九：2）、平 M1：35(图九〇：1)、平 M1：38（图九〇：2）。

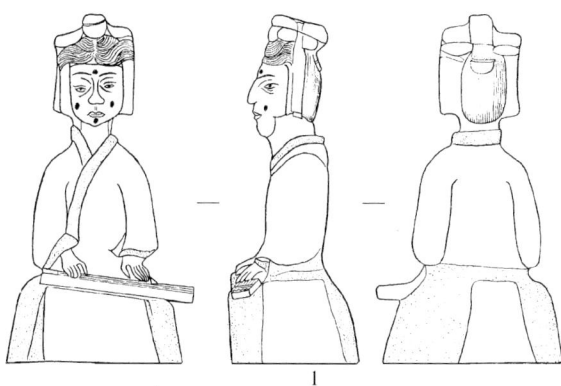

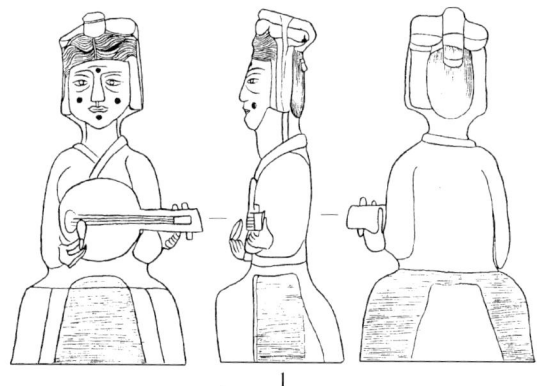

图八九 咸阳十六国墓出土陶俑
1. 抚筝乐俑（平 M1：33）　2. 击鼓乐俑（平 M1：26）

图九〇 咸阳十六国墓出土陶俑
1. 弹琵琶乐俑（平 M1：35）　2. 吹奏乐俑（平 M1：38）

8. 羽人 1件（文 M140：9）（图八七：5）。

（二）鞍马 共13件。分三式。

I式 3件（师 M5：19、师 M5：27、师 M5：28）。均为泥质红陶，马眼较大，前额正中突起二小圆饼形装饰，马鬃伸出两耳前较长，呈弧形翘起。鞍桥较高，黑色。障泥较方，四蹄圆大突出。标本师 M5：19（图八七：8）。

Ⅱ式 1件（铁 M3：13）。泥质红陶，体较矮，鬃毛前伸下垂，鞍桥较高，马尾平直后伸并打结捆扎，四蹄扁平（图八七：7）。

Ⅲ式 9件。均泥质灰陶，器形厚重。其中文 M69：1、文 M6：4、文 M35：2、文 M140：11 四件身体两侧贴附有陶质障泥，障泥宽大，鞍桥呈低矮的弧形，马腿粗重，马头较小并有突出的索状笼头。标本文 M35：2（图八七：3）。师 M11：12、文 M20：9、文 M44：15、文 M61：2、文 M20：2 五件鞍马障泥较小或没有，马腿较短，鞍桥低，其他特征同上。

（三）牛车 12组。分二式。

Ⅰ式 3组。（铁 M3：8、平 M1：32、平 M1：27），车体、顶面较宽，前后檐较上翘。均施彩绘。标本铁 M3：8（图九一：2）、平 M1：27（图九二：2）、平 M1：32（图九二：1）。

Ⅱ式 9组（师 M11：5、文 M20：1、文 M6：1、文 M6：2、文 M44：24、文 M113：8、文

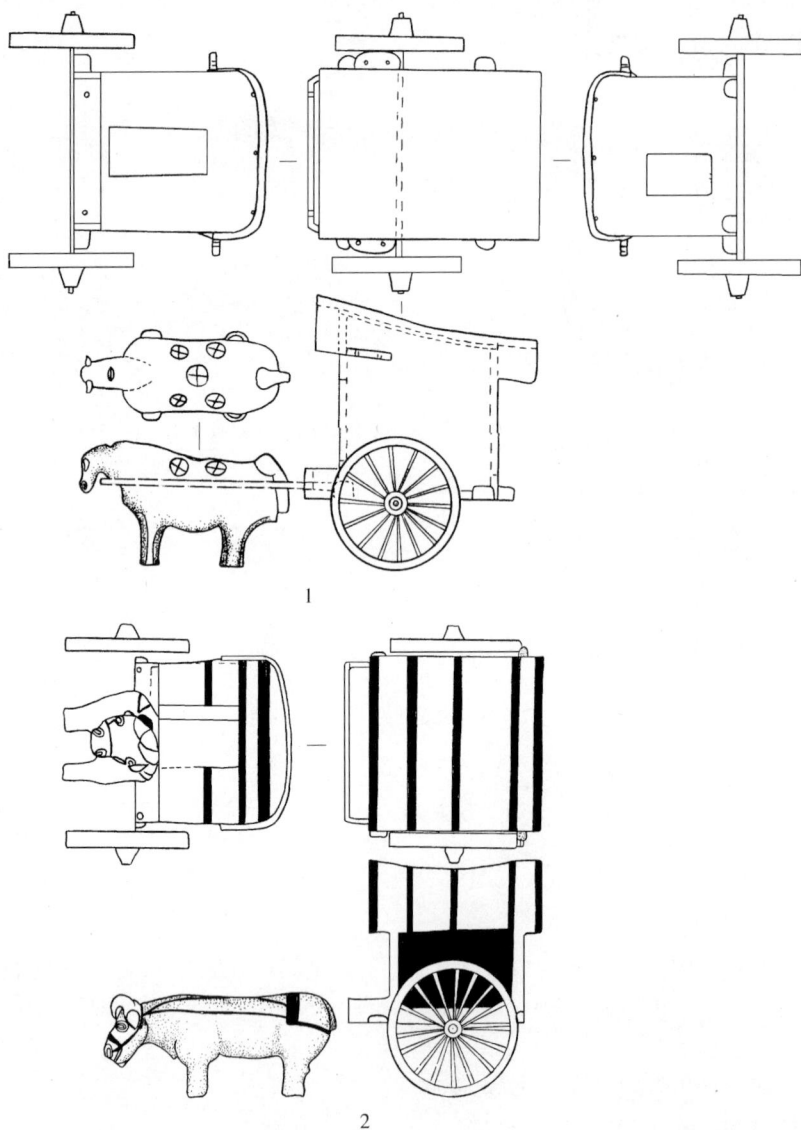

图九一 咸阳十六国墓出土牛车
1. Ⅱ式牛车（文 M6：1）   2. Ⅰ式牛车（铁 M3：8）

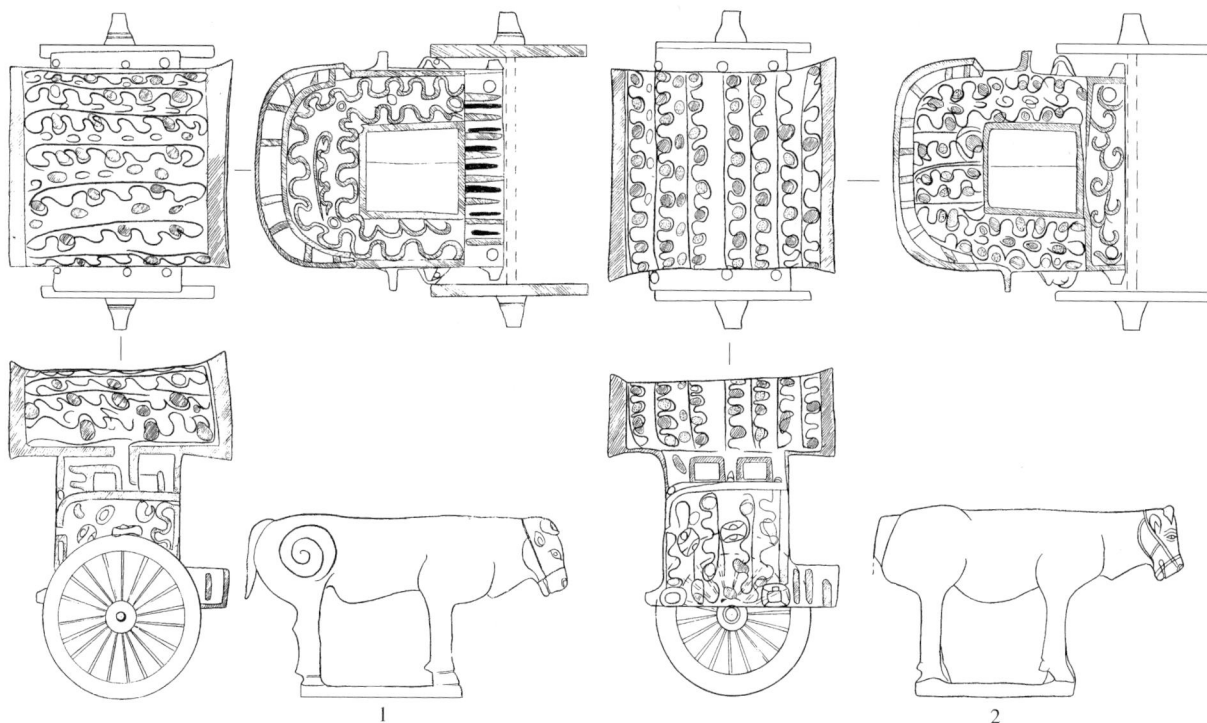

图九二 咸阳十六国墓出土牛车
1. 平 M1：32　2. 平 M1：27

M44：1、文M35：1、文 M61：1)。车体较窄长，顶面前、后出檐较平直，略呈斜坡形。插杆孔位于车厢前面近顶部，个别牛身饰黑彩，车均未施彩。标本文 M6：1（图九一：1）。

（四）辌车 1 组（平 M1：28）（图九三）。

（五）铠马　3 件。分二式。

Ⅰ式　2 件（平 M1：4、平 M1：5）。下附踏板。体内中空，形体高大，后背有一寄生插孔。标本平 M1：4（图九四：1）。

Ⅱ式　1 件（文 M6：5）。无踏板。形体厚重，四蹄粗大，分开站立，后背插一喇叭状寄生（图九四：2）。

（六）鸡　18 件。分 A、B 二型。

A 型　6 件。均为泥质灰陶的抽象式，造型简练。分二式。

Ⅰ式　4 件（师 M2：14、师 M1：1、师 M2：15、师 M1：2）。体瘦高，尾长。标本师 M2：14（图九五：4）。

Ⅱ式　2 件（铁 M4：3、铁 M3：26）。体较肥，尾较短。标本铁 M3：26（图九五：5）。

B 型　12 件。均为写实性的，制作精细。分三式。

Ⅰ式　2 件（师 M5：7、师 M5：35）。翅突出，较大，尾宽大下垂。圆形中空座。标本师 M5：7（图九五：2）。

Ⅱ式　6 件（铁 M3：35、铁 M3：25、平 M1：30、平 M1：36、平 M1：53、平 M1：37）。颈细长，较高，尾较直，圆形中空座下有踏板。标本铁 M3：35（图九五：1）、铁 M3：25（图九五：3）、平 M1：30（图九五：7）。

Ⅲ式　4 件（文 M20：8、文 M44：14、文 M44：26、文 M44：16）。体较低矮，短颈，矮座，尾

图九三　咸阳十六国墓出土辎车（平 M1：28）

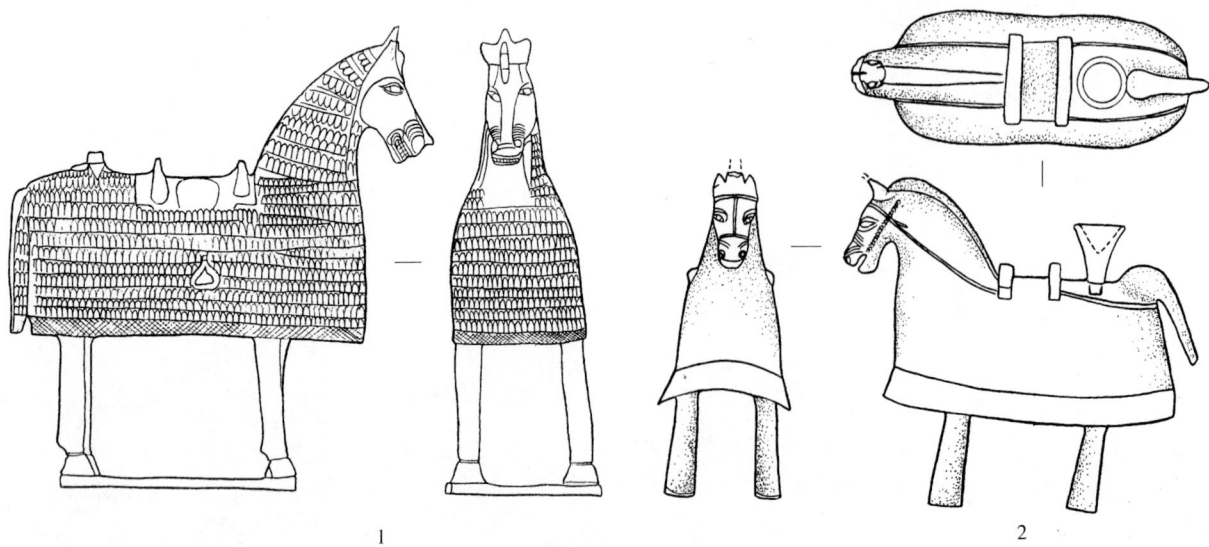

图九四　咸阳十六国墓出土铠马

1. Ⅰ式铠马（平 M1：4）　　2. Ⅱ式铠马（文 M6：5）

图九五　咸阳十六国墓出土家禽家畜模型

1. B Ⅱ式鸡（铁 M3∶35）　2. B Ⅰ式鸡（师 M5∶7）　3. B Ⅱ式鸡（铁 M3∶25）　4. A Ⅰ式鸡（师 M2∶14）　5. A Ⅱ式鸡（铁 M3∶26）6. B Ⅲ式鸡（文 M20∶8）7. B Ⅱ式鸡（平 M1∶30）8. A Ⅲ式猪（文 M61∶12）　9. A Ⅱ式猪（师 M5∶11）10. A Ⅰ式猪（师 M1∶4）　11. B Ⅰ式狗（师 M5∶8）　12. B Ⅱ式狗（铁 M3∶2）　13. B Ⅲ式狗（文 M35∶3）　14. B Ⅲ式狗（文 44∶28）15. B Ⅱ式狗（平 M1∶56）16. A 型狗（师 M2∶17）17. B 型猪（铁 M3∶24）

弯曲较长。标本文 M20∶8（图九五∶6）。

（七）猪　15 件。分 A、B 二型。

A 型　13 件。前腿、后退两两相连。分三式。

Ⅰ式　1 件（师 M1∶4）。鬃毛长，体肥硕，腿短（图九五∶10）。

Ⅱ式　3 件（师 M5∶11、铁 M3∶23、平 M1∶40）。鬃毛较高，宽吻瘦脸，前、后高低基本相等。标本师 M5∶11（图九五∶9）。

Ⅲ式　9 件（文 M20∶3、文 M113∶15、文 M20∶25、文 M61∶12、文 M44∶17、文 M113∶17、师 M11∶8、文 M113∶16、文 M20∶16）。均为泥质灰陶，数量最多，头部缩短，颈粗大，背部鬃毛长而低矮，前腿稍短，臀部上翘。标本文 M61∶12（图九五∶8）。

B 型　2 件（铁 M4∶4、铁 M3∶24）。体中空，四腿分开站立。标本铁 M3∶24（图九五∶17）。

（八）狗　21 件。分 A、B 二型。

A 型　4 件（师 M1∶3、师 M2∶17、铁 M4∶5、铁 M3∶1）。皆为蹲坐式。标本师 M2∶17（图九五∶16）。

B 型　17 件。皆为站立状，分三式。

Ⅰ式　1 件（师 M5：8）。泥质红陶，身施白彩，腹长腿短（图九五：11）。

Ⅱ式　6 件（铁 M3：2、铁 M3：33、平 M1：56、平 M1：54、平 M1：55、平 M1：31）。以泥质红陶为主，腿部较长，尾略上卷，贴臀。标本铁 M3：2（图九五：12）、平 M1：56（图九五：15）。

Ⅲ式　10 件（文 M113：2、文 M20：27、文 M113：1、师 M11：13、文 M35：3、文 M44：13、文 M6：7、文 M20：26、文 M140：12、文 M44：28）。头大颈粗，体较肥硕，尾粗短，均泥质灰陶。标本文 M35：3（图九五：13）、文 M44：28（图九五：14）。

（九）罐　40 件。按其口部变化分为侈口罐、直口罐、卷沿罐三类。

1. 侈口罐　共 35 件。按其口部肩部变化分为 A、B 两型。

A 型　19 件。口部较小，颈较细，按肩部变化分四式。

Ⅰ式　1 件（师 M1：6）。体较矮，广肩斜平，折肩明显，底微凹（图九六：1）。

Ⅱ式　4 件（师 M5：13、师 M5：26、师 M3：1、铁 M3：27）。口较小，细颈明显，广肩较平，小底。标本师 M5：13（图九六：2）。

Ⅲ式　6 件（师 M5：16、师 M5：20、铁 M1：1、铁 M1：11、铁 M2：8、铁 M4：6）。肩部稍圆鼓。标本师 M5：16（图九六：3）。

Ⅳ式　8 件（文 M44：8、文 M49：1、文 M140：7、师 M11：7、师 M10：5、文 M61：9、文 M6：9、文 M61：8）。口稍大，肩部圆鼓，体较浑圆。标本文 M44：8（图九六：4）。

B 型　16 件。按其肩、腹变化分三亚型。

Ba 型　8 件。肩、腹多饰凹弦纹或栉齿纹，肩稍平，鼓腹斜收。分三式。

Ⅰ式　2 件（师 M2：11、师 M4：6）。口宽大，肩较平，腹部最大径靠上。标本师 M2：11（图九六：5）。

Ⅱ式　3 件（铁 M3：16、师 M8：1、文 M44：9）。肩、腹均饰凹弦纹。肩略平，腹圆鼓。标本铁 M3：16（图九六：7）。

Ⅲ式　3 件（文 M113：7、文 M69：5、文 69：12）。肩稍溜，底稍大微凹。标本文 M113：7（图九六：8）。

Bb 型　5 件。溜肩、大底。分二式。

Ⅰ式　2 件（师 M2：12、师 M3：4）。斜沿，方唇，溜肩特甚。标本师 M2：12（图九六：6）。

Ⅱ式　3 件（文 M44：10、文 M113：9、文 M35：4）。平沿，方唇，体较矮。标本文 M44：10（图九六：9）。

Bc 型　3 件。宽肩较平，大凹底。分三式。

Ⅰ式　1 件（师 M6：1）。平沿，方唇，矮颈，凹底。宽肩较平，鼓腹较直（图九六：11）。

Ⅱ式　1 件（铁 M1：6）。平沿，圆唇，颈稍高，凹底，下腹稍内收（图九六：10）。

Ⅲ式　1 件（文 M49：2）。体较矮，平沿，方唇，宽肩较平，凹底（图九六：17）。

2. 直口罐　3 件。铁 M3：29（图九六：13）、平 M1：23（图九六：15）、师 M10：4（图九六：14）。

3. 卷沿罐　2 件。铁 M4：1（图九六：12）、文 M20：14（图九六：16）。

（十）灶　18 件。按平面形状分为梯形（长方形）、"凸"字形、半圆形三种。

1. 梯形（长方形）灶　14 件。分 3 式。

Ⅰ式　2 件（师 M2：20、师 M1：7）。平面接近长方形，灶面突出两个火眼，上放置甑、盆等灶具。标本师 M2：20（图九七：1）。

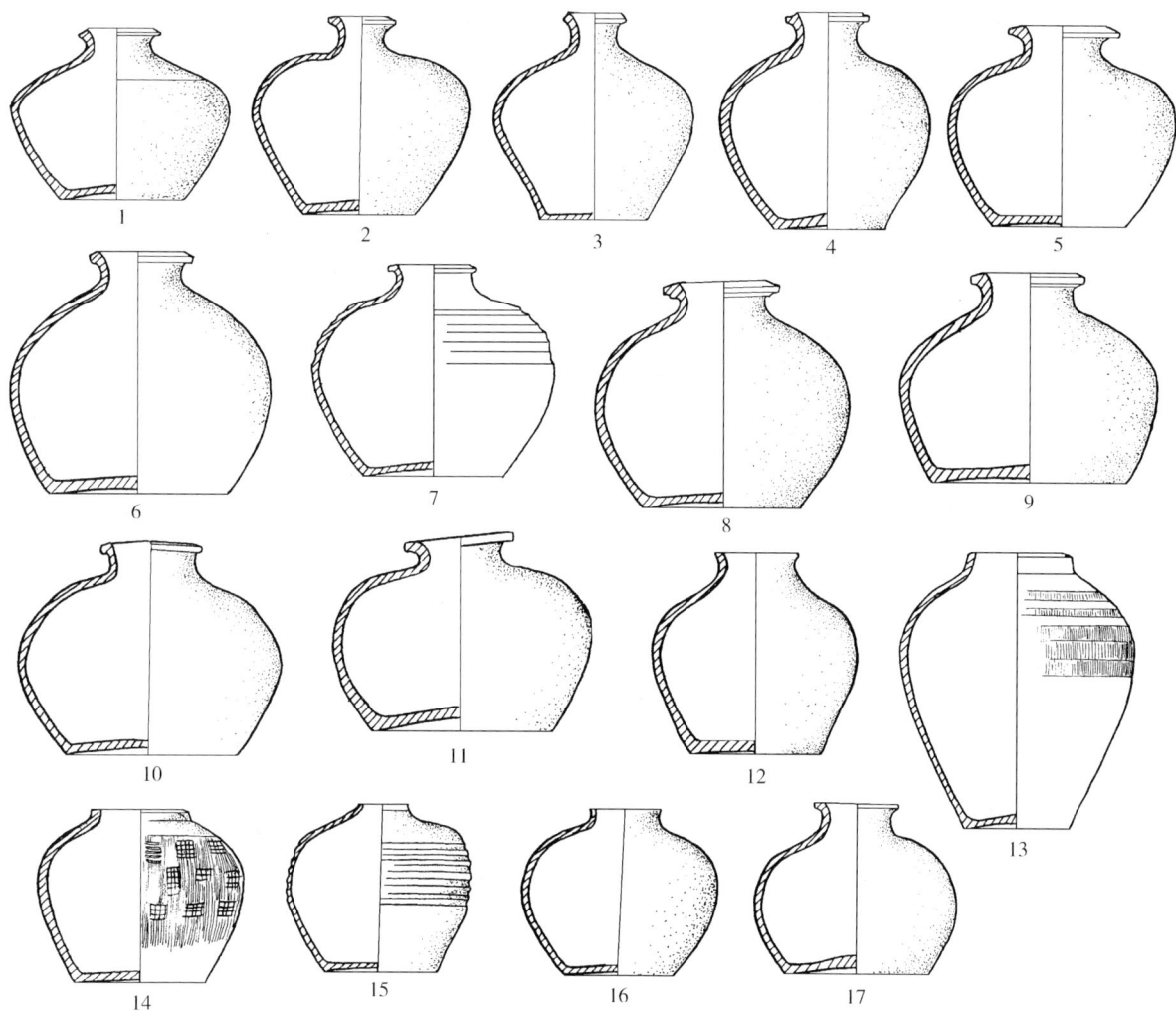

图九六 咸阳十六国墓出土陶罐

1. A I 式侈口罐（师 M1：6）　2. A II 式侈口罐（师 M5：13）　3. A III 式侈口罐（师 M5：16）　4. A IV 式侈口罐（文 M44：8）
5. Ba I 式侈口罐（师 M2：11）　6. Bb I 式侈口罐（师 M2：12）　7. Ba II 式侈口罐（铁 M3：16）　8. Ba III 式侈口罐（文 M113：
7）　9. Bb II 式侈口罐（文 M44：10）　10. Bc II 式侈口罐（铁 M1：6）　11. Bc I 式侈口罐（师 M6：1）　12. 卷沿罐（铁 M4：1）
13. 直口罐（铁 M3：29）　14. 直口罐（师 M10：4）　15. 直口罐（平 M1：23）　16. 卷沿罐（文 M20：14）　17. Bc III 式侈口罐
（文 M49：2）

II 式　2 件（铁 M4：8、平 M1：42）。灶面留有一个火眼，灶前挡火墙高耸，灶后烟囱突起较高。标本平 M1：42（图九七：2）。

III 式　10 件（文 M35：5、文 M113：6、文 M44：25、文 M61：7、文 M20：20、文 M20：18、文 M20：21、文 M6：13、文 M69：2、师 M11：9）。泥质灰陶或褐陶。平面呈梯形。灶面突起两个火眼，前面火眼圆凸较大，后面火眼多为覆盆形，仅存 3 件，有一小眼，余皆无灶眼，灶前挡火墙较厚，有凸出的棱，不呈一个平面，灶面装饰较为丰富，灶前火门较宽，多为长方形，还有船头形。标本文 M113：6（图九七：3）。

2. "凸" 字形灶　3 件。分二式。

I 式　1 件（师专 M5：14）。泥质灰陶，烧制火候较低，制作粗糙，平面呈 "凸" 形，灶面中部耸起一圆形火眼，上置一钵。火眼四周饰杖、几、鱼、食物等图案。灶前壁正中开一圆角方形火门，灶尾突出索状烟囱（图九七∶6）。

　　Ⅱ式　2件（铁 M3∶3、铁 M3∶21）。泥质红陶，灶前设高大挡火墙，火眼上无物，拱形火门较高。标本铁 M3∶21（图九七∶5）。

　　3. 半圆形灶　1件（师 M6∶1）（图九七∶4）。

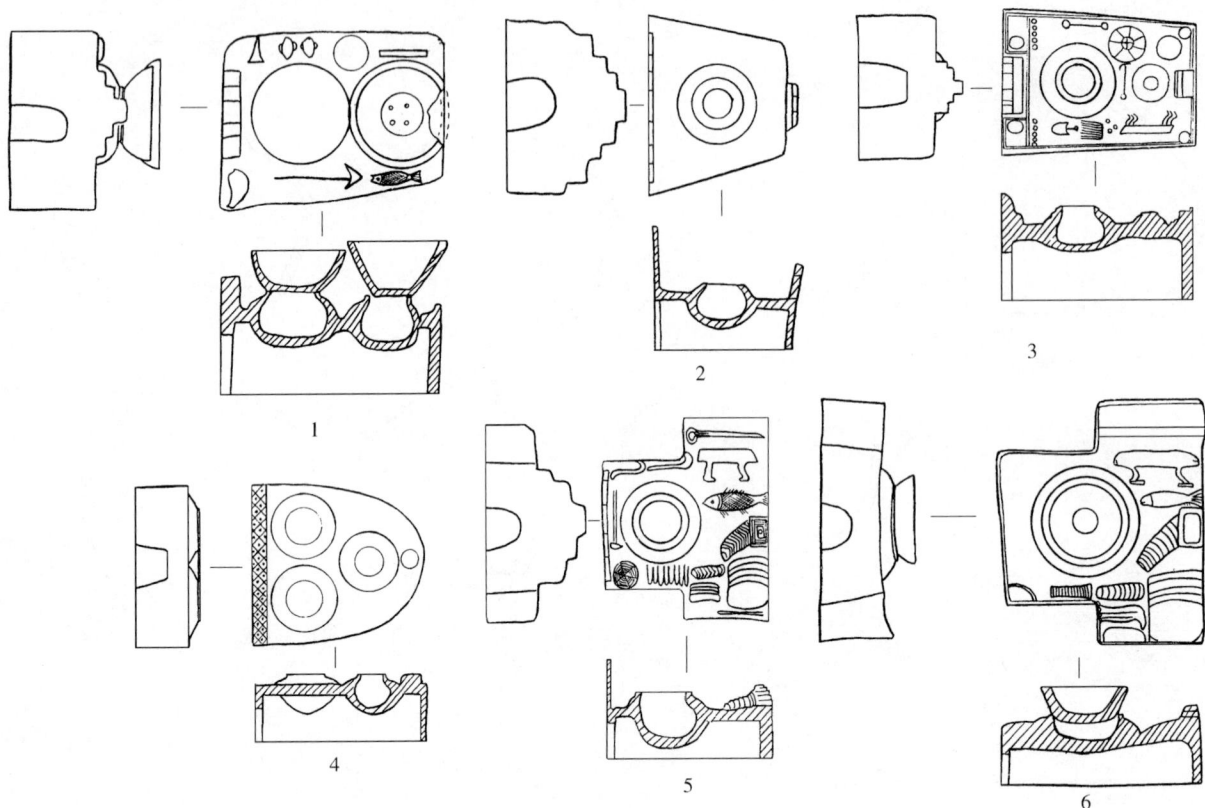

图九七　咸阳十六国墓出土陶灶

1. Ⅰ式梯形灶（师 M2∶20）　2. Ⅱ式梯形灶（平 M1∶42）　3. Ⅲ式梯形灶（文 M113∶6）
4. 半圆形灶（师 M6∶1）　5. Ⅱ式"凸"字形灶（铁 M3∶21）　6. Ⅰ式"凸"字形灶（师 M5∶14）

　　（十一）井　12件。分三式。

　　Ⅰ式　2件。泥质红陶，桶形身较高，井架圆弧形，无底。师 M5∶23（图九八∶1）、平 M1∶29（图九八∶2）。

　　Ⅱ式　2件。井身粗矮，均有底。铁 M3∶14（图九八∶7）、铁 M4∶7（图九八∶3）。

　　Ⅲ式　8件（文 M20∶23、文 M20∶19、文 M113∶5、文 M113∶4、文 M44∶21、文 M44∶20、师 M11∶10、文 M61∶6）。井体均粗矮，无底，井架杆斜直交叉较高。标本文 M113∶5（图九八∶4）、文 M20∶23（图九八∶5）。

　　（十二）仓　共14件。除1件（文 M69∶13）为汉代的带瓦楞的伞形顶仓（顶中部有透气孔、出檐）外，其余13件可分为三式。

　　Ⅰ式　3件（师 M5∶24、平 M1∶43、平 M1∶44）。均泥质红陶，伞形出檐顶。标本师 M5∶24（图九八∶10）。

　　Ⅱ式　1件（铁 M4∶2）。泥质灰陶。溜肩，腹壁内曲，平底，顶有圆形捉手。气孔位于仓体上部（图九八∶6）。

Ⅲ式 9件（师 M11：11、文 M113：27［2件］、文 M44：2、文 M61：10、文 M140：8、文 M44：3、文 M20：12、文 M20：7）。气孔位于仓顶下部，孔分方形、圆形。泥质灰陶。标本文 M44：3（图九八：9）。

（十三）碓 8件。分二式。

Ⅰ式 1件（铁 M3：15）。碓杆较短，踏板宽薄。泥质红陶，平底，一端塑起圆形臼窝，另半端耸起"V"形支架，架上搁置长方形碓杆，碓头置于臼窝内（图九八：8）。

Ⅱ式 7件（文 M113：11、师 M11：18、文 M20：15、文 M44：22、文 M20：29、文 M20：10、

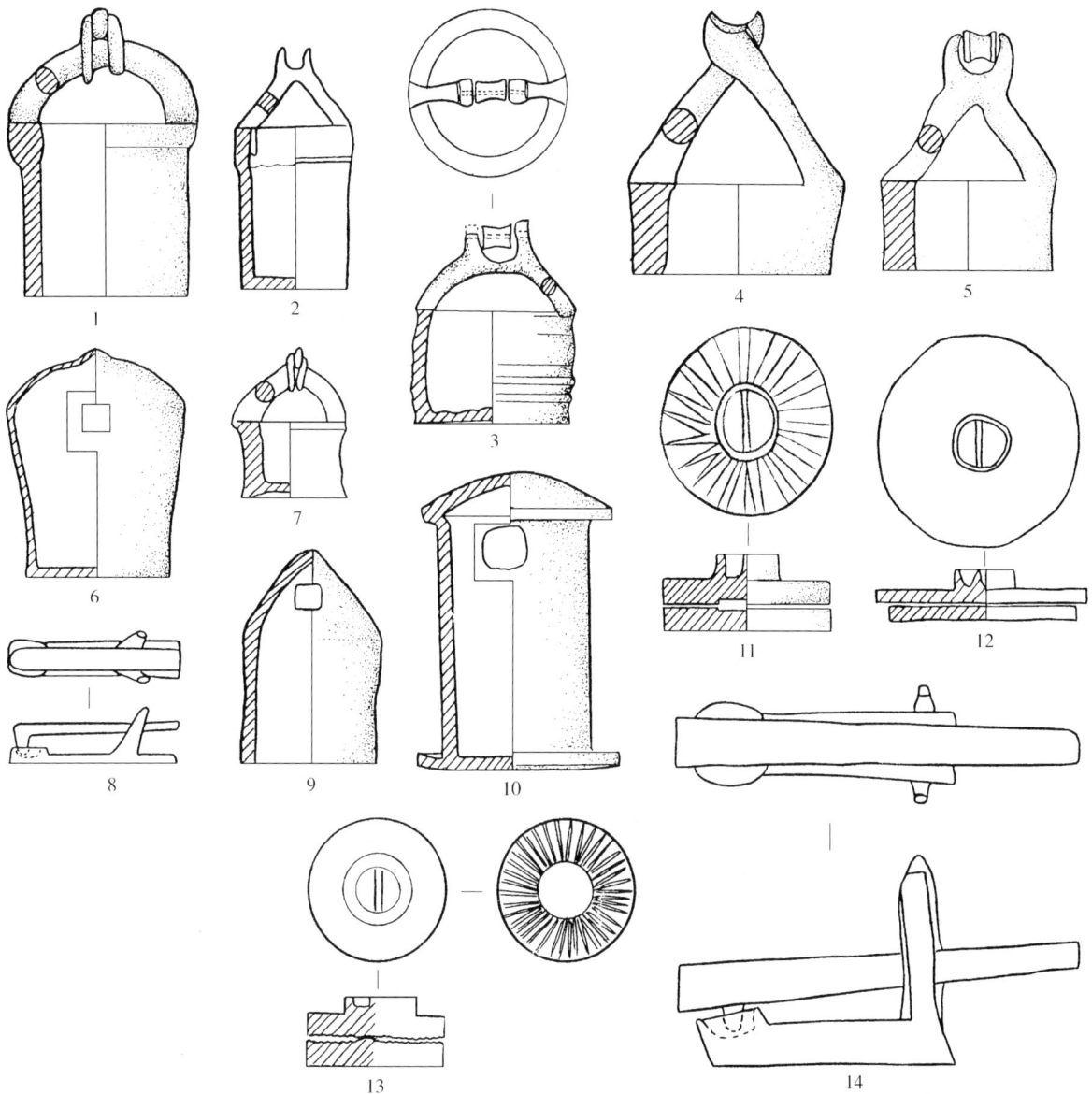

图九八 咸阳十六国墓出土陶井、仓、磨、碓

1. Ⅰ式井（师 M5：23） 2. Ⅰ式井（平 M1：29） 3. Ⅱ式井（铁 M4：7） 4. Ⅲ式井（文 M113：5） 5. Ⅲ式井（文 M20：23）
6. Ⅱ式仓（铁 M4：2） 7. Ⅱ式井（铁 M3：14） 8. Ⅰ式碓（铁 M3：15） 9. Ⅲ式仓（文 M44：3） 10. Ⅰ式仓（师 M5：24）
11. A 型Ⅱ式磨（文 M44：19） 12. B 型磨（文 M61：5） 13. A 型Ⅰ式磨（师 M2：13） 14. Ⅱ式碓（文 M113：11）

文 M61：14）。均灰陶，碓杆长，支架高，踏板较窄厚。标本文 M113：11（图九八：14）。

（十四）磨　11 件。均灰陶，分 A、B 二型。

A 型　5 件。形体较小，接合面有模制或刻划的磨槽。分二式。

Ⅰ式　2 件（师 M1：5、师 M2：13）。结合面模印较深的齿槽。标本师 M2：13（图九八：13）。

Ⅱ式　3 件（文 M20：24、文 M44：19、M20：5）。结合面的齿槽均为刻划，较浅。标本文 M44：19（图九八：11）。

B 型　6 件（文 M6：14、文 M35：6、文 M61：5、文 M113：12、文 M140：13、文 M49：5）。体扁平，直径较大，结合面平素，无齿槽。标本文 M61：5（图九八：12）。

（十五）钵　3 件。分二式。

Ⅰ式　1 件（铁 M3：34）。敛口，圆唇，凸肩，收腹，凹底（图九九：1）。

Ⅱ式　2 件（文 M20：17、文 M44：7）。口微敛，平底。标本文 M44：7（图九九：2）。

（十六）小壶　1 件（文 M44：18）（图九九：3）。

（十七）连枝灯　1 件（平 M1：41）（图九九：6）。

（十八）盆　4 件。师 M4：5（图九九：4）、铁 M4：9（图九九：5）、铁 M3：19、铁 M3：20（图九九：11）。

（十九）壶　2 件。铁 M3：18（图九九：9）、平 M1：46（图九九：13）。

（二十）系罐　3 件。分二式。

Ⅰ式　2 件。直口，肩较宽平。铁 M3：28（图九九：7）、铁 M4：11（图九九：10）。

Ⅱ式　1 件（师 M11：14）。肩部稍圆鼓。口残缺，肩附双系，至底处急收为小平底（图九九：8）。

（二十一）虎子　1 件（平 M1：1）（图九九：14）。

（二十二）饼　2 件。文 M140 和文 M20 各出 1 件。标本文 M140：14（图九九：12）。

二　砖雕器及铭文砖

（一）砖雕器　25 件。均出土于铁 M1、铁 M2、铁 M3 内。以豆青（绿）色青砖雕刻而成，器物大多未经打磨，表面粗糙，形体厚重，风格粗犷，朴拙简洁，比较独特。可分为俑、家畜、家禽及生活明器三类。

1. 俑　8 件。分男、女侍俑，雕刻极为简略，仅能分清大体轮廓，上原多施彩绘，现大多斑驳不清。

男侍俑　5 件，皆穿裤。分三式。

Ⅰ式　2 件（铁 M1：2、铁 M1：8），体形较宽。标本铁 M1：2（图一○○：5）。

Ⅱ式　2 件（铁 M2：1、铁 M1：3），体形较瘦。标本铁 M2：1（图一○○：4）。

Ⅲ式　1 件（铁 M3：4）。椭圆形头，上身着紧身衣，多处涂红彩，左手按于腰，右手向上曲抱。下穿裤，有缚腿，圆头履（图一○○：1）。

女侍俑　3 件。皆穿裙。分二式。

Ⅰ式　1 件（铁 M1：7）。头微右偏，站立状，围巾裹头，上身穿窄袖紧身衣，下着裙，两手下垂合于腹前，以红彩绘出面部细轮廓，身饰红、黑二彩（图一○○：2）。

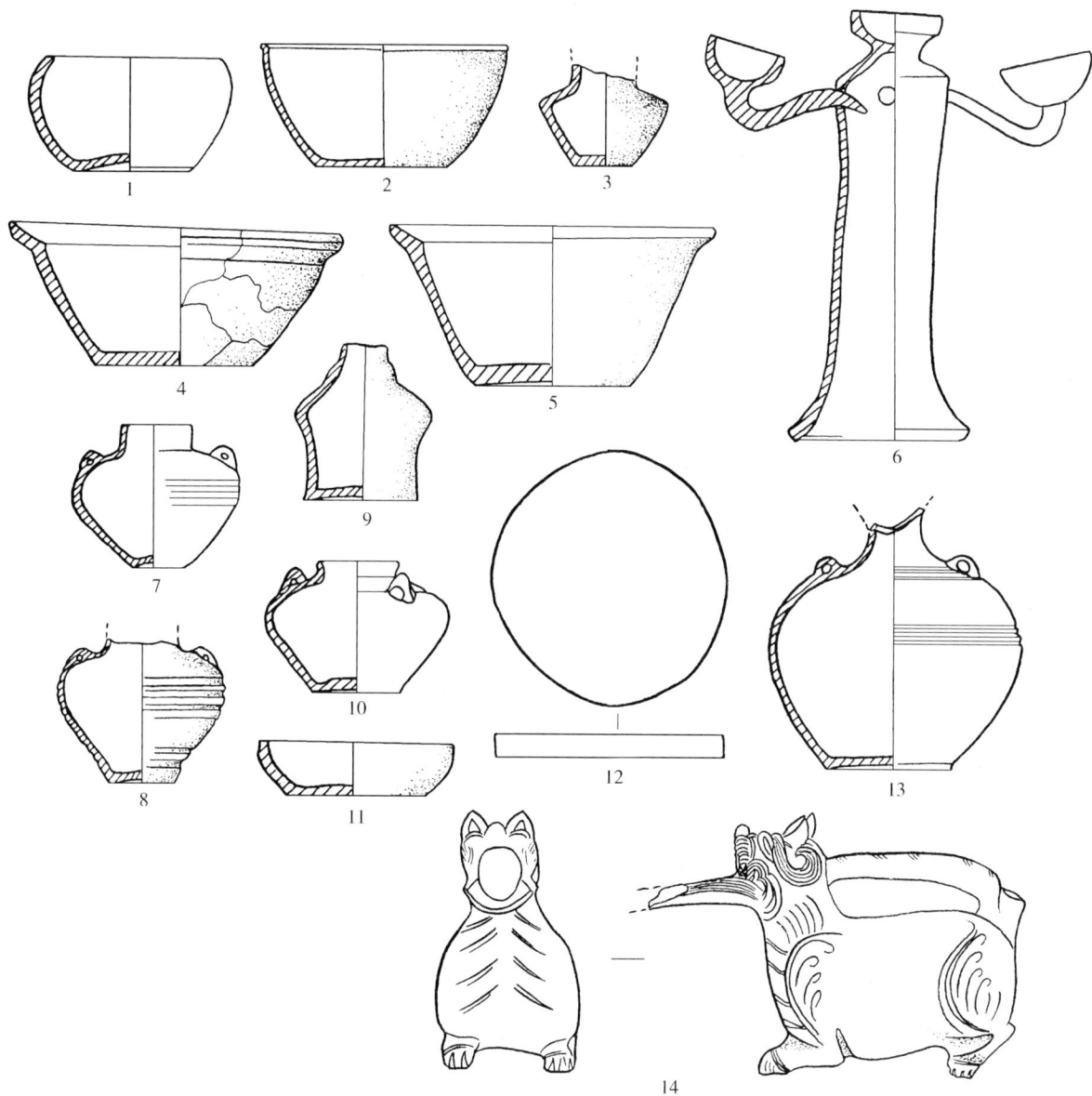

图九九 咸阳十六国墓出土其他生活用具

1. Ⅰ式钵（铁 M3：34） 2. Ⅱ式钵（文 M44：7） 3. 小壶（文 M44：18） 4. 盆（师 M4：5） 5. 盆（铁 M4：9）
6. 连枝灯（平 M1：41） 7. Ⅰ式系罐（铁 M3：28） 8. Ⅱ式系罐（师 M11：14） 9. 壶（铁 M3：18） 10. Ⅰ式
系罐（铁 M4：11） 11. 盆（铁 M3：20） 12. 饼（文 M140：14） 13. 壶（平 M1：46） 14. 虎子（平 M1：1）

　　Ⅱ式　2件（铁 M2：4、铁 M2：5）。标本铁 M2：5，头戴平顶帽，两臂下垂合于腹前，上身着窄
袖紧衣，下着裙。通体饰黑彩，面部、上身前部饰红彩（图一〇〇：3）。

　　2. 鸡　6件。分二式。

　　Ⅰ式　2件（铁 M1：13、铁 M1：14）。座较低，雕刻简朴。标本铁 M1：14（图一〇〇：7）。

　　Ⅱ式　4件（铁 M2：6、铁 M2：7、铁 M3：22、铁 M3：31）。座多较高，雕刻相对较细致。标
本铁 M2：7（图一〇〇：6）。

　　3. 狗　2件（铁 M1：12、铁 M2：2）。

　　4. 马　2件。铁 M1：4、铁 M2：3。

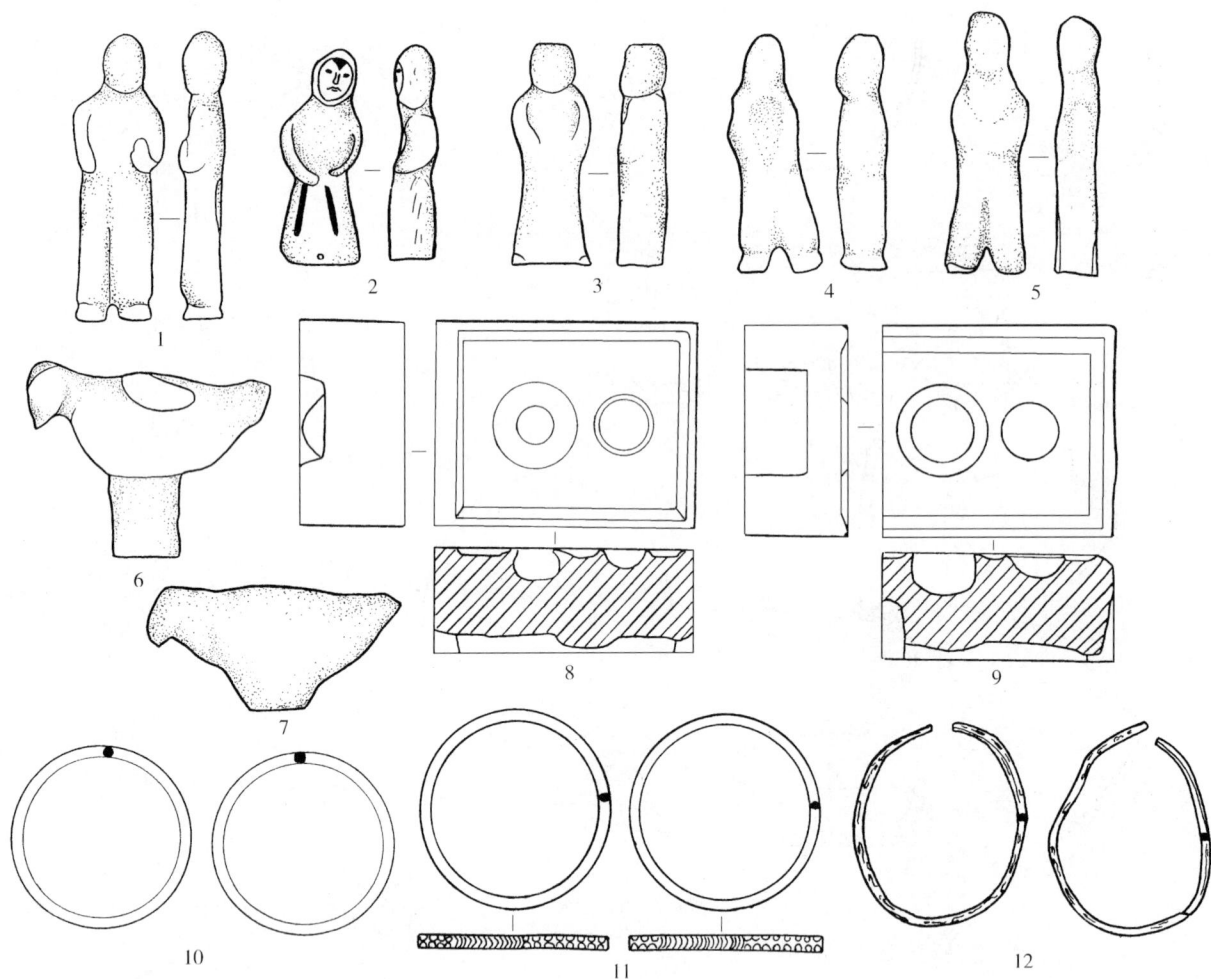

图一〇〇　咸阳十六国墓出土砖雕俑像和部分铜器

1. Ⅲ式砖雕男侍俑（铁 M3：4）　2. Ⅰ式砖雕女侍俑（铁 M1：7）　3. Ⅱ式砖雕女侍俑（铁 M2：5）　4. Ⅱ式砖雕男侍俑（铁 M2：1）

5. Ⅰ式砖雕男侍俑（铁 M1：2）　6. Ⅱ式砖雕鸡（铁 M2：7）　7. Ⅰ式砖雕鸡（铁 M1：14）　8. Ⅱ式砖雕灶（铁 M2：9）

9. Ⅰ式砖雕灶（铁 M1：9）　10. Ⅰ式铜镯（师 M2：7）　11. Ⅱ式铜镯（师 M10：9）　12. Ⅲ式铜镯（师 M10：2）

5. 灶　3 件。分二式。

Ⅰ式　1 件（铁 M1：9）。平面略呈方形，后面没有整修边棱，青砖茬口明显（图一〇〇：9）。

Ⅱ式　2 件（铁 M2：9、铁 M3：10）。平面呈长方形。标本铁 M2：9（图一〇〇：8）。

6. 仓　3 件（铁 M1：5、铁 M2：10、铁 M3：30）。标本铁 M1：5。

7. 井　1 件（铁 M1：10）。

（二）铭文砖　8 件。铁 M1 出 2 件。文 M49、文 M35、文 M20 各出 1 件。文 M44 出 3 件。

三　铜　器

共 101 件，种类有镳斗、吊灯、釜、盆、碗、盘、勺、弩机、镦、镜、印章、铃、铺首、钗、镯、簪、指环、戒指、耳环、泡钉。现分类叙述。

镳斗 2件（平 M1：39、铁 M3：17）。均为实用器，二者形制、大小基本相同。

吊灯 1件（平 M1：24）。圆形灯盘，下附三足支架，三根较粗的铜丝连接底盘，顶端作一展饰飞翔的大雁。

釜 1件（平 M1：45）。

盆 1件（文 M69：6）。

盘 1件（师 M5：3）。

碗 1件（文 M140：2）。

弩机 1件（文 M61：18）。

镦 1件（文 M69：11）。

勺 1件（师 M5：4）。

铺首 1件（平 M1：51）。

铃 4件（组）。平 M1：48，1件。略呈苹果形，开口较宽。师 M2：10，2件，形体较小。文 M113：20，1件。

印章 3枚。师 M4：1，1枚。印面阴文篆刻"榆糜令印"四字（彩图：1）。铁 M3 出土 2枚。铁 M3：39，一面刻"臣休"，一面刻"侯休"。铁 M3：40，呈略纺锤形，阴文篆书一"李"字。

镜 6面。师 M2 出 2面，铁 M3 出 1面，文 M61 出 2面，文 M113 出 1面。种类有日光镜、昭明镜、禽兽纹镜、凤鸟纹镜、博局纹镜、连弧纹镜各 1面。

日光镜 1面（师 M2：6）。

昭明镜 1面（文 M61：5）。

禽兽纹镜 1面（师 M2：1）。

凤鸟纹镜 1面（铁 M3：41）。

博局纹镜 1面（文 M61：15）。

连弧纹镜 1面（文 M113：13）。

钗 16件。分三型。

A 型 9件。平面呈"U"形，钗股间距较宽。师 M2：4 出 1件，师 M10 出 2件，师 M11 出 3件，文 M61 出 2件，铁 M1：16 出 1件。标本师 M2：4，1件，平面呈"U"形。

B 型 6件。平面呈"V"形，钗股细长。师 M2：5、文 M61：19 和文 M6：16 各 2件。标本师 M2：5，2件，大小形制相同。

C 型 1件（文 M140：5）。钗股弯曲。

簪 4件（师 M2：2、师 M2：9、铁 M3：4、文 M6：15）。形制基本相同，略呈长柄刀形。

镯 23件。分三式。

Ⅰ式 16件（师 M2：7 一副 2件、师 M2：8 一副 2件、师 M5：32 一副 2件、师 M9：1、铁 M1：15、文 M69：9、文 M113：18 两副 4件、文 M49：6 一副 2件、文 M44：27）。镯壁较厚，断面略呈弧腰方形，均素面。标本师 M2：7，一副 2件（图一〇〇：10）。

Ⅱ式 5件（师 M10：9 一副 2件、师 M2：22、文 M6：18 一副 2件）。镯壁较薄，断面呈月牙形，有的外壁有圆圈几何纹饰。标本师 M10：9，一副 2件（图一〇〇：11）。

Ⅲ式 2件（师 M10：2 一副 2件）。形状略呈椭圆形，有开口。镯壁较薄，断面呈鼓形（图一〇〇：12）。

指环 12件。分 A、B 二型。

A 型　9 件（师 M5：1、师 M10：1 一副 2 件、师 M11：15 一副 2 件、文 M113：21、平 M1：2 一副 2 件、平 1：50）。器壁较薄，多为两个一组。标本师 M10：1，一副 2 件。

B 型　3 件（师 M5：12、平 M1：52、文 M140：3）。环体较粗，断面呈椭圆形。标本文 M140：3。

耳环　2 件（师 M10：6 一副 2 件）。略呈半椭圆形，一端有钩形系及套环，纤细轻薄。

环　1 件（平 M1：57）。

泡钉　6 枚（铁 M3：6）。属漆器上之附件。

饰件　13 件。其中 12 件出自文 M49（M49：11），形制基本相同，叶片状，中间微鼓，一端较尖，一端圆弧。长 1.8 厘米。1 件出于文 M6（M6：15），平面呈长方形，盝顶，下附 3 小齿，长 2、宽 0.7、高 0.3－1 厘米。

四　银　器

10 件。种类有钗、镯、指环。

钗　3 件。文 M113：26，1 件，呈"U"形。文 M113：19，1 件，呈"V"形。平 M1：47，1 件，呈"V"形。

镯　6 件。师 M9：2，一副 2 件。横截面略呈弧形。平 M1：49，一副 2 件。文 M113：14，一副 2 件。

指环　1 件（文 M69：10）。圆环形。

五　铁　器

16 件。种类有镜、矛、刀、削、剪刀、镰、钩、镢。

矛　1 件（平 M1：22）。

刀　1 件（铁 M3：36）。

削　2 件。标本铁 M3：37。

剪刀　1 件（文 M6：19）。

镰　3 件。分 A、B 两型。

A 型　2 件（文 M44：12、师 M5：31）。刃部略呈长方三角形。

B 型　1 件（师 M2：3）。刃部弯月弧形。

镢　1 件（文 M140：1）。

钩　1 件（师 M4：7）。

镜　6 面（铁 M4：10、文 M49：7、文 M44：1、文 M140：1、文 M113：22、文 M69：7）。均锈蚀较甚，圆形。圆钮，镜面微凸。

六 泥 器

23件。种类有灶、井、俑（头）、饼、鸡及女侍俑、天王俑残块等。

灶 2件。平面呈长方形，素面抹光，前开方形火门，灶面中部耸起一火眼。标本师M5：25。

井 2井。皆轮制，外壁抹光并饰有凹弦纹。圆柱形，师M4、师M5各出1件。

俑 2件。师M5：22、师M5：33。另师M5还出有女侍俑的身体残块。

狗 2件。师M4：4，蹲坐，嘴朝前，耳稍垂，腹空，尾上卷。师M5出有泥狗的身体残块。

珠 13枚。圆形，中心略凸，有孔。其中师M5出土8枚。铁M1出土4枚。平M1出土1枚。

鸡 1件（文M113：24）。质地疏松，形制大小与陶鸡相似。

天王俑 1件（平M1：59）。仅余部分残块，饰白粉底，其上以红、黑色彩描绘眼睛。一只眼长6厘米，推测其形体相当高大。

七 其 他

6件。器类有金、玉、贝、漆器四种。

金钗 1件（文M69：8）。

玉饰 1件（文M140：4）。

玉圭 1件（师M5：2）。

玉管 1件（铁M3：38）。

贝壳 1枚（师M10：7）。

漆盒 1件（铁M3：6）。

八 铜钱币

共180枚。分别出于9座墓葬中，种类有五铢、剪边五铢、磨郭五铢、綖环钱、货泉、布泉、大泉五十、蜀五铢及丰货。

五铢 106枚。9座墓均有。其中师M3出1枚，师M5出6枚，师M10出1枚，师M11出2枚，平M1出87枚，文M61出1枚，文M140出4枚，文M49出3枚，文M6出1枚。

剪边五铢 31枚。其中师M3出1枚，师M5出8枚，师M11出4枚，平M1出18枚。

磨郭五铢 10枚。其中师M5出6枚，平M1出4枚。

綖环钱 2枚。师M5、文M61各出1枚。

货泉 18枚。师M5出1枚，师M11出5枚，平M1出12枚。

布泉 2枚。师M11和平M1各出1枚。

大泉五十　5 枚。师 M11 出 1 枚，平 M1 出 4 枚。

蜀五铢　4 枚。均出于平 M1 内。

丰货　2 枚。均出于师 M5 内。

第四章 分　期

一　分期及年代

这 24 座墓葬从形制和随葬器物上不但有比较紧密的联系和一定的相似性，而且呈现出一定的演化规律。我们根据文林小区 M49 出土的前秦纪年砖铭以及这批墓葬自身的特征和演变规律，并结合邻近地区同一时期墓葬的特征，采用类型学方法，将这 24 座墓葬分为四组（见插页）。

第一组：出土胡人俑、AⅠ式磨、AⅠ式灶、AⅠ式鸡、B 型狗、AⅠ式猪、AⅠ式及 BaⅠ式侈口罐。墓葬有师 M1、师 M2 两座。

第二组：出土Ⅰ式男侍俑、Ⅰ式女侍俑、Ⅰ式鞍马、Ⅰ式仓、Ⅰ式井、BⅠ式鸡、AⅠ式狗、AⅡ式猪、AⅡ式侈口罐、BⅠ式灶等。墓葬有师 M3、师 M4、师 M5、师 M6 四座，以师 M5 为代表。

第三组：出土Ⅱ式男侍俑、Ⅰ式和Ⅱ式女侍俑、Ⅱ式鞍马、Ⅰ式牛车、Ⅰ式或Ⅱ式仓和井、Ⅰ式碓、AⅡ或 BⅡ式鸡、BⅡ式狗、AⅡ式猪、AⅡ或 AⅢ式侈口罐、BaⅡ式侈口罐、直口罐、Ⅰ式系罐、AⅡ或 BⅡ式灶等。墓葬有铁 M3、平 M1、铁 M1、铁 M2、铁 M4 五座，以铁 M3、平 M1 为代表。

第四组：出土Ⅲ式男侍俑、Ⅲ式女侍俑、Ⅲ式鞍马，Ⅱ式牛车、Ⅲ式仓和井、Ⅱ式碓、AⅡ或 B 型磨、BⅢ式鸡、AⅢ式猪和狗、AⅣ或 BaⅢ、BbⅡ、BcⅢ式侈口罐、AⅢ式灶、Ⅱ式钵等。墓葬有师 M8、师 M9、师 M10、师 M11、文 M140、文 M113、文 M69、文 M61、文 M49、文 M44、文 M35、文 M20、文 M6 十三座墓。以文 M44、文 M20 为代表。

这 24 座墓葬中，仅文林小区 M49 出土有一块纪年铭文砖，上有"建元十四年"年号。以"建元"作年号的皇帝共 5 位，分别为西汉武帝刘彻、十六国汉刘聪、东晋司马岳、前秦苻坚、南朝齐萧道成。由墓葬形制和随葬器物来看，西汉武帝刘彻可以排除；从"建元"年号延续的时间分析，十六国刘聪、东晋司马岳、南朝齐萧道成以建元作年号的时间均未超过四年。剩下的只有前秦苻坚了。公元 351 年，前秦苻健建都长安，至公元 394 年亡于西秦，共计 44 年。前秦"建元"年号始于公元 365 年，止于公元 385 年，时间长达 20 年之久，所以，文林小区 M49 属前秦无疑，建元十四年当公元 378 年的前秦中期，此时，整个北方地区（黄河以北）基本为前秦统一，前秦国力正当强盛之时，关中地区政治清明，社会安定，"四夷宾服，凑集关中，四方种人皆奇貌异色"[1]，农业生产进一步发展，经济生活逐渐恢复，饱受战乱荼毒的人们沐浴着和平的阳光，对死者的怀念和葬埋也日趋丰厚。文林小区的 9 座墓葬排列整齐，形制统一，随葬器物的组合及特征又极为相似，根据其中出土的 6 块铭文砖，得知这是一处以"朱"姓为主的家族墓地，墓地沿续时间不长。

咸阳师院 M1、M2 随葬器物的组合及形制基本相同，M2 未被盗扰，其中出土的胡人俑头戴尖顶帽，高目深鼻，背面扁平，同西安东郊田王西晋元康四年（294 年）墓[2]出土的式俑极为相似，二者

---

[1]《太平御览》卷 363 引车频《秦书》。
[2] 陕西省考古所《西安东郊田王晋墓清理简报》，《考古与文物》1990 年第 5 期。

的陶灶也较为相像。所以，师 M1、M2 的时代在西晋晚期。此时，经过长达十几年的"八王之乱"，社会生产遭到严重破坏，天灾频降，流民遍野，匈奴、鲜卑、氐、羌等少数民族纷纷内迁，民族矛盾日益激化，而统治阶级荒淫腐朽，西晋王朝已处于风雨飘摇之中。

师 M5 随葬器物的总体风格和部分典型器物的风格同西安南郊草场坡十六国墓[3]出土的器物十分相似，其中出土有两枚后赵时期的"丰货"铜币，丰货钱币发行数量很少、流通年代极短，又非长安本地铸造，传世的概率极低，很有可能是晋成帝咸和四年（329 年），后赵攻陷前赵首都以后流入长安，在后赵或其灭亡后不久随葬入墓的[4]。另外，师 M5 的绳纹封门砖同秦咸阳宫遗址出土的后赵时期的"石安"铭文砖[5]较为相似，所以，师专 M5 的时代当在十六国的后赵时期。而平 M1、铁 M3 随葬器物的风格和形制同师专 M5 有较多的相似之处，其时代同师专 M5 基本相当。后赵乃羯人石勒于公元 319 年所创，到 329 年，石勒灭前赵，基本上统一了中国的北部，今之陕西、山西、河南、山东、河北等省全部属于后赵的疆土。石勒任用汉人，实行九品官人之法，设立学校，劝课农桑，阅实户口，农业生产逐渐恢复，社会生活基本安定。335 年，后赵石虎继位，他穷奢极欲，大兴土木，残暴荒淫，成千上万的人死于苦役，刚刚恢复的生产又遭摧残，社会矛盾不断激化，反抗活动此起彼伏，终于在 350 年被后赵大将冉闵所灭。

根据以上典型墓葬的年代推断，我们将这四组墓葬分为三期。

第一期：可能早到西晋时期，属于这一期的为第一组。

第二期：约十六国的前、后赵时期，属于这一期的为第二组和第三组。

第三期：前秦时期，属于这一期的为第四组。

各期墓葬时代特征较为鲜明，呈现出一定的变化和传承关系，其中属于第二期的第二组和第三组墓葬变化不是很明显，具有较多的相似性，所以将第二组和第三组归为一期。

二　各期墓葬及出土器物的主要特点

这批墓葬在不同时期呈现出不同的特点，具体如下。

第一期　随葬器物均为泥质灰陶，陶质较好，器物组合为罐、灶、磨、鸡、狗、猪及胡人俑。其中胡人俑最具特色，头戴尖顶圆帽，深目高鼻，双耳突出，背部扁平，每墓出 2 件。陶鸡均为 A 型，圆形中空座高大，头部高扬，尾部细长，制作简练，抽象意味甚浓。陶狗均为敞胸蹲坐式的 A 型，头部较小，下部宽大，简洁生动。陶罐为侈口罐 A 型和 B 型，侈口，束颈，斜肩或溜肩，平底微凹，同汉晋时的陶罐差别不大。陶灶均为 A 型，平面略呈长方形，灶面突起两个火眼，上置甑、盆等灶具，灶前耸起"凸"形阶梯式挡火墙，前开方形火门。陶磨制作精致，由大小相等的两扇组合，接合面均模印出放射状齿槽，顶面凸起一小圆盘。此外，师 M2 还随葬有东汉时期流行的日光和昭明铜镜以及铜钗、铜镯、铜簪、铜铃等随身实用装饰品。

墓葬形制为前室平面方形、后室平面呈梯形或长方形的前后室土洞墓，有长斜坡墓道、甬道和青砖封门，师 M1 的前室北壁还开有一壁龛。

---

〔3〕　资料见陕西省文物管理委员会《西安南郊草场坡北朝墓的发掘》，《考古》1959 年第 6 期。发掘简报定其时代为北朝时期。以后，张小舟在《北方地区魏晋十六国墓的分区与分期》一文（《考古学报》1987 年第 1 期）中将其定为十六国时期，今从是。

〔4〕　苏哲《西安草厂坡 1 号墓的结构、仪卫俑组合及年代》，《宿白先生八秩华诞纪念文集》，文物出版社，2002 年。

〔5〕　资料在秦咸阳宫遗址博物馆，李朝阳先生提供。

　　第二期　同第一期相比，一个显著的变化是随葬器物中泥质红陶普遍出现并占有一定比例，这种红陶质坚体轻，烧制火候较高，表面大量施彩绘，可见于除陶罐以外的所有陶质器物。另外，这一时期还出现了泥质器物以及一部分颇具特色的砖雕器物。器物组合除一期的罐、灶、磨、鸡、狗、猪外，还增加了仓、井、碓、系罐等日用生活明器模型。更为重要的是牛车、鞍马、铠马（具装马）、鼓吹俑、女乐俑及男、女侍立俑为代表的泥质红陶类的出行仪卫俑及仆侍俑的出现和流行，构成了这一时期鲜明的时代特征，蕴涵着浓郁的军事气息。女侍俑头戴十字形或蝶状假髻，脑后插一梳篦，面庞清秀圆长，妆点艳丽，身穿宽袖层领式的竖条纹间色长裙，腰系带，腰前露垂带；男侍俑头戴圆顶帽，帽后凸起，后面护脑，上身穿中袖层领袍，下着裤。牛车厢体宽大，装饰华丽，有的两侧各开两个小窗，属"四望"，朱漆轮辐，车驾一牛，或即《晋书》所云"画轮四望通幰车"。鞍马身体比例匀称，质坚体轻，彩绘精细，鞍桥直而高，即所谓的"高桥鞍"，以黑彩描绘出身体两侧的障泥，障泥以革带垂连于鞍上，上绘有三角形或扁圆形马镫，马颈粗而短；有的马身彩绘成组的须状流苏，或即《晋书》所云之"流苏马"。铠马（具装马）形体高大，制作精良，头戴三尖式马胄（或"山"形防铠），浑身密布鱼鳞甲片，下附踏板，威武雄健。平 M1 还出有一部由 16 骑组成的鼓吹俑、一组由 4 人组成的女坐乐俑、一辆彩绘辂车，这些都属于出行仪卫即卤薄的组成部分。属于这一期的第二组、第三组出行仪卫俑之间有一个不太明显的变化过程，总地来讲，男侍俑衣领趋简，衣袖渐收。女侍俑衣袖由宽大缩至一般宽度，长裙缩短，裙前露履，装饰逐渐浓艳。鞍马、牛车的装饰由简洁渐趋繁丽。

　　这一时期的日用生活器皿如 A 型侈口罐、B 型陶灶、仓、井、鸡、系罐等也富有特色。A 型侈口罐小口、细颈、广肩，斜腹，小平底微凹，Ⅱ式的肩部较宽平，Ⅲ式的肩部较倾斜，肩部经历了一个广平到斜平的转变过程。B 型陶灶是这一期新出现的品种，平面呈"凸"形，多为泥质红陶，灶面突起一个火眼，灶前挡火墙由无到有。A 型灶灶面仅设一个火眼，灶面饰物减少或素面，挡火墙为较高的单面凸形。这一时期日用器物组合增加了仓、井、碓，仓、井经历着由高至低的变化，仓的气孔位于仓体上部、仓顶紧下面。井皆安弧形井架，井架中部捏塑辘轳，井身较高，有底，均泥质红陶。陶碓、系罐是这一期新出现的器物，陶碓的踏板较长，支架较低；系罐均直口，斜肩，直腹斜收，小平底，最大径位于肩部，肩附双系或三系。

　　由鸡、狗、猪组成的禽畜类动物模型搭配比较稳定，A 型鸡圆形中空底座增大，颈、尾变短。除原有的 A 型鸡、狗有少量存在外，大量出现并流行制作精细、体施彩绘的写实性的 B 型鸡、狗和 A 型猪，其造型准确，形态逼真，多为泥质红陶制作。鸡、狗大多两只一组出现。

　　这一期的铜器以钗、镯、指环类随身装饰性小件器物为主。铜镜仅发现一面，在这一期较晚时开始出现铁镜。青铜实用器有镶斗、釜、吊灯、勺等。镶斗是这时的典型器物之一，敞口圜底，下附三装饰人面纹的蹄形支腿，柄蜿蜒细长，柄端作张口游动的龙形，器底黏附大量黑色烟炱，显然是实际使用的结果。类似的镶斗在辽宁北燕冯素弗墓[6]、南京东晋王丹虎墓[7]中均有发现。铜印章在这时也有发现，师 M4 出一枚方座桥形钮，上阴刻"榆糜令印"四字，表明墓主生前曾担任过榆糜县县令；从印章的具体形制、印面布局和字体风格等方面来看，其时代基本上已到了十六国时期[8]。铁 M3 出印章一套 2 枚，一枚为柱形，圆钮，上阴刻一"李"字；一枚为长方体形的穿孔双面印，一面阴刻"臣休"，一面阴刻"侯休"，字画纤细，墓主名为"李休"或"李侯休"，这同东晋时期流行的多面印风格相似。

　　泥质和砖雕器物的出现也是这一时期较为明显的特征。泥质器物的种类有灶、井、鸡、狗、饼及

----

〔6〕　黎瑶渤《辽宁北票县西官营子北燕冯素弗墓》，《文物》1973 年第 3 期。

〔7〕　南京市博物馆《南京象山 5 号、6 号、7 号墓清理简报》，《文物》1972 年第 11 期。

〔8〕　见本报告附录三：刘卫鹏《"榆糜令印"的时代风格及其蕴涵的史地信息》。

侍俑等，同这一时期陶器的形制特征基本相同，在随葬器物组合中所占比例一般较小，从一个侧面反映了这一时期经济凋蔽、物质匮乏的时代特点。砖雕器物出于三座墓内，其中铁 M1、铁 M2 随葬器物均以砖雕为主，占器物总数的 79－90％，铁 M3 仅有 5 件砖雕器物，仅占 5％。这批砖雕器物的种类有灶、井、仓、鸡、狗、马及侍俑七类，基本上涵盖了这一时期随葬器物的主要器类，器形粗糙厚重，风格质朴粗犷，同关中及中原墓葬的风格迥异，而同西北地区西晋十六国墓的个别墓葬有相似之处，墓主可能为十六国时期进入关中的氐、羌等少数民族[9]。

这一时期墓葬以多室土洞墓为主，单室墓很少，多室墓中前室均为方形，多带有侧室，侧室大多为梯形或长方形，弧顶较平或平顶，口高内低。后室有两种形制，一种和前室的相同，平面呈方形，二者之间以甬道相连；一种和侧室的相同，平面呈梯形或长方形，直接开于前室墓壁上。流行多人合葬，前室一般陈放随葬器物，后室、侧室一般用来葬人。

封门以青砖或绳纹小砖垒砌，多为一道，个别为两道封门。铁 M3 墓道南、北、东三壁均留设二级生土台阶，规模较大。葬具均为木棺，也有个别人骨未发现葬具。出土器物一般位于前室四隅或各侧室附近。

第三期　这一期随葬器物的风格和种类比较统一，均为泥质灰陶，有的器物烧制火候不是很高，陶质稍差，陶色多褐色。随葬器物的种类和第二期的基本相同，但器物组合更加规范、稳定。标准的陶器组合为男侍俑、女侍俑、牛车、鞍马、罐、仓、灶、井、碓、磨、猪、狗、鸡。

男侍俑均为厚重的实心，头戴圆形平顶或尖顶小帽，两侧护耳，后面护脑，面庞丰圆，上身穿紧袖交领袍，下着裤褶，脚穿靴。女侍俑均合模制作，空心，面傅白粉，十字形假髻变的扁平，有的饰黑彩，上身穿紧袖交领衣，下穿饰有黑白色圆点纹的长裙，裙上褶皱明显。腰系带，双手合抱于腹。鞍马马头较小，面上突出有索状络头，马腿粗重，鞍桥呈低矮的弧形，体两侧贴附有陶质障泥，障泥宽大。牛车体较窄长，顶面前后出檐，较平直，基本上呈斜坡形。插杆孔位于车厢前面近顶部，个别牛身饰黑彩或圆圈纹，车均未施彩。铠马仅发现一件（文 M6：5），四蹄分开站立，脚下无踏板，以白彩绘出缰绳、攀胸、障泥上的边带装饰，马后背有一圆孔，内插一喇叭状陶质寄生，寄生上饰网格纹。

A 型侈口罐肩部变的圆鼓，体较浑圆。Ba 型罐肩部稍溜，底径增大。陶灶均为平面呈梯形的 A 型灶，灶面突出两个火眼，前面一个火眼较大，后面一个火眼很小，仅为象征性，灶面上装饰性物品较多。一般情况下每座墓内出一件陶灶，文 M20 出有 3 件。仓为圆顶或尖顶的无底式，气眼位于顶面上。井身低矮，无底，井架斜直交叉。碓杆较长，支架高，踏板窄厚。陶磨多为咬合面无齿槽的扁平状，直径较大；还有一部分咬合面仅刻划出数道放射状直线象征齿槽。同第二期相比，鸡、狗、猪的形制变化不是很大，略显厚重。

这一时期铜器的种类和数量较小，具有时代特征的镃斗等器未有发现，新出现了盆、碗类实用生活器皿。钗、镯、指环类装饰小件依旧流行。铜镜的种类和数量也很稀少，均为汉晋以来流行的昭明、博局和连弧纹镜。铜钱的数量发现很少，6 座墓中总共出有 26 枚铜钱，大多是每墓出 1－2 枚。此外，银钗、银镯及金指环也偶见于个别墓中，数量很少，第二期流行的泥器这一期已很少见到。

铭文砖和铁镜的流行是这一时期较为显著的特征。铭文砖多摆放于墓室棺木附近或封门上，上面多刻人名，也有标明墓地范围或埋葬年月的，有的两面均刻有文字。铁镜共 5 面，出土于 5 座墓内，每座墓内随葬 1 件，由于材质的缘故，其表面锈蚀较重，仅有 1 件背面发现成组的花草纹饰，还有一"田"字，表明了当时铁镜的制作也是较为精细和讲究的。

这一期墓葬形制以单室土洞墓为主，个别带有侧室，前、后室墓已很少见到。墓道平面多为长方形，

─────────────

〔9〕咸阳市文物考古研究所《陕西咸阳头道塬十六国墓葬》，《考古》2005 年第 6 期。

上口宽大，大多数墓道的东、西、北三壁均留设两级生土台阶。甬道平面呈长方形或梯形，弧顶或平顶。封门多用小砖或空心砖或二者混合使用，也有一部分用土坯或草拌泥坯封堵，颇具特色。墓（主）室平面均为方形，穹隆顶。侧室平面为梯形，空间狭小，长度不足一棺之长。葬具皆为木棺，每棺葬一人，以 2—3 人的合葬为主，单人葬很少。随葬器物多置于棺木的大头附近，即靠近墓主的头部。

三　主要陶器的演变特征

男侍俑　总的趋势是衣服由宽松变为窄紧，面庞由瘦长变为圆润。Ⅰ式、Ⅱ式之间变化不大，头戴圆顶帽，帽后凸出，上身穿中袖交领袍，下穿裤，裤前露翻头履。均合模制作，体内中空，体两侧抹痕明显，红陶、灰陶均有，体轻质薄，多施彩绘。Ⅲ式男侍俑均为实心手制的泥质灰陶，比较厚重，头戴平顶或尖顶小帽，上身穿紧袖交领衣，下身连为一体，仅刮刻出裤的形状，多不露履。

女侍俑　头上假髻由高峨宽大变为扁平较窄，服装由宽松肥大变为窄紧，面庞由瘦长变为圆润。Ⅰ式、Ⅱ式大多为泥质红陶，合模制作，体内中空，质薄体轻。下身为红、白或红、褐相间的竖条纹裙，面部妆点艳丽。Ⅰ式头戴十字形假髻，衣袖宽大，衣领层叠繁缛，并在背后形成拥领状，两壁似有披帛，腰前垂带。Ⅱ式女侍俑头戴黑色的蝶状发冠，面部妆点最为艳丽，衣袖比Ⅰ式的稍窄，裙前露翻头履。形体最为高大。Ⅲ式女侍俑均为泥质灰陶或褐陶，合模制，体内中空，头上假髻比较扁平并做出双环髻的式样。面庞圆润，上身穿窄袖紧身衣，裙上褶皱刻划明显，多装饰黑色或白色的圆点纹。

鞍马　体形由肥矮向瘦高发展，质量由轻薄向厚重变化。Ⅰ、Ⅱ式均为泥质红陶，体施彩绘，颈部较短，鞍桥直而高，体两侧绘有黑色障泥。Ⅰ式的障泥为另外附加的陶质，边沿突出，其中以黑彩描绘障泥及马镫，马尾向后斜垂，马鬃朝前伸出较长，形似触角。Ⅱ式鞍马颈部更粗短，头略下垂，身体彩绘鞴带，带上绘须状流苏，马尾结扎，往后平伸并用横物固定，障泥纯用黑彩描绘，以两条黑带连于鞍桥上，马蹄圆大扁平。Ⅲ式鞍马均为泥质灰陶，腿蹄用泥条捏塑嵌压于体内，马头较小，面部突起有索状络头，鞍桥为低矮的弧形，障泥宽大，直接连于鞍上，马尾贴于臀部，根部上翘，腿、蹄为粗大的圆柱状。

牛车　车体由宽变窄，装饰由华丽趋向简洁。Ⅰ式牛车均为泥质红陶，车厢顶面较宽，前、后檐稍上翘，前面正中开方形窗，后面一侧开长方形门。平 M1 出土的两辆Ⅰ式牛车车厢两侧多开两个方形小窗，称"四望"，朱漆轮辐，车厢两侧正中有三组插设高杆的小孔，车通体施彩，纹饰繁丽，可能属《晋书》所言之"画轮四望车"[10]。车驾一牛，牛肥矮健壮。Ⅱ式牛车均为泥质灰陶，车厢稍窄，顶面前高后低，较平直。插杆孔位于车厢前部近顶处，呈耳状突出。车前开窗呈长方形，车后一侧开长方形门。

罐　以 A 型侈口罐数量最多，特征最为明显，Ⅰ式体较低矮，肩部斜直，凹底。Ⅱ式、Ⅲ式口部变小，细颈，广肩，Ⅱ式的肩部较平，Ⅲ式的肩部较斜。Ⅳ式侈口罐肩部较浑圆，最大径下移至腹中部。B 型侈口罐占有一定数量，按其肩、腹变化分为 Ba、Bb、Bc 三型，其中 Ba 型数量较多，侈口，圆肩，鼓腹，平底微凹，其肩部由圆平变为圆溜。溜肩、大底的 Bb 型和宽肩大凹底的 Bc 型侈口罐数量相对较少。此外，还有 3 件直口罐和 2 件卷沿罐，均为比较少见的器形，所占比例较小。

灶　以平面呈梯形或长方形的 A 型为主，灶上火眼由多变少，逐步退化，火眼上放置的甑、盆等灶具逐渐消失；灶前挡火墙由单面变为有衬墙的复合型。灶后烟囱逐渐凸出。Ⅰ式灶面凸起两个火眼，

〔10〕《晋书·舆服志》，第 756 页。

上面放置甑或盆。Ⅱ式灶面留有一个火眼，灶前挡火墙高耸，灶后烟囱突起较高。Ⅲ式灶面有两个火眼，前面的一个火眼较大，后面的一个火眼较小，大多未留眼，仅为象征性的装饰，灶面上装饰较多，灶前挡火墙后面中部底下有较小的衬墙。除过 A 型灶外，平面呈"凸"形的 B 型灶是这一时期新出现的灶型，灶面上仅设一个火眼，Ⅰ式的灶前无挡火墙，火眼上置有甑类灶具，拱形火门较低矮；Ⅱ式灶前设有高大的多级"凸"形挡火墙，火眼上未见灶具，拱形火门较高。另外，师 M6：1 还出有 1 件半圆形的 C 形灶，同东汉时期流行的半圆灶型式相同。

　　仓　分三式。Ⅰ式均为泥质红陶，圆柱形身，伞形出檐顶，底座直径大于身体直径，气孔位于仓体上部、仓顶下面。Ⅱ式仓伞状顶不出檐，气孔位于仓体和仓顶结合处，底径同体径。Ⅲ式仓顶部尖圆高耸，气眼位于顶部下面，仓体圆柱形，无底。

　　井　变化比较明显，井身由高变低，井栏由圆弧形变为斜直交叉形。Ⅱ式均泥质红陶，桶形身较高，井架为圆弧形，正中捏塑一辘轳。Ⅱ式井身降低，稍粗矮，圆弧形井架，有底。Ⅲ式均泥质灰陶，身体粗矮，井架呈斜直状交叉，交叉处顶部有一辘轳，无底。

　　碓　分两式。Ⅰ式仅 1 件。碓杆较短，支架较低，踏板宽薄。Ⅱ式均泥质灰陶，数量较多，碓杆长，支架较高，踏板窄厚。

　　鸡　在墓葬中组合比较稳定，多为两只一组。分为 A、B 两型。A 型数量较少，流行于一期和二期，均泥质灰陶，属抽象形，圆形中空座较高大，头、尾造型简练。Ⅰ式的体瘦高，头部高昂，尾部细长。Ⅱ式体较肥矮，颈部粗短，尾部宽短。B 型鸡数量较多，属写实性，制作精细，主要流行于二、三期，分三式。Ⅰ式的腹部肥硕，尾下垂。Ⅱ式的头部高昂，颈部细长，尾斜直伸张，圆形中空座稍高。Ⅲ式的头大颈细，腹部瘦小，尾呈圆弧状后伸，圆形座较低矮。

　　狗　分 A、B 两型。A 型数量很少，属敞胸蹲坐式，均泥质灰陶，流行于一、二期。B 型狗属写实性的站立状，造型生动，比例准确，数量较多，流行于二、三期，分三式。Ⅰ式一件，泥质红陶，身施白彩，腹长腿短。Ⅱ式也以泥质红陶为主，腿部较长，尾略上卷，贴臀。Ⅲ式头大颈粗，体较肥硕，尾粗短，均泥质灰陶。

　　猪　分为 A、B 两型。A 型前腿、后腿两两相连于一体，占大多数，变化清晰，背部鬃毛由高变低，前腿由长变短，臀部逐渐高耸。分三式，Ⅰ式仅 1 件，形体较小，头部圆大，鬃毛高耸，尾宽大，腹肥硕。Ⅱ式较Ⅰ式为多，均泥质红陶，鬃毛较高，宽吻瘦脸，前、后高低基本相等。Ⅲ式的均为泥质灰陶，数量最多，头部缩短，颈粗大，背部鬃毛长而低矮，前腿稍短，臀部上翘。B 型猪四蹄（腿）各自分开，数量很少。

附表　　　　　　　　　　　　**咸阳十六国墓出土器物统计表**

墓　葬	出　土　器　物
师 M1	胡人俑 2、磨 AⅠ、灶 AⅠ、侈口罐 AⅠ、猪 AⅠ、狗 A、鸡 AⅠ₂
师 M2	胡人俑 2、磨 AⅠ、灶 AⅠ、侈口罐 BaⅠ、侈口罐 BbⅠ、狗 A、鸡 AⅠ₂；铜镜 2、簪 2、钗 A、钗 B₂、镯Ⅰ₄、镯Ⅱ、铃 2；铁镰
师 M3	侈口罐 AⅡ、侈口罐 BbⅠ；铜钱币 2
师 M4	侈口罐 BaⅠ、盆；泥井、灶、狗；铜印章；铁钩
师 M5	男侍俑Ⅰ₄、女侍俑Ⅰ₃、鞍马Ⅰ₃、仓Ⅰ、井Ⅰ、灶 BⅠ、鸡 BⅠ₂、狗 BⅠ、猪 AⅡ、侈口罐 AⅡ₂、侈口罐 AⅢ₃；泥灶、井、男侍俑头、女侍俑、珠 8、狗；铜勺、盘、指环 2、镯 2；玉圭；铁镰；铜钱币 24
师 M6	侈口罐 BcⅠ、灶 C、釉陶小盆
铁 M1	侈口罐 AⅢ₂、侈口罐 BcⅡ；砖雕男侍俑 3、女侍俑、鸡Ⅰ₂、灶Ⅰ、仓、井、狗、马；铭文砖 2；泥珠 4；铜镯Ⅰ、钗 A
铁 M2	侈口罐 AⅢ；砖雕男侍俑Ⅱ、女侍俑Ⅱ₂、鸡Ⅱ₂、灶Ⅱ、仓、狗、马
铁 M3	男侍俑Ⅱ₂、女侍俑Ⅰ、女侍俑Ⅱ、牵马俑 2、鞍马Ⅱ、牛车Ⅰ、井Ⅱ、碓Ⅰ、鸡 AⅡ、鸡 BⅡ₂、狗 A、狗 BⅡ₂、猪 AⅡ、猪 B、侈口罐 AⅡ、BⅡ、直口罐、系罐Ⅰ、灶 BⅡ₂、钵Ⅰ、小盆 2、壶；砖雕男侍俑Ⅲ、鸡Ⅱ₂、灶Ⅱ、仓；铜镳斗、镜、印章 2、簪、泡钉 6；铁刀、削；玉管；漆盒
铁 M4	仓Ⅱ、井Ⅱ、鸡 AⅡ、狗 A、猪 B、侈口罐 AⅢ、卷沿罐、系罐Ⅰ、灶 AⅡ、盆；铁镜、刀
平 M1	骑马鼓吹俑 16、女坐乐俑 4、铠马Ⅰ₂、牛车Ⅰ₂、轺车、女侍俑Ⅱ₂、仓Ⅰ₂、井Ⅰ、鸡 BⅡ₄、狗 BⅡ₄、猪 AⅡ、直口罐、灶 AⅡ、釉陶壶、釉陶虎子、连枝灯；铜镳斗、釜、吊灯、铃、铺首、环、指环 A₃、指环 B₁；银钗、镯 2；铁矛；泥珠、天王俑残块；铜钱币 130 枚
师 M8	侈口罐 BaⅡ
师 M9	银镯 2；铜镯Ⅰ
师 M11	女侍俑Ⅲ、武士俑、鞍马Ⅱ、牛车Ⅱ、仓Ⅲ、井Ⅲ、碓Ⅱ、狗 BⅢ、猪 AⅢ、侈口罐 AⅣ、系罐Ⅱ、灶 AⅢ；铜钗 A₃、指环 A₂、钱币 13
师 M10	侈口罐 AⅣ、直口罐；铜耳环 2、指环 A₂、镯Ⅱ、镯Ⅲ、钗 A₂；贝壳；铜钱币
文 M6	男侍俑Ⅲ、女侍俑Ⅲ₃、铠马Ⅱ、牛车Ⅱ、鞍马Ⅲ、磨 B、狗 BⅢ、侈口罐 AⅣ、灶 AⅢ；铜钗 B₂、镯Ⅱ₂、簪、饰件；铁剪；铜钱币
文 M20	男侍俑Ⅲ₃、女侍俑Ⅲ、鞍马Ⅱ₂、牛车Ⅱ、仓Ⅲ₂、井Ⅲ₂、碓Ⅱ₃、磨 AⅡ₂、鸡 BⅢ、狗 BⅢ₂、猪 AⅢ₃、卷沿罐、灶 AⅢ₃、钵Ⅱ、饼；铭文砖
文 M35	鞍马Ⅲ、牛车Ⅱ、磨 B、狗 BⅢ、罐 BbⅡ、灶 AⅢ；铭文砖
文 M44	男侍俑Ⅲ、女侍俑Ⅲ、鞍马Ⅲ、牛车Ⅱ₂、仓Ⅲ₂、井Ⅲ₂、碓Ⅱ、磨 AⅡ、鸡 BⅢ₃、狗 BⅢ₂、猪 AⅢ、侈口罐 AⅣ、侈口罐 BaⅡ、侈口罐 BbⅡ、灶 AⅢ、钵Ⅱ、小壶、陶器残片；铜镯Ⅰ；铁镜、镰；铭文砖 3
文 M49	女侍俑Ⅲ₂、磨 B、侈口罐 AⅣ、侈口罐 BcⅢ；铜镯Ⅰ₂、柿蒂形铜饰 12；铁镜；铜钱币 3
文 M61	女侍俑Ⅲ、鞍马Ⅲ、牛车Ⅱ、仓Ⅲ、井Ⅲ、碓Ⅱ、磨 B、猪 AⅢ、灶 AⅢ、侈口罐 AⅣ₂；昭明铜镜、博局纹铜镜、铜弩机、钗 A₂、钗 B；铜钱 2
文 M69	男侍俑Ⅲ₂、鞍马Ⅲ、异形仓、侈口罐 BaⅢ₂、灶 AⅢ；铜盆、镦、镯Ⅰ；金钗；银指环；铁镜
文 M113	男侍俑Ⅲ、女侍俑Ⅲ₂、牛车Ⅱ、仓Ⅲ₂、井Ⅲ₂、碓Ⅱ、磨 B、狗 BⅢ₂、猪 AⅢ₃、侈口罐 BaⅢ、侈口罐 BbⅡ、灶 AⅢ；泥鸡；铜镜、镯Ⅰ₄、指环 A、铃；银钗 2、镯 2；铁镜
文 M140	男侍俑Ⅲ、羽人、鞍马Ⅲ、仓Ⅲ、磨 B、狗 BⅢ、侈口罐 AⅣ、饼；铜碗、钗 C、指环 B；铁镜、镢；玉饰；五铢铜钱 4

（注：出土遗物型式后的数据为件数）

第五章 结 语

咸阳作为古代长安的京畿之地，地理位置历来非常重要。公元前350年，秦孝公"作为咸阳，筑冀阙，秦徙都之"[1]，任用商鞅，变法图强，国力大增，至秦始皇时最终统一全国，建立了第一个封建制中央集权国家。当时秦以咸阳为立足点，在渭河南岸大兴土木，修筑阿房宫等宫殿，咸阳、长安连为一体。西汉建都长安，将九座皇帝陵墓安置于咸阳北阪上，在咸阳塬设长陵邑、安陵邑、阳陵邑、茂陵邑、平陵邑，故又称咸阳北塬为"五陵原"。西晋时，咸阳更名为灵武县。后赵时，改名为石安县。前秦时，在长陵置咸阳郡。

一

本报告的这二十四座墓葬具有鲜明的特点。

1. 从墓葬形制看，均为带斜坡墓道的土洞墓。墓葬方向不统一，有的坐北朝南，有的坐西朝东，有的坐东朝西，但每个墓地墓葬都排列整体有序。墓道均为长斜坡漫道，有十座墓墓道壁上留有两层台阶。带天井的墓仅有平陵M1一座，该墓有一个天井。封门以青砖材料居多，亦有空心砖与青砖混合封门、土坯封门和无封门者。甬道平面为长方形或梯形。墓室分单室、主室带侧室、前后室、前后室带侧室四种形式。主室平面近方形，朝外微凸，穹隆顶，侧室口大里小，前高后低，十分狭窄。后室平面呈长方形或梯形，弧顶或平顶。早期的墓葬，以前室平面呈方形、后室平面为梯形或长方形的前后室土洞墓为主，有长斜坡墓道、甬道和青砖封门，师M1前室北壁还开有一壁龛。中期的墓葬以多室土洞墓为主，单室墓很少，多室墓中前室均为方形，多带有侧室，侧室基本为梯形或长方形，弧顶较平或平顶，口高内低。后室有两种形制，一种和前室的相同，平面呈方形，二者之间以甬道相连；一种和侧室的相同，平面呈梯形或长方形，直接开于前室墓壁上。晚期的墓葬形制以单室土洞墓为主，个别带有侧室，前、后室墓已少见。墓道平面多为长方形，上口宽大，大多数墓道的东、西、北三壁均留设二级生土台阶。甬道平面呈长方形或梯形，弧顶或平顶。封门多用小砖或空心砖或二者混合使用，也有一部分用土坯或草拌泥坯封堵，颇具特色。墓室平面均为方形，穹隆顶。侧室平面为梯形，空间狭小，长度不足一棺之长。

2. 从葬具葬式看，有葬具的基本为木质单棺。葬式为仰身直肢葬，以多人合葬为主，盛行祔葬。

3. 出土器物多位于主室或前室。主要器类大致可分为四组：第一组为武士俑；第二组是出行仪仗，包括牛车、铠马、鞍马、鼓吹俑等；第三组是侍仆舞乐，有男仆女婢、伎乐俑等；第四组是庖厨明器及动物模型，有灶、井、磨、碓、仓及猪、狗、鸡等，另外，还有日用陶器罐、钵等。有5座墓出土有铭砖8块，3座墓出土砖雕器物25件。

4. 聚族而葬。这24座墓，分为4个墓地。除平M1外，其余三处都分布着4-10座不等的墓葬，且按照一定的顺序排列。文林小区9座墓东西向一条线排列，整齐有序，西早东晚，不相错；咸阳师

〔1〕《史记·秦本纪第五》，第203页。

院 10 座墓分前、后两排，均东西向平行排列（墓道居东），东早西晚，不相错；中铁七局三处 4 座墓均为带斜坡墓道的多室土洞墓，东西向，南北相错平行排列，同敦煌地区西晋、十六国墓的排列方式相同。可见，这种平行不相错的排列方式是关中地区流行的家族墓地排列法，同西北地区平行相错的排列方式有明显的地域差别。中铁七局三处十六国墓的排列方式显然是受到西北地区西晋十六国墓葬布局的影响。这一切都说明这一时期以家族合葬为主。

通过对这 24 座墓葬的整理和研究，我们总结出了关中地区十六国墓的一些基本特征和风格，并对过去发现的未曾认识的一些十六国墓进行了认定[2]。

二

这批墓葬延续了西晋墓葬的一些特征。平 M1 的天井，延续了东汉、西晋墓葬天井的形式。如在西安秦川机械厂发掘的东汉 M35 墓道带一天井[3]；咸阳平陵附近发掘的一座东汉墓带有天井[4]；咸阳周陵发现的一座带天井的东汉墓，天井的南北两壁还设有二层台[5]；长安县南李王村发现的西晋墓葬有一天井[6]。在西北地区敦煌发现的西晋十六国墓中，亦有天井发现，如敦煌新店台 60M1[7]、敦煌佛爷庙湾 80 DFM3[8]、敦煌祁家湾 M351[9]均带有天井。

文林小区 9 座前秦墓葬、铁 M3 墓道三壁设置台阶的做法与洛阳枕头山 4 号西晋墓[10]、西晋徐美人墓[11]的墓道台阶形制相近，应是沿续了中原西晋墓的传统做法。这种多层台阶式的墓道包含有一定的等级成分。同时，咸阳十六国早期墓葬多室的特征继承了东汉晚期与西晋时期前后室墓及多侧室的特点，这批墓葬均为土洞墓，同东汉晚期和西晋时期流行砖室墓的特征不同，但二者的结构基本一样。

随葬器物的基本组合与西晋墓葬的大体相同。西晋墓葬的基本组合为：第一组为镇墓兽；第二组为出行仪仗，以牛车、鞍马为标志；第三组为侍仆舞女；第四组是陶器模型及家禽家畜模型，有灶、井、磨、碓、仓、罐及猪、狗、鸡等。到十六国时期，新增加的主要器物有甲骑具装俑、铠马和鼓吹仪仗俑。

埋葬习俗延续了汉晋以来流行的家族聚族而葬的做法。东汉中晚期以来，世家大族聚族而葬，同族墓葬按照长幼尊卑的辈份排列，有一定的顺序。或北长南幼，或前幼后长，或西长东幼，成一规律。聚族而葬、按辈份排列，是封建社会不可改变的规律。这种排列次序在汉代时就有专门规定。《汉书·王林传》记，"太尉勃为右丞相，位第一；平徙位左丞相，位第二。"《汉书·诸侯王表》云："师又曰：'汉时依上古法，朝廷之列以右为尊'。"全国范围发现这一时期家族墓地数量较多，主要的有：陕西潼

---

〔2〕 见本报告附录一：岳起、刘卫鹏《关中地区十六国墓的初步认定——兼谈咸阳平陵十六国墓出土的鼓吹俑》。
〔3〕 西安市文物管理处《西安东郊秦川机械厂汉唐墓葬发掘简报》，《考古与文物》1992 年第 3 期。
〔4〕 资料现存咸阳市文物考古研究所。
〔5〕 咸阳市文物考古研究所《咸阳机场高速公路周陵段汉唐墓清理简报》，《文博》2003 年第 2 期。
〔6〕 参见陕西省考古研究所《陕西省考古五十年》，载《新中国考古五十年》，文物出版社，1999 年。
〔7〕 敦煌文物研究所考古组《敦煌晋墓》，《考古》1974 年第 3 期。
〔8〕 甘肃省敦煌县博物馆《敦煌佛爷庙湾五凉时期墓葬发掘简报》，《文物》1983 年第 10 期。
〔9〕 戴春阳、张珑《敦煌祁家湾》，文物出版社，1994 年。
〔10〕 中国社会科学院考古研究所洛阳汉魏故城工作队《西晋帝陵勘察记》，《考古》1984 年第 12 期。
〔11〕 河南省文物局文物工作队第二队《西晋帝陵勘察记》，《考古》1984 年第 12 期。

关吊桥东汉弘农杨氏墓群[12]、华阴东汉司徒刘琦家族墓地[13]、河北无极东汉至北魏的甄氏墓群[14]、河南陕县刘家渠羊氏、唐氏、刘氏三组家族墓[15]、陕西曲江净水厂 M16－M21 一组东汉家族墓[16]等，表明这一时期家族葬和合葬已成为一种风尚。西晋十六国时期，一方面受东汉晚期外戚专权、门阀势力形成的影响；另一方面受战乱、经济力量减弱及"薄葬"之风影响，类似西汉时期大型诸侯王、列侯级别的墓葬规模不再出现，大兴聚族而葬和合葬之风。这种多人合葬墓的兴起是由于私有大土地所有制的发展，家族血亲关系的加强造成的。家族墓地的墓主等级差别在于墓域和墓葬规模的大小及埋葬礼制的不同。咸阳发现的这四处墓地，三处为家族墓地。文林小区 9 座墓东西向一线排列，咸阳师院 10 座墓南北向两排排列，中铁七局三处 4 座墓南北相错排列。

三

关中地区十六国时期各政权是由北方或西北地区进入关中的少数民族建立，这批墓葬出土器物反映出一定的少数民族文化内涵。现主要通过男女侍俑、甲骑具装俑、砖雕器物、牵马俑、胡人俑来说明。

男侍俑，头戴圆顶帽，两侧护耳，后面护脑，窄袖短上衣，腰束带。这种服饰应为袴褶，就是上服褶而下缚袴，其外不复用裘裳。这种服装属胡地传入。此名起于汉末，因为便于骑乘，所以成为军中之服。《晋书》卷二十五《舆服志》云："袴褶之制，未详所起，近世凡车驾亲戎、中外戒严服之。"魏晋至南北朝，上下通用，皆为军中及行旅之服。据王国维考证，汉末袴褶为将领之卑者及士卒之服。及魏文帝为魏太子，驰骋田猎，亦照此服，自是复通行于上下。后赵石虎对袴褶有特别的爱好。《邺中记》云："石虎从出行，有女鼓吹，尚书官属，皆著锦袴佩玉。""皇后出，女骑一千为卤簿，冬皆著紫衣巾、蜀锦袴褶。"又云："石虎时，著金缕合欢袴。"这种服饰显然是受了西域地区服饰文化的影响，同北方少数民族适应天气寒冷、善骑射的游牧习性相符合。女俑上衣衣领外翻，不同于关中地区妇女的服饰。这也可能反映了鲜卑等少数民族的服装习俗。

甲骑具装俑、铠马，显示着游牧文化和北方军队的特色。铠马，大约起源于安息帕提亚，可能于东汉末年传入中国。三国时，军队中装备有铠马的骑兵数量很少，而且比较名贵。十六国时期，铠马已成为军队中较普遍的装备，常常是数以百计、千计、万计。这一时期的墓葬中，常常出土有甲骑具装俑和绘有甲骑具装的画像砖和壁画等。十六国时期北方少数民族建立的政权之间，相互攻伐，这些少数民族进入关中地区前多是游牧经济，善于骑射，军队的主力是骑兵，骑兵的大量使用，促进了战马防护装备的发展[17]。

随葬砖雕俑、灶、井等是铁 M1、M2 的一个显著特点，其风格朴拙厚重而粗犷，类似的器物在敦煌祁家湾西晋十六国墓[18]中也有发现，祁家湾 M305（前凉）出有一砖雕狗俑，作卧伏状，M220（西晋中期）的一件砖雕兽俑，头顶、尾部均钻有孔，孔内有残断的木棍，同铁 M1 的砖雕马之形制、尺

〔12〕 陕西省文物管理委员会《潼关吊桥汉代杨氏墓群发掘简记》，《文物》1961 年第 1 期。
〔13〕 杜保仁、夏振英、呼林贵《东汉司徒刘崎及其家族墓的清理》，《考古与文物》1986 年第 5 期。
〔14〕 孟昭林《无极甄氏诸墓的发现及其有关问题》，《文物》1959 年第 1 期。
〔15〕 黄河水库考古工作队《河南陕县刘家渠汉墓》，《考古学报》1965 年第 1 期。
〔16〕 陕西省考古研究所配合基建考古队《西安净水厂汉墓清理简报》，《考古与文物》1990 年第 6 期。
〔17〕 杨泓《中国古代的甲胄（下篇）》，《考古学报》1976 年第 2 期。
〔18〕 戴春阳、张珑《敦煌祁家湾——西晋十六国墓葬发掘报告》，文物出版社，1994 年。

寸十分相似。鸡、狗、马等砖雕动物俑和西安田王晋墓[19]中出土的同类陶动物俑有相似之处，器形均厚重粗糙，风格简朴而粗犷。这类砖雕器物秉承了北方少数民族文化的特色。铁 M1 和 M2 随葬粗犷简朴的砖雕俑不见于关中和中原地区，其墓主不似汉人，可能是进入关中的氐、羌等少数民族。

胡人俑、牵马胡俑都表现出强烈的少数民族特征。

这一时期墓葬中不仅出土了较多的北方少数民族文化的器物，而且还出现了南方地区常见的虎子。说明了这一时期文化的交流是多方面的。

有铭砖是这批墓葬的又一特点。有 5 座墓出土了 8 块有铭砖。文林小区墓葬中出土的纪年墓砖为这批墓葬的断代提供了重要的依据。文 M49 出土的一块有铭砖上刻有前秦"建元"年号，砖所刻十四年即公元 378 年。此墓墓主姓朱，另外几座墓出土的墓砖上也刻有朱姓，再结合相同或相似的墓葬形制、出土器物和墓葬排列整齐有序等因素分析，文林小区 M35、M20、M44 与 M49 年代相近，属同一时期墓葬。未出墓砖的几座墓位于这四座墓的东西两侧，墓葬形制、出土物等都与此相同或相似，应系同一时期的墓葬。通过对其中出土的有铭砖的研究，我们认为文林小区墓地墓葬的排列顺序西早东晚[20]。铁 M1 墓道填土内出土两块刻字青砖，上分别有"丁好思大"，"字=（字）思祖墓"文字。"丁好"应是人名，《宋书·沮渠蒙逊传》云："羌之酋豪曰大"，又关中方言称父亲为"大"，刻字青砖应是墓主子孙埋入的纪念物。

四

这批 24 座墓墓主身份是我们考虑的又一问题。

平 M1 出土有两辆彩绘牛车、一辆彩绘轺车、一部由十六骑组成的鼓吹乐俑、釉陶铠马、铜镳斗、连枝灯、虎子等表明身份的器物。鼓吹乐俑盛行于汉魏时期，用于出行仪仗、朝会宴享和丧葬，从根本上讲是一种"威仪"，是身份地位的象征，拥有和使用者多为皇室贵族和朝廷重臣。所以，平 M1 墓主可能是二千石左右或以上的高级武职军官。也有可能为王室贵族。咸阳师院 M4 出土榆糜令印，说明墓主身份为县令。文林小区 9 座墓、中铁七局三处 4 座墓、咸阳师院 M5、M11 墓葬规模较大，出土器物种类及品种相近，都随葬有牛车和男、女侍俑，身份介于平 M1 和师 M4 之间，应是当时的世家大族。

这批墓葬的发掘对认识和研究关中地区的十六国墓葬提供了一批非常重要的资料，特别是纪年墓砖的出土，对关中地区这一时期墓葬编年体系的建立具有重要意义，对过去发现风格类似的墓葬进行重新认识，提供了可靠的实物资料。

---

〔19〕 陕西省考古研究所配合基建考古队《西安东郊田王晋墓清理简报》，《考古与文物》1990 年第 5 期。
〔20〕 见本报告附录二：谢高文《咸阳前秦墓出土的有铭砖考释》。

附录一

关中地区十六国墓的初步认定
——兼谈咸阳平陵十六国墓出土的鼓吹俑

岳　起　刘卫鹏

一　关中地区十六国墓的初步认定

十六国时期，关中地区先后被汉、前赵、后赵、前秦、后秦、夏所统辖，时间从公元316年匈奴人刘曜攻占长安至公元431年北魏太武帝灭夏，共115年。由于政权的快速迭更、频繁而严重的战乱以及激烈的民族冲突，这一时期保存至今的墓葬遗存极为罕见。以前，由于材料的稀少和纪年标尺的缺乏，关中地区这一时期墓葬的特征总显得十分模糊。在谈论这一段墓葬特征时，学者们或语焉不详，或直接将其归入北朝时期。随着近些年经济建设的快速发展，配合基建的考古发掘大规模展开，一大批古墓葬得到发掘和保护，这一时期纪年墓葬的发现，终于揭开了关中地区十六国墓的神秘面纱。

（一）发现及研究概况

20世纪50年代，陕西省文物管理委员会在西安南郊草场坡发掘了一座墓葬[1]，出土了武士俑、鼓吹俑、侍俑、牛车等器物170余件，发掘简报定其年代为北朝早期；1974年的北京大学历史系考古教材中将此墓列入第三期——十六国到北魏迁洛以前[2]；以后，张小舟在其论文中认为此墓可能在十六国的前秦、后秦时期[3]。由于没有纪年的确证，这一结论总使人不能完全信服。20世纪80年代，陕西省考古研究所在长安韦曲镇北原上发掘了两座墓道带有多级台阶的双室土洞墓[4]，出土各类器物77件（组），发掘者定之为北朝早期。其器物特征同西安草场坡的基本相似，二者大体属于同一时期。20世纪90年代，咸阳市文物考古研究所在咸阳市北部的头道原上总共发掘了20余座风格面貌较为相似的墓葬，其中文林小区朱氏家族墓地M49出土有前秦"建元十四年"的墓志砖铭[5]，明确地标明了这是一处十六国前秦时期的家族墓地（图一）。同这一墓地相距很近的咸阳师院[6]、铁七局三处[7]院内也有类似的墓葬被发现。此外，在西安市雁塔区的长延堡瓦胡同村[8]、北郊的顶益村[9]，咸阳市渭城区的南贺村[10]也有零星的墓葬发掘。2001年5月，咸阳市文物考古研究所在平陵附近的过双公路上清理了一座十六国墓[11]，出土了鼓吹俑、铠马、牛车等器物60余件，其保存之良好、器物之精

[1]　陕西省文物管理委员会《西安南郊草场坡北朝墓的发掘》，《考古》1959年第6期。
[2]　北京大学历史系考古教研室《三国两晋南北朝考古》，北大历史系教材，1974年。
[3]　张小舟《北方地区魏晋十六国墓葬的分区与分期》，《考古学报》1987年第1期。
[4]　陕西省考古研究所《长安县北朝墓葬清理简报》，《考古与文物》1990年第5期。
[5]　见本报告第二章第二节。
[6]　见本报告第二章第一节。
[7]　见本报告第二章第三节。
[8]　西安市文物保护考古所《西安财政干部培训中心汉、后赵墓发掘简报》，《文博》1997年第6期。
[9]　陕西历史博物馆《三秦瑰宝——陕西新发现文物精华》，陕西人民出版社，2001年。
[10]　李朝阳《咸阳市郊清理一座北朝墓》，《考古与文物》1998年第1期。
[11]　见本报告第二章第四节。

图一 咸阳文林小区朱氏家族
墓 M49 出土前秦"建元
十四年"砖铭拓片

美、组合之完整在关中地区已发现的十六国墓中首屈一指，极大地
丰富了人们对关中地区十六国墓的认识，具有极其重要的意义。

（二）关中地区十六国墓的基本特征

通过对以上 30 余座墓葬的初步整理和综合分析，尤其是咸阳
地区这些有确切纪年的前秦墓和一大批风格相似的同一时期的墓
葬的发掘，结合西安地区的几座墓葬，我们大体可以梳理出关中
地区十六国墓的基本特征。下面将分别予以叙述。

1. 墓葬形制

这一时期的墓葬均为带斜坡墓道的土洞墓，由墓道、封门、
甬道和墓室四部分组成。

（1）墓道

墓道平面均呈较长的长方形，以南向、东向居多，西向较少，
不见北向者。流行在墓道壁设置生土台阶，以两级台阶最常见，
个别的为一级或三级。长安韦曲、咸阳平陵三座比较大型的墓葬
均带一个长方形的天井。墓道尽头底端的两侧开凿有长方形壁龛
（耳室）的仅西安草场坡 1 例。另外，长安韦曲的两座墓在墓道末
端的台阶和照壁上修有土刻的多重楼阁式建筑模型，并用红、白
彩粉刷，大体可以反映当时房屋建筑的一些具体形象。之后的宁
夏彭阳新集北魏墓封土下天井的两端有土筑的房屋模型[12]，华阴
北魏杨舒墓墓道照壁上发现有砖筑的建筑模型[13]。

（2）封门

绝大多数墓葬在墓道终端的甬道口设有封门。封门分砖质和
土坯两种，以砖质封门常见。砖质封门以小砖为主，也有一部分
用空心砖或空心砖和小砖混合使用。封门绝大多数仅为一道，设
于甬道口的墓道末端，墓室口基本无封门。两重封门仅在咸阳师
院 M5 发现，分别设于甬道口和墓室口，甬道封门用红色和青色
绳纹小砖错缝平垒，高 2.20、宽 0.94、厚 0.12 米。墓室封门下
半部用长 34-36、宽 13.5-16.7、厚 5-6.5 厘米的青色素面砖
错缝平垒，上半部用绳纹小砖错缝平垒，高 1.20、宽 1.06 米。绳纹小砖正、背面均饰有绳纹，分为
两种规格，一种长 26、宽 12、厚 4.5 厘米；一种长 31、宽 11.5、厚 5.7 厘米。类似的绳纹小砖在秦
咸阳宫遗址附近常有发现，砖的一面饰绳纹并戳印有"石安曹五亭"[14]、"石安王赐"、"石安王活"、
"石安昚谟"[15] 类文字（图二）；十六国时，后赵石勒曾在咸阳渭城建立石安县，所以，此种绳纹小砖
应为后赵时期。另外，咸阳师院 M5 还出有两枚后赵时期的"丰货"铜币，因此，咸阳师院 M5 应属
十六国的后赵时期。土坯封门分土坯和草拌泥坯两种，咸阳师院 M11 和文林小区 M6 均属于此。关中
地区北朝至唐墓中普遍使用的土坯封门在十六国时期就已经出现和兴起。

（3）甬道

〔12〕 宁夏固原博物馆《彭阳新集北魏墓》，《文物》1988 年第 9 期。
〔13〕 崔汉林、夏振英《陕西华阴北魏杨舒墓发掘简报》，《文博》1985 年第 2 期。
〔14〕 王学理《咸阳帝都记》，三秦出版社，1999 年。
〔15〕 资料在秦咸阳宫遗址博物馆，李朝阳先生提供。

这一时期的墓葬大多带有甬道。甬道平面多呈长方形，也有一部分呈梯形。梯形式甬道一般口小里大，均为土洞弧顶或平顶，以弧顶为主。

（4）墓室

均为土洞，根据其平面结构可将其分为主室、后室和侧室。主室平面均为四方形，四边长度相等或相近，顶呈四面起坡式的攒尖顶或穹隆顶。侧室平面呈长方形或梯形，弧顶或平顶，一般情况下是口高内低，即室口较高，往内逐渐降低。后室平面分两种，一种和侧室的相同，一种和主室的相同。根据墓室的多少和侧室的有无分为 A、B、C、D 四型。

A 型　单主室墓。仅有一个墓（主）室。共 12 座（图三）。文林小区 7 座、咸阳师院 3 座、咸阳平陵和西安瓦胡同村各 1 座。

B 型　单主室带侧室墓。在主室的两侧开有 1—2 个不等的侧室，仅有 3 座（图四）。文林小区 2 座、南贺村 1 座。

C 型　前后室墓。前室为四方形，根据后室的形状又可分两式。Ⅰ式：后室形状同前室，平面呈四方形，二者之间以甬道相连。共 3 座（图五）。西安草场坡、长安韦曲、咸阳铁七局三处各 1 座。Ⅱ式：后室平面呈长方形或梯形，弧顶或平顶，一般直接开口于前室壁上，二者之间均无甬道相连（咸阳师院 M2 除外）。共 5 座（图六），咸阳师院 3 座、长安韦曲和咸阳中铁七局三处各 1 座。

图二　咸阳窑店秦遗址附近
出土的"石安睿寞"
砖铭拓片

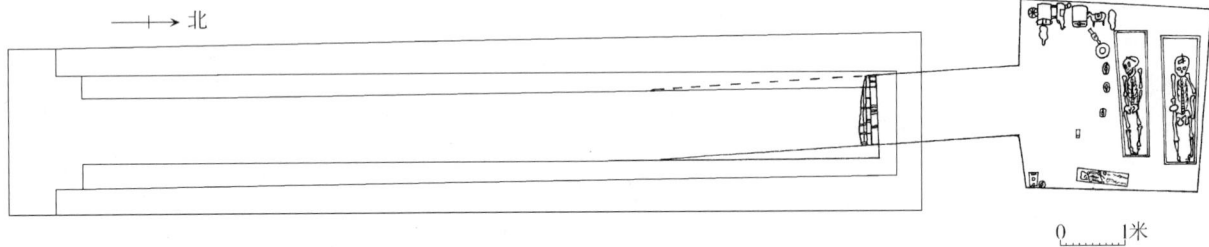

图三　咸阳文林小区前秦朱氏家族墓 M6 平面图（A 型）

D 型　前后室带侧室墓。前室为平面呈四方形的主室，前室两侧开有 1—3 个不等的侧室。根据后室的形状又可分两式。Ⅰ式：后室平面和前室的相同。仅铁七局三处 M1 一座（图七）。Ⅱ式：后室平面呈长方形或梯形，弧顶或平顶。共 4 座（咸阳师院 M3、M4、M5、M11）（图八）。

2. 葬具及人骨

葬具为木棺，保存较差，均朽成木灰，仅保存有铁棺钉。棺木形状大多呈一头大、一头小的梯形；极个别平面为长方形。人骨数量在 1—4 人之间，尤以 2—3 人的合葬最为普遍和流行。主室和侧室均可用来葬人，侧室葬人较为流行。一棺只葬一人，均仰身直肢。单人葬均为单室墓，棺木一般横向陈放于墓室后部。如咸阳平陵 M1、文林小区 M35 等。多人合葬墓中棺木人骨的陈放形式主要有以下几种。

（1）平行式。棺木及人骨头向一致，相互平行，按照其平面位置又可分为两种：一种为相互并列

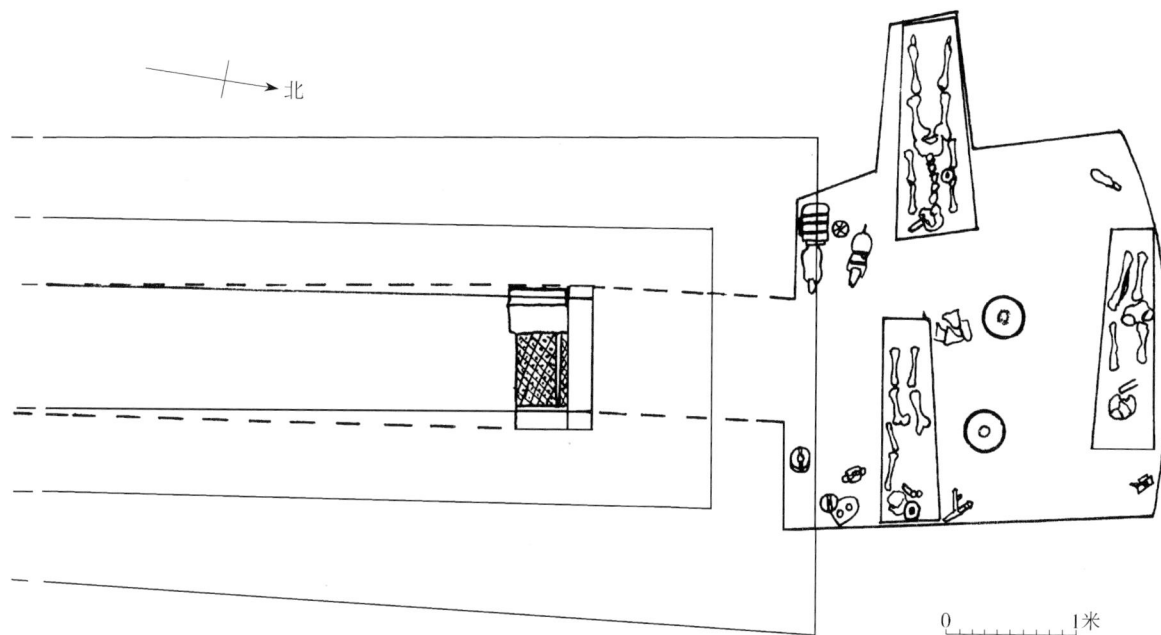

图四　咸阳文林小区前秦朱氏家族墓 M61 平面图（B 型）

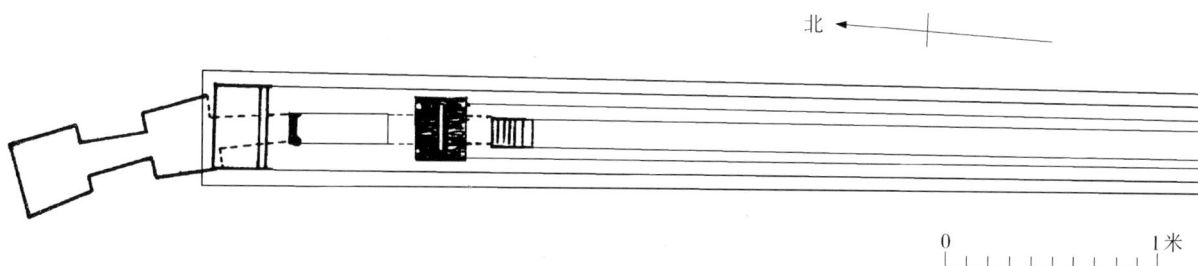

图五　长安县韦曲 M1 平面图（C 型 I 式）

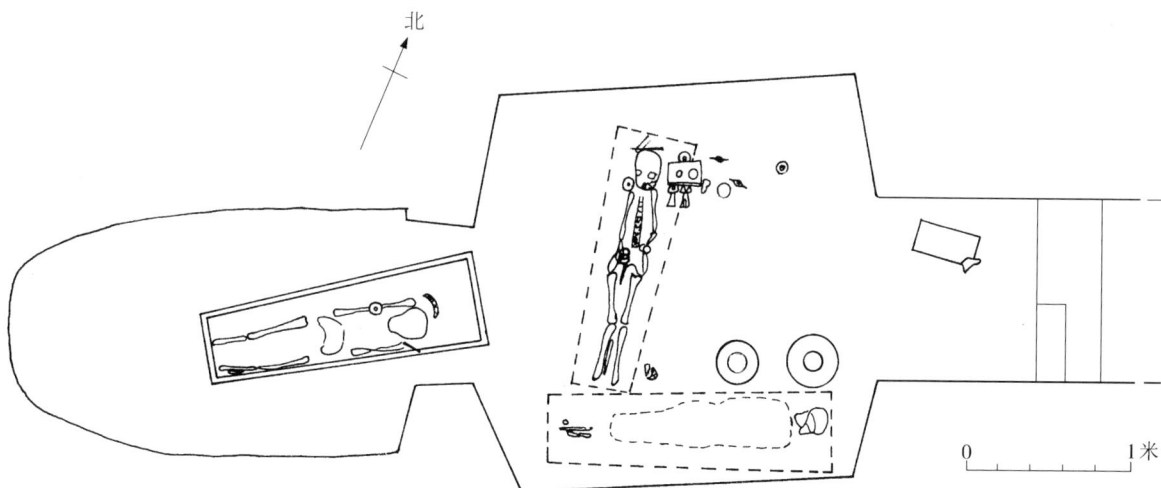

图六　咸阳师院 M2 平面图（C 型 II 式）

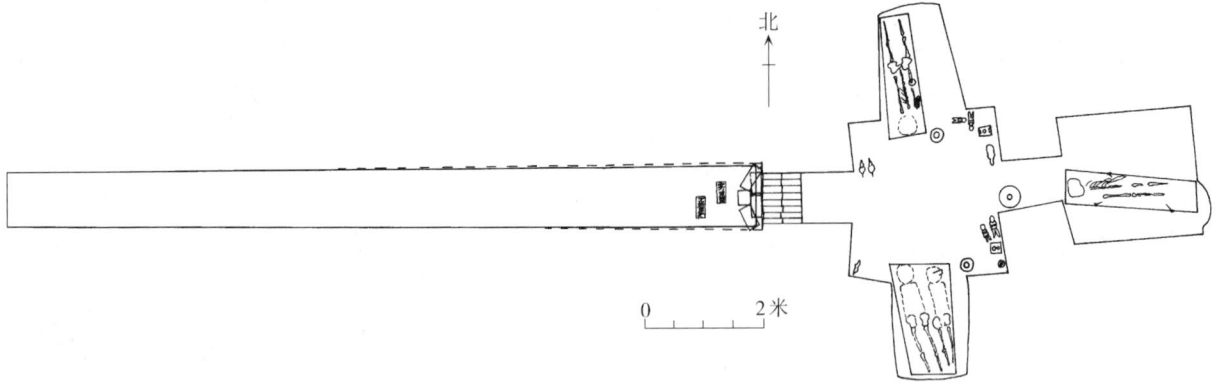

图七　咸阳铁七局三处十六国墓 M1 平面图（D 型 I 式）

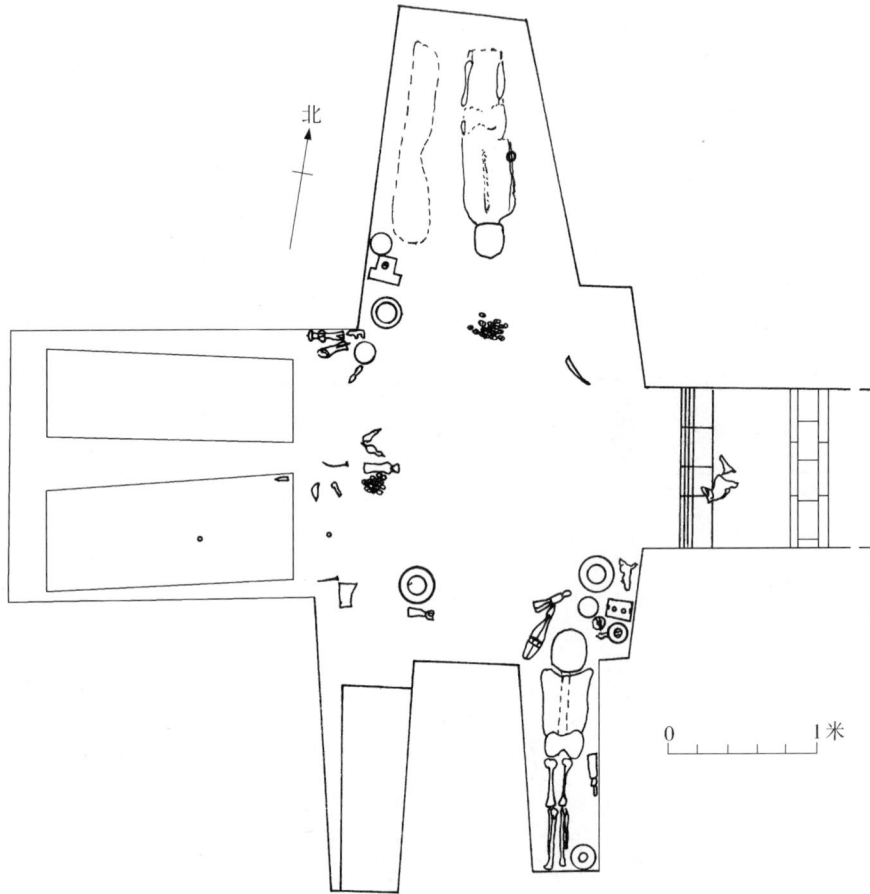

图八　咸阳师院 M5 平面图（D 型 II 式）

的平行式，棺木间距很小，头、尾基本平齐；采用这种葬式的多为 2 人夫妻的合葬墓，主要流行于 A 型、B 型墓中。如文林小区 M6、M140，咸阳师院 M9 等。另一种为前后相错的平行式，棺木、人骨相互平行但前后相距较远，采用这种葬式的多为一夫两妻或父母子型的 3 人合葬，主要见于 B 型、C 型墓中。如文林小区 M61、咸阳师院 M2 等。

（2）中心点式。人头均朝向主室的中心部位。采用此类葬式的多为父母子型的多代合葬墓，主要流行于 D 型墓中。如咸阳师院 M5、M11、铁七局三处 M1 等。

（3）"T"形布局。一棺或两棺顺置、一棺横置。主要见于 A 型墓中，采用这种葬式的多为一夫一妻一妾的 3 人合葬。如咸阳文林小区 M44、M69、M113 等。

另外，还有一部分墓内人骨周围未见葬具痕迹，这应属一种比较特殊的情况。如咸阳师专 M5 北侧室的 2 具人骨和南面东侧室的 1 具人骨周围均未发现葬具，而后室的两口棺木和南面西侧室的一口棺木中未发现人骨，后室之南棺中出土有铜指环和玉圭各一，后室口部随葬器物比较凌乱，并发现几枚铁棺钉，种种迹象表明后室原来埋葬有人，后被迁走。按照魏晋时期多人合葬的习俗，后室应是父母的葬室，侧室的当属子、媳的葬室[16]。父母入葬在先，子、媳入葬在后，后室中原有的人骨可能被迁走，属于迁葬。而南北侧室中的 3 付骨架没有棺木，是否同被葬者的身份有关？咸阳铁七局三处 M3 后室内有四具人骨，其中三具有棺木，东西向平行排列，在北棺、中棺的后面紧靠东壁有一付骨架，头南足北，无葬具，其身份可能属于较低的奴婢类。

3. 出土器物

出土器物一般位于主室的两侧、四隅和墓主的头部附近。单室墓的以平陵十六国墓为代表，出土器物主要陈放于墓室东西两侧，墓室东部陈放 16 件鼓吹俑、具装马 2、铁矛 1；墓室西部主要陈放牛车 2 组、轺车 1 组、伎乐女俑、女侍俑及陶罐、壶、仓、灶、鸡、狗、猪等；棺内人骨处主要有银叉、镯、铜铃、指环、钱币等。另外，在棺外靠近墓室北壁中部放置 1 釉陶虎子。前后室（或带侧室）墓随葬器物一般陈放于前室，侧室、后室一般用来葬人，咸阳师专 M5 可作为其代表。随葬器物按用途可分为以下五大类。

（1）生活明器类：主要为罐、仓、灶、井、碓、磨、连枝灯等。

（2）畜禽俑：主要为鸡、狗、猪等。

（3）出行组合：主要为牛车、鞍马、伎乐俑、侍俑等。

（4）仪卫类：主要为鼓吹俑、武士俑、天王俑、具装马等。

（5）实用器类：主要有铜釜、镳斗、灯，铜（铁）镜、叉、簪、镯、指环及铜钱币等。

一般大型墓以上五大类基本具备；中型墓中缺少鼓吹俑、伎乐俑等；小型墓主要为罐、仓、灶、鸡、狗类或随葬其中的一两件器物。这一时期的墓葬流行以牛车为中心，配合鞍马和男、女侍俑的随葬模式，其中以头戴假髻或发冠、下穿竖条纹间色裙的女侍俑最具特色（图九：2），这种女侍俑同当

1   2

图九 1. 陶鞍马（咸阳师院 M5：19） 2. 女侍俑（咸阳师院 M5：6）

---

［16］ 韩国河《试论汉晋时期合葬礼俗的渊源及发展》，《考古》1999 年第 10 期。

时南方东晋墓中出土的女侍俑有一定的相似之处。据《晋书·五行志》的记载，东晋太元年间，在公主和妇女之间流行使用假髻的风气，引得贫家妇女纷纷效仿，造成了"就人借头"的事例。当时的妇女争相使用假髻的习气也波及到男子中间，以致于东晋政府不得为此下了一道法令："士卒百工不得着假髻"[17]。关中平原出土的这种头戴假髻的女侍俑应当是效仿南方妇女装饰的结果，说明了南方汉人的生活习俗对北方地区的影响比较强烈。关中地区十六国墓出土的陶俑和模型明器一般为陶土烧制的、体内多为中空的灰陶或红陶，但也有个别用青砖雕刻的器物，器形厚重，风格粗犷，明显属于另外一种风格。像咸阳中铁七局三处 M1、M2 中随葬有青砖雕刻的灶、马、鸡、侍俑等（图九：1），M3 的随葬器物至少可分为两套，一套为传统的陶土直接烧制的器物，一套为砖雕的灶、鸡、男侍俑。这两种风格迥异的随葬器物可能代表了墓主族属的差异，应同当时入主关中的少数民族政权有关。这一时期墓葬中铜钱币比较少见，流行随葬泥质冥钱，表现出经济萧索、财力匮乏的时代特征。

　　另外，关中地区的十六国墓中还流行埋藏刻字砖铭。砖铭一部分置于离封门较近的墓道填土内，像咸阳铁七局三处 M1 墓道填土内出有两块刻字砖铭，一块上刻"丁好思大"4 字（图一〇），一块上刻"字二（字）思祖墓"5 字（图一一）；咸阳文林小区 M20、M35 墓道内各出土 1 块刻字砖铭，其中 M20 的砖铭置于封门最上层中间部位，上刻"朱卿"2 字。长安韦曲 M2 墓道内的一块砖铭上篆书"韦咸妻苟夫人之□"。另外一部分砖铭放置于墓室棺木附近，如文林小区 M44 内发现三块砖铭，其中两块置于西侧棺外的头部，一块置于墓室口紧西侧；M49 墓室北部曾经放棺的紧西端发现一块刻字砖铭，上有"建元十四年二月十二日张氏女朱圮妇"16字。砖铭的出现和流行当和曹魏、西晋政府禁止于墓前立碑有关，南京附近发现的东晋颜氏、王氏士家大族墓中出有不少墓志砖铭。

　　4. 墓地布局

　　咸阳师院的 10 座和文林小区的 9 座十六国墓均排列整齐，墓向一致，应为聚族合葬的家族墓地。咸阳师院的 10 座墓葬均东西向，墓道在东，分为两排，呈南北向"一"字型排列，东边的一排 6 座，西边的一排 4 座，两排之间相距 24 米。文林小区的 9 座前秦朱氏家族墓均南北向，墓道在南，呈东西向的"一"字型排列。这种聚族合葬的家族墓地在西北地区敦煌的西晋十六国墓中以及南方的东晋墓中比较盛行，如敦煌祁家湾、佛爷庙湾带有砾石堆积的四方形坟院式家族墓群，南京象山王氏、老虎山颜氏等在山上安排墓地，其习俗同关中地区的十六国墓群还是有一定的差别的。

　　5. 总结

　　通过以上对墓葬的分类叙述，可以看出关中地区十六国墓的基本特征。

　　（1）均为带长斜坡墓道的土洞墓，墓道壁流行设置生土台阶，大型墓往往带一长方形天井。墓室

0　　　　5厘米

图一〇　"丁好思大"砖铭拓片

0　　　　5厘米

图一一　"字字思祖墓"
　　　　砖铭拓片

---

[17]《太平御览》卷七一五《服用部·一七》。

以单主室和主室带侧室墓占主流，主室平面均呈四方形，攒尖顶或穹隆顶；后室、侧室平面多呈长方形或梯形，平顶或弧顶。封门分砖质和土坯两种。

（2）流行多人合葬墓，尤以2-3人的夫妻合葬最为常见。

（3）随葬器物流行以牛车、鞍马、侍俑为主的组合形式，其中的女侍俑、鞍马和牛车极具时代特征。甲骑具装、武士俑等军事气氛比较浓厚的器物比较常见。

（4）关中地区十六国墓特征鲜明，形制清晰，是本地区墓葬史中不应被忽视的一个重要组成部分。它的一些特点不但为关中地区以后的墓葬所继承，而且同西北地区的西晋十六国和南方的东晋墓有一定的相似之处。如带长斜坡墓道的方形单室土洞墓、土坯封门、天井，均为关中地区北朝、唐墓的典型风格；也是西北地区西晋十六国墓比较流行的做法。南方东晋墓中习见的牛车、头戴假髻的女侍俑、墓志砖等在关中地区的十六国墓中颇为流行。再像家庭合葬、家族聚葬也是这一时期普遍流行的做法，说明即使在政权割据、敌对的东晋十六国时期，文化之间的互相影响和借鉴依然是不可阻挡的。

二　咸阳平陵出土的鼓吹俑

咸阳平陵十六国墓墓室东部陈放有16件骑马鼓吹俑，其中吹角者8件，击鼓者7件，吹排箫者1件，这属于出行仪仗和葬仪中的鼓吹。鼓吹之源，现在一般均认为是始皇末年于楼烦避乱的班壹[18]所创。《魏书·礼志》云："案鼓吹之制，盖古之军声，献捷之乐，不常用也，有重位茂勋，乃得备作。"《宋书·乐志》曰："鼓吹，盖短箫铙哥。"蔡邕《礼乐志》载："汉乐四品，其四曰短箫铙哥，军乐也。"可见，鼓吹自产生后，是作为军乐使用的，东汉时的边将、万人将军才能配有鼓吹[19]，后来又用于皇室卤簿和朝会宴享。其实，鼓吹从根本上讲是一种"威仪"，是身份地位的一种象征，拥有和使用者多为皇室贵族和朝廷重臣；盛行于汉魏六朝时期。用于出行仪仗、朝会宴享和丧葬[20]。鼓吹按所用乐器和用途的不同可分为鼓吹和横吹。鼓吹主要由鼓、排箫、笳等乐器组成。其中由建鼓与箫、笳在朝会宴享时演奏的称"鼓吹"或"黄门鼓吹"；由提鼓与箫、笳在马上作为出行仪仗演奏的专称"骑吹"；由提鼓、箫、笳加上铙在马上作为军乐演奏的称"铙歌"或"短箫铙歌"。横吹又称鼓角横吹，一般由鼓、角、横吹（横笛）等组成，有时加用笳或排箫[21]。《乐府诗集·横吹曲辞》云："横吹曲，其始亦谓之鼓吹，马上奏之，盖军中之乐也。北狄诸国，皆马上作乐，故自汉以来，北狄乐总归鼓吹署。其后分为二部，有箫笳者为鼓吹，用之朝会、道路，亦以给赐。……有鼓角者为横吹，用之军中，马上所奏者是也。"角和鼓是横吹中最主要的乐器。角的起源地有两个，一个是西北的少数民族地区，另一个是江南的吴越地区。《宋书·乐志》载："角，前世书记或不载。或云出羌胡，以惊中国马。或云出吴越。"从文献记载来看，西北地区的羌人经常使用吹角，中原地区的汉人称之为"胡角"。《晋书·乐志》云："横吹有鼓角，又有胡角。"许慎《说文》称"羌人所吹角曰屠觜，惊马也"。《南史·本纪》载"东昏设部伍羽仪，复有数部，皆奏鼓吹羌胡伎，鼓角横吹"。同时，在南方地区，角也使用的很早。《三国志·陆逊传》记载陆逊讨伐费栈时，乃"益施牙幢，分布鼓角，夜潜山谷中，鼓噪而

---

〔18〕《汉书·叙传》第4197-4198页载："始皇之末，班壹避坠于楼烦，致马牛羊数千群。值汉初定，与民无禁，当孝惠、高后时，以财雄边，出入弋猎，旌旗鼓吹。"

〔19〕易水《汉魏六朝的军乐——"鼓吹"和"横吹"》，《文物》1981年第7期。

〔20〕《晋书·礼志中》第626页："汉魏故事，将葬，设吉凶卤簿，皆以鼓吹。"

〔21〕吴钊、刘东升《中国音乐史略》，人民音乐出版社，1993年。

前，应时破散"。《江表传》记载孙权"住驾，使泰以兵马导从出，鸣鼓角，作鼓吹"。角传入中原的时间当不会晚于东汉，流行于两晋南北朝时期。主要用于军中，严警号令、鼓气壮威；后又广泛用于出行仪仗中，一般是两个一组配合使用，大小相同，或即《晋书》里提到的"双角"[22]，考古发现的角的数量也基本为偶数。角按形状可分为弯角和直角。弯角应是模仿兽角的形状，西安草场坡和咸阳平陵十六国墓、宁夏彭阳新集北魏墓[23]、咸阳西魏侯义墓[24]和北周宇文俭墓[25]均出有肩扛或手握弯曲长角吹奏的陶俑（图一二：1、2、4、5）；朝鲜安岳东晋冬寿壁画墓[26]、辽宁辑安和吉林集安五盔坟高句丽壁画墓[27]、河南邓县南朝彩色画像砖墓[28]以及敦煌莫高窟中属于北凉时期的275窟[29]的壁画中均有吹角者的具体形象（图一二：3、6、7、8），其中莫275窟和河南邓县画像砖墓中的角上部口端较大，似由两节构成，上系有白色或红、绿色的幡。咸阳平陵十六国墓出土的青褐色角的顶端还绘有白彩，说明当时角上还施有彩绘，即文献和古诗中记载的"画角"[30]，《太平御览》卷三三八中的晋庾翼《与燕王书》就记有"画长鸣角一双"。直角应是随着角的广泛使用而对弯角的改变或者是由铜角演变而来，《旧唐书》云："西戎有吹金者，铜角是也，长二尺，形如牛角"，陈旸《乐书》中所画北齐时的各类角，皆为圆锥状的直筒式（图一二：9），这种形制的角在太原北齐娄叡墓[31]和徐显秀墓[32]的墓道壁画中得到证实，徐显秀墓墓道东西两壁的仪仗队列中，均有两人肩扛黑色的圆锥状直筒式角；娄叡墓墓道西壁的下部，四人持长角两两对吹，角的顶端饰彩，其形制和徐显秀墓的相同。角也有长、短之分，即《隋书·音乐志》中记载的"长鸣（巴角）"、"中鸣（巴角）"，分别用于大横吹部和小横吹部。尤其是广泛流行于这一时期的那种弯曲高耸的长角，极具威扬之气，考古发现的多为这种类型的角，应是《新唐书·礼乐志》中记载的"大角"[33]，属于"长鸣"类。

鼓的起源很早，发展到商代就已经相当成熟，其种类特别丰富，形制基本为体腔中空的圆桶形或扁圆形。放置方法有鼓面朝上的横放和鼓身朝上的竖放。鼓是鼓吹仪仗中最常用和最基本的打击乐器，这一时期发现的鼓吹和横吹中的鼓的数量最多，其造型基本是一种扁平圆鼓，悬挂在乐工的胸腹前或腰部，可能属于腰鼓的一种；因为经常用于骑马鼓吹仪仗中，又称为"提鼓"[34]。提鼓一般同一种带手柄的手摇小鼓配合使用，此类带手柄的小鼓称为"鼗"或"鞉"，即手摇鼓，俗谓拨浪鼓。《宋书·乐志》云："以枹击之曰鼓，以手摇之曰鞉，小鼓有柄曰鼗。"郑玄曰："鼗，如鼓而小，持其柄摇之，旁耳还自击"[35]。鼗鼓在汉代经常配合排箫使用，汉代画像石[36]里经常可见到一手执鼗摇动、一手捧排箫吹奏的乐伎形象（图一三：2）。酒泉丁家闸十六国墓[37]南壁壁画中，墓主人前一头戴黑帻的男

[22] 《晋书·乐志》第715页："胡角者，本以应胡笳之声，后渐用之横吹，有双角，即胡乐也。"
[23] 同[12]。
[24] 咸阳市文管会、咸阳博物馆《咸阳市胡家沟西魏侯义墓清理简报》，《文物》1987年第12期。
[25] 陕西省考古研究所《北周宇文俭墓清理发掘简报》，《考古与文物》2001年第3期。
[26] 洪晴玉《关于冬寿墓的发现和研究》，《考古》1959年第1期。
[27] 吉林省文物工作队《吉林集安五盔坟四号墓》，《考古学报》1984年第1期。
[28] 河南省文化局文物工作队《邓县彩色画像砖墓》，文物出版社，1958年。
[29] 郑汝中《敦煌壁画乐舞研究》，甘肃教育出版社，2002年。
[30] 古诗中经常提到"画角"，南朝梁简文帝《和湘东王折柳诗》："城高短箫发，林空画角悲"。杜甫《奉送王信州崟北归》："壤歌唯海甸，画角自山楼"。高适《送浑将军出塞》："城头画角三四声，匣里宝刀昼夜鸣"。
[31] 山西省考古研究所、太原市文物管理委员会《太原北齐娄叡墓》，《文物》1983年第10期。
[32] 山西省考古研究所、太原市文物考古研究所《太原北齐徐显秀墓发掘简报》，《文物》2003年第10期。
[33] 《新唐书·礼乐志》第479页："金吾掌有大角，即魏'簸逻回'；工人谓之角手，以备鼓吹。"
[34] 《太平御览》卷五八二《乐部·鼓》引《大周正乐》："马上之鼓曰提鼓，有木可提。"
[35] 《周礼·春官·小师》里郑玄注。
[36] 常任侠《中国美术全集画像石画像砖》，上海人民美术出版社，1993年。
[37] 甘肃省文物考古研究所《酒泉十六国墓壁画》，文物出版社，1989年。

图一二

1. 西安草场坡十六国墓出土骑马吹角俑 2. 北周宇文俭墓出土的骑马扛角俑 3. 莫高窟 275 窟北凉时期一组步行鼓吹中的吹角者
形象 4. 咸阳西魏侯义墓吹角骑俑 5. 宁夏彭阳新集北魏墓吹角俑 6. 吉林集安高句丽墓壁画中的伎乐形象 7. 朝鲜安岳冬寿墓
壁画中的一组步行鼓吹形象 8. 河南邓县画像砖墓的一组鼓吹形象 9. 陈旸《乐书》中北齐时的角

子，一手高摇鼗鼓，一手执一细棒，正在指挥后侧的乐队给墓主演奏（图一三：1）。酒泉西沟村魏晋
画像砖墓墓室西壁的一块画像砖上[38]，前画一戴白帻、骑灰马、手持长矛的骑卒，后一人骑白花马，

〔38〕 甘肃省文物考古研究所《甘肃酒泉西沟村魏晋墓发掘报告》，《文物》1996 年第 7 期。

一手举鼗摇动，一手执鼓槌敲击置于腰腹间的扁平圆鼓，身旁题有"鼓吏"二字（图一三：5）。可见，这种摇鼗击鼓的骑马乐工当时被称为"鼓吏"。《后汉书·百官志》引《汉官仪》云："鼓吏赤帻行滕，带剑佩刀，持楯被甲，设矛戟，习射"。三国时，祢衡不肯屈事曹操，且出言不逊，曹操为羞辱祢衡，

图一三

1. 酒泉丁家闸十六国壁画墓中摇鼗指挥者形象　2. 河南唐河东汉画像石墓中摇鼗吹排箫的乐伎形象　3. 河南邓县学庄模印彩
绘画像砖　4. 河南偃师北魏二号墓鼗鼓俑（古93.5）　5. 甘肃酒泉西沟村魏晋墓"鼓吏"

"乃署其为鼓吏"，并使其当众脱衣（《三国志·魏书·荀彧传》）。鼓吏行军除过携带鼓外，有时还带角。《三国志·吴书·虞翻传》注引《吴书》记载，孙策讨伐山越时，斩其渠帅，"悉令左右分行逐贼，独骑与（虞）翻相得山中……行及大道，得一鼓吏，策取角自鸣之，部曲识声，小大皆出，遂从周旋，平定三郡"。咸阳平陵十六国墓和河南偃师北魏墓[39]出土的击鼓摇鼗俑分别代表了骑马和步行击鼓俑的形象（图一四：4）。宁夏彭阳北魏墓[40]中不但出有持鼓俑和击鼓俑，还出有两件状如漆桶的"羯鼓"[41]，属于鼓类中的圆桶形式，这一时期比较少见。到后来，鼓、角的多少、大小和颜色已经成为区分等级的重要标志之一，《隋书·音乐志》记录南朝齐时，"诸州镇戍，各给鼓吹乐，多少各以大小等级为差。诸王为州，皆给赤鼓、赤角，皇子则增给吴鼓、长鸣角；上州刺史皆给青鼓、青角；中州以下及诸镇戍，皆给黑鼓、黑角。乐器皆有衣，并同鼓色"。

---

〔39〕 偃师商城博物馆《河南偃师两座北魏墓发掘简报》，《考古》1993 年第 5 期。
〔40〕 同〔12〕。
〔41〕《太平御览》卷五八二《乐部·鼓》载："羯鼓正如漆桶，两手俱击，以其出羯中，故号羯鼓。"

西晋至北朝墓葬出土鼓吹俑统计表

墓葬		年代	骑马鼓吹俑（种类及所执乐器）									步行鼓吹俑（种类及所执乐器）						资料来源
			总数	鼓	角	排箫	笳	埙	管	笛	备注	总数	鼓	角	箫	瑟	竽	
长沙晋墓 M21		西晋	2		1				1									《考古学报》1959 年第 3 期
西安草场坡墓 M1		十六国	4	2	2													《考古》1959 年第 6 期
咸阳平陵 M1		十六国	16	7	8	1												《文物》2004 年第 8 期
宁夏新集 M1		北魏										13	3	8		1	1	《文物》1988 年第 9 期
洛阳元邵墓		528	4	4								3	3					《考古》1973 年第 4 期
偃师北魏墓		北魏										5	4		1			《考古》1993 年第 5 期
西魏侯义墓		544	21	3	16		2											《文物》1987 年第 12 期
东魏李希宗墓		540																《考古》1977 年第 6 期
东陈村东魏墓		547										9	9					《考古》1977 年第 6 期
茹茹公主墓		550										23	23					《文物》1984 年第 4 期
北齐	贺拔昌墓	553	2	2														《文物》2003 年第 3 期
	元良墓	554										8	8					《考古》1997 年第 3 期
	娄叡墓	570	22	22														《文物》1983 年第 10 期
	常文贵墓	571										10	10					《文物》1984 年第 9 期
	徐显秀墓	571	9	8	1													《文物》2003 年第 10 期
	高润墓	576	10															《考古》1979 年第 3 期
	吴桥 M3	北齐										4	4					《文物》1984 年第 9 期
北周	李贤墓	569	9			1		4	4									《文物》1985 年第 11 期
	叱罗协墓	574	3			2		1										贠安志《中国北周珍贵文物》，陕西人民美术出版社，1992 年。
	王德衡墓	576	4			1		2										
	若干云墓	578	5								不详							
	独孤藏墓	578	1					1										
	宇文俭墓	578	4		1	1												《考古与文物》2001 年第 3 期
	周武帝陵	579	2			1			1									《考古与文物》1997 年第 2 期

鼓吹又可分为骑马鼓吹和步行鼓吹两种。通过对两晋南北朝时期墓葬中出土的鼓吹和横吹俑的大体统计，可以看出，骑马鼓吹俑的的数量要多于步行鼓吹俑，一座墓葬中通常只出骑马鼓吹或步行鼓吹中的一种，即随葬一部鼓吹；而北魏元邵墓[42]中出土的 7 件击鼓俑中，骑马者 4 人，步行者 3 人，应是分属于骑马鼓吹和步行鼓吹的两部鼓吹，可能是史书中经常提到的前部鼓吹和后部鼓吹[43]。据文献记载，一部鼓吹的人数在 7－20 人之间，应劭《汉官仪》曰："鼓吹二十人，非常员"。《晋书・舆服

---

〔42〕 洛阳博物馆《洛阳北魏元邵墓》，《考古》1973 年第 4 期。

〔43〕 史书中有关前、后部鼓吹的记载很多，《三国志・蜀书五》第 920 页："诏赐亮金鈇钺一具、曲盖一、前后羽葆鼓吹各一部"。《三国志・吴书》第 1280 页："权增给（吕蒙）步骑鼓吹……拜毕，还营，兵马导从，前后鼓吹，光耀于路"。《晋书・刘曜载记》第 2693 页："署大司马刘雅为太宰……增班剑六十人，前后鼓吹各二部"。《南朝齐会要》："隆昌元年，太傅竟陵王子良薨，诏给辒辌车，前后部羽葆鼓吹，挽歌二部"。

志》记中朝大驾卤簿，"前部鼓吹左右各一部十三人"、"黄门后部鼓吹，左右各十三人"，五校、左将军、前将军、骁骑将军、游击将军等"鼓吹各一部七人"。《邺中记》记录十六国后赵石虎时，一部鼓吹十二人[44]。《隋书·音乐志》记载南朝陈时之制："鼓吹一部十六人，则箫十三人，笳二人，鼓一人。东宫一部，降三人，箫减二人，笳减一人。诸王一部，又降一人，减箫一。庶姓一部，又降一人，复减箫一"。考古发现的鼓吹的人数为 2－23 人，同文献记载的略有出入，说明在实际应用中对制度略有损益。咸阳平陵十六国墓出土了一部由 16 人组成的完整的骑马鼓吹，其中吹角者 8、击鼓者 7、吹排箫者 1 人，可作为骑马鼓吹的代表。步行鼓吹以宁夏彭阳新集北魏墓[45]和河南邓县南朝画像砖墓[46]为代表，彭阳北魏墓出土了一部 12 人的鼓吹，其中吹角者 8、击鼓者 3、抚瑟者 1、吹竽者 1 人。邓县画像砖墓中有两组步行鼓吹的形象，其一由 5 人组成，所执乐器由前到后分别为横笛 1、排箫 1、长角 2、笳 1（图一二：8）；另一部鼓吹由四人组成，前 2 人吹奏长角，后 2 人一手执节伴奏，一手执桴击打悬于腰间的红色板鼓（图一三：3）。朝鲜安岳冬寿墓壁画中绘有一部由 4 人组成的步行鼓吹[47]，最前一人骑高头大马，冠带整齐，第二人双手持幢（牙旗），第三人一手持鼗摇动，一手拍打悬挂于腰间的扁平圆鼓，最后一人正在吹奏弯角（图一二：7）。而北周时期的鼓吹中，又增加了埙、管、笛类的吹奏乐器，带有浓厚的西北民族气息。一般情况下，鼓吹人数越多，其身份地位越高，数量最多的东魏茹茹公主和北齐娄叡分别为皇室贵族和官至"太尉"的一品大员，但也有例外，西魏侯义为北魏武阳公侯刚之孙，燕州刺史侯渊之子，任职太师开府参军事，年 15 岁夭亡，却陪葬 21 件鼓吹俑。北周武帝身为皇帝，仅陪葬 2 件鼓吹俑[48]，显然同制度不符，可能另有特殊的原因。

　　总之，鼓吹自产生以后，很快进入了皇室卤簿和王公大臣的出行仪仗中，也经常用于丧葬中，是体现身份和表现威仪的重要工具之一。魏晋十六国时期，随着军事活动的日益频繁和民族冲突、融合的不断加强，鼓吹开始普及并流行开来，这同"魏晋世给鼓吹甚轻，牙门督将五校，悉有鼓吹"[49]的现象比较符合；北朝时期这种风气极其兴盛，墓葬中随葬鼓吹俑已是葬仪中重要的组成部分，鼓吹的配置比较正式和规范。而关中地区十六国至北周时期的墓葬中均出骑马鼓吹俑，墓葬数量多，延续时间长，可能暗示着关中地区是鼓吹的重要起源地之一。

（原刊于《文物》2004 年第 8 期，本次收入略有改动）

[44]《太平御览》卷五六七引《邺中记》曰："石虎正会，置三十部鼓吹，三十步辄置一部十二人，皆在平阁上，去地丈余。又有女鼓吹。"

[45] 同〔12〕。

[46] 同〔28〕。

[47] 同〔26〕。

[48] 陕西省考古所、咸阳考古所《北周武帝孝陵发掘简报》，《考古与文物》1997 年第 2 期。

[49]《宋书·乐志》第 559 页。

附录二

咸阳前秦墓出土的有铭砖考释

谢高文

1999年，咸阳市文物考古研究所在配合咸阳文林小区的建设中，发掘了9座前秦墓葬。这批墓葬排列整齐有序，出土器物丰富，特别是纪年砖的发现具有重要意义[1]。现就其中出土的有铭文砖做以考释，不妥之处，请方家指正为盼。

一 有铭砖出土位置及内容

前秦墓葬位于征地范围的北侧，呈东西向一线排列，整齐有序，自西向东依次为 M140、M113、M69、M61、M49、M44、M35、M20、M6。有铭砖出自相连的 M49、M44、M35、M20 四座墓中。总共 6 块，M49、M35、M20 各出 1 块，M44 出土 3 块。现就有铭砖的出土位置和内容介绍如下。

M49：10，出土于墓室北侧木棺南部。棺下有三排东西向排列的砖，每排两块，顺置，平铺。砖间棺木痕迹已不清，但见骨粉，这三排砖应为棺下铺垫棺木所用。葬一人。砖 M49：10 位于西侧一排砖的南部，横向平铺，灰褐色，素面。长 34、宽 14、厚 6 厘米。一面竖刻两行文字，自右至左释读，第 1 行竖刻"建元十四年二月十二日张氏女"13 字，第 2 行刻"朱圮妇"3 字，隶书（图一）。

M35：7 出土于墓道填土中部，接近墓室一端，墓室葬一人。砖 M35：7，灰褐色，素面。长 33.5、宽 14、厚 6 厘米。砖正反两面刻字，正面竖刻"朱丈北至首"五字，反面刻"东至庙门"四字，隶书（图二）。

M20：28 位于墓道封门最上端的正中部，字面朝上，平铺放置，墓室中部出土一块头骨。M20：28，灰褐色，素面。长 33.5、宽 13.5、厚 6 厘米。正面竖刻"朱卿"两字，隶书（图三）。

M44 出土的三块有铭砖位于墓室偏南的侧室口部，顺置，平铺叠放。该墓共葬三人，其中主室葬二人，侧室葬一人。M44 出土 3 块有铭砖，均为灰褐色，素面。M44：4 正面用隶书竖刻"朱卿"两字。砖长 34、宽 14、厚 6 厘米。M44：5 正反两面刻字，

图一 咸阳文林小区朱氏家族墓 M49 出土前秦"建元十四年"砖铭拓片

〔1〕 见本报告第二章第二节。

图二　文 M35 出土铭文砖拓片（文 M35：7）　　　　　　图三　文 M20 出土铭文砖拓片（文 M20：28）

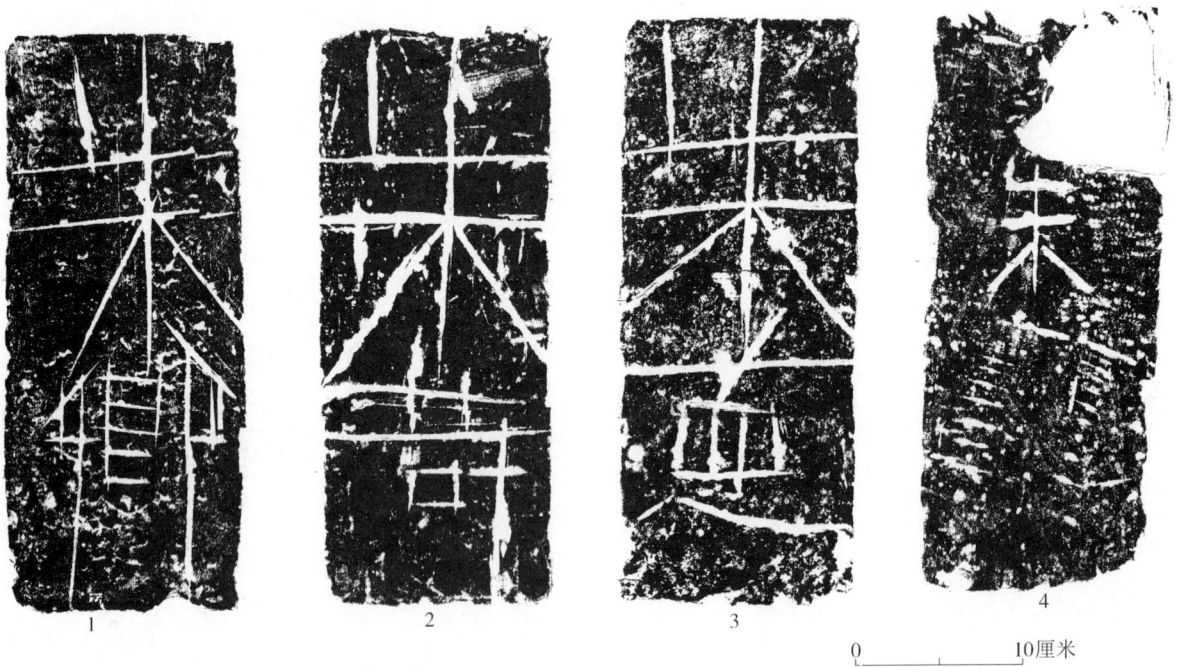

图四　文 M44 出土铭文砖拓片

1. 文 M44：4　　2、3. 文 M44：5　　4. 文 M44：6

正面用隶书竖刻"朱苟"两字，反面刻"朱悫"两字。砖长 34.5、宽 14、厚 6 厘米。M44：6 正面用隶书刻划两字，其上面一字为"朱"，下半部有刻划的横、竖道，为一字，但字迹模糊不清。砖长34、宽14.5、厚6厘米（图四）。

以上6块砖按内容可分为三类。

1. 纪年、记名类　一块。为 M49∶10，刻文为"建元十四年二月十二日张氏女朱妃妇"。这块砖刻的建元为前秦苻坚年号，前秦由苻健于公元351年建都长安，至394年亡于西秦，共计存续44年。苻坚于公元365年以建元做年号，此墓所刻建元十四年为公元378年。张氏女说明墓主姓张，女性。朱妃妇，为朱妃妻子。

2. 买地券类　一块。为 M35∶7，刻文为"朱丈北至首""东至庙门"。这里"朱丈"应为墓主，"北至首""东至庙门"应当指买的墓地范围。"北至首"指所买的墓地北边的范围，"首"可能指这一垅地的最北边，"东至庙门"应为东边的位置，"庙门"可能指东边的一个庙宇，以此为它的东界。

3. 记名类。共4块，M44出3块，M20出1块。"朱卿"出自两块砖上，"朱苟"、"朱恚"出自一块砖的正反两面，"朱□"出于另一块砖上。这4块砖均刻有姓名。

二　有铭砖的出现及前秦墓出土的有铭砖

砖属于建筑材料，是古代建筑房屋、宫殿、城墙、陵墓的主要材料，现在还广泛应用于日常生活当中。我国发现最早的砖出于陕西扶风云塘西周时期灰坑中，这是一块残砖，复原长度36、宽25、厚2.5厘米，正反面印有绳纹，反面四角各有一乳钉[2]。这种砖据分析应是贴墙用的，先在夯土墙上抹上一层厚泥，再将乳钉镶入泥内，使砖牢固地粘在墙上。岐山贺家东壕也有类似的薄砖出土[3]。《诗·陈风·防有鹊巢》："中唐有甓。"中唐是庙内的正路，则诗中说的甓指铺地砖。春秋时期，陕西凤翔姚家岗出土有饕餮纹贴面砖，平面呈半圆形，被认为是秦雍城宫殿壁画砖[4]。凤翔马家庄出土一块蟠虺纹砖[5]。西周晚期至春秋时期砖主要是用于贴墙的表面，起保护墙壁和装饰作用。

战国时期制陶业取得了大的发展，除了铺地和贴壁的各种小型条砖、方砖外，还出土了铺筑踏步和台阶的大型空心砖。秦代，砖的生产规模和烧造技术有了显著的提高。秦都咸阳宫殿遗址出土有绳纹、回纹、曲尺纹、菱形纹、方格纹、平行线纹、太阳纹和花纹铺地砖，还有龙凤纹空心砖，种类繁多，纹饰丰富[6]。

西汉时期除了小砖大量使用外，筑墓时也用空心砖，东汉时期条砖已大量频繁地使用，这时墓葬规模均较大，筑墓材料广泛用砖。

最早的砖文发现于山东邹城郳因故城内，为征集品，据当地村民告知，两块长方形带文字的砖出土于一座墓葬中。两块砖形制基本相同，长25、宽12、厚5厘米，正背两面皆刻有文字，可识"我之母之疾"五字，为对死者生平介绍和悲吟怀念。砖文字体为金文。砖文从出土地点和书体看为战国早

〔2〕罗西章《扶风云塘发现西周砖》，《考古与文物》1980年第2期。

〔3〕罗西章《周原出土的陶制建筑材料》，《考古与文物》1987年第2期。

〔4〕凤翔县文化馆　陕西省文管会《凤翔先秦宫殿试掘及其铜质建筑构件》，《考古》1976年第2期。

〔5〕陕西省雍城考古队《凤翔马家庄春秋秦一号建筑遗址第一次发掘简报》，《考古与文物》1982年第5期。

〔6〕秦都咸阳考古工作站《秦都咸阳第一号宫殿建筑遗址简报》，《文物》1976年第11期；咸阳地区文管会《秦都咸阳第三号宫殿建筑遗址发掘简报》，《考古与文物》1980年第2期。

期。这是我国发现最早的带有墓志铭性质的砖[7]。

到战国晚期秦都咸阳及陕西临潼发现大批戳印的陶文、瓦文，不同于早期的砖文。这一时期是将这些陶文是先刻在陶印模上，烧制成模型，制作陶器时，为尊循"物勒工名，以考其诚"的规则将模印压在未干的陶器上形成陶文。咸阳塔儿坡战国晚期至秦墓中在 91 件陶器上有戳印或刻划文字 105 处。6 件陶器上有刻划符号[8]。临潼刘庄战国墓出土大水、宫水印记[9]。在秦都咸阳陶窑中出土了一枚四棱锥形陶印模，侧面有一小孔，印长 2.72，印文为阳文反书"咸郎里口"四字[10]，这件印模的出土充分证实了陶器上戳印陶文为此类印模印上的。在临潼赵背户修始皇陵的工人墓地出土墓志瓦文 18 件，刻于板瓦或筒瓦的内外侧，一般写死者的姓名、籍贯，有的并标明爵位和身份[11]。这批瓦文为小篆体，刻划草率，不规范。它与山东邹城战国墓出土的墓志性质相似，可以断言，我国墓志最早出现于战国时期。

砖文到西汉、东汉时期已由关中地区扩大到中原和江南地区，出土的省份增多，魏晋南北朝时期，由于严禁墓前立碑、建祠堂，砖文已比较多的出现在墓葬中，到隋唐，由于石质墓志的出现，砖文才逐渐的退出了历史舞台。

三 有铭砖反映的问题初探

1. 有铭砖出土位置不固定

汉晋时期，有铭砖出土的位置可分为两类。一是出自墓室墙壁的砌砖或铺地砖上；另一类出自墓道的填土、甬道、墓室内。出自墓室墙壁砌砖上的如陕西咸阳秦宫殿遗址内发掘的 M10 前后室壁上发现 36 件刻划砖[12]、西安南郊三爻村汉墓 M9 甬道墙面长方形条砖上侧面刻"公吉"两字[13]、辽宁盖县东汉墓内出土文字砖铺地[14]等；出自墓内者如此次介绍的六块有铭砖、西安市长安韦曲镇北朝墓出土的一块有铭砖就出自墓葬填土中[15]、咸阳中铁七局三处 M1 出土的两块有铭砖亦位于墓道填土中[16]等。

这一时期的有铭砖的出土位置不固定，这六块砖出自四个不同地方，有出自墓道填土中，有出自封门上端，有出自墓室内木棺旁边，有出自墓葬侧室口部，但从大的方面来讲出自两处，一是墓道填土中，另一处为墓室内。四座墓中出土的 6 块砖放置在 4 个不同位置，反映了这一时期有砖铭没有固定的安放位置，放置地方还比较随意。不同于隋唐墓志多放置于甬道处或墓室口部，位置相对较固定。同时，也反映了这一时期有砖铭可能为墓志铭的初始阶段。另外，还反映在质地方面，汉晋时期出土的多为砖志铭，少见石质志铭。

---

〔7〕 郑建芳《最早的墓志——战国刻铭墓砖》，《中国文物报》1994 年 6 月 19 日；李学勤《也谈邹城张庄的砖文》《中国文物报》1994 年 8 月 14 日。

〔8〕 咸阳市文物考古研究所《塔儿坡秦墓》，三秦出版社，1998 年。

〔9〕 陕西省考古研究所秦陵工作站、临潼县文物管理委员会《陕西临潼刘庄战国墓地调查清理简报》，《考古与文物》1989 年第 5 期。

〔10〕 同〔6〕。

〔11〕 袁仲一《秦代陶文》，三秦出版社，1987 年。

〔12〕 咸阳秦都考古工作站《秦都咸阳汉墓清理简报》，《考古与文物》1986 年第 6 期。

〔13〕 陕西省考古研究所《西安南郊三爻村汉墓葬清理发掘简报》，《考古与文物》2001 年第 3 期。

〔14〕 许玉林《辽宁盖县东汉墓》，《文物》1993 年第 4 期。

〔15〕 陕西省考古研究所《长安县北朝墓葬清理简报》，《考古与文物》1990 年第 5 期。

〔16〕 见本报告第二章第三节。

2. 有铭砖砖文所反映的问题

这四座墓内出土了六块有铭砖，上面刻有七个人名，这七个人是否为墓主人呢？这个家族墓地各个墓的早晚关系如何呢？我们就此问题试做以下分析。

M49 墓内葬一人，有铭砖既有纪年表明死者死亡或丧葬时间，又有死者姓名，说明该墓内埋葬者为张姓的女子，朱圯之妻，从这两个方面可以确认此墓内墓主为朱圯妇张氏无疑。

M35 墓内葬一人，有砖铭上说明朱丈买的墓地北边和东边的范围，应该是死者家人为死者购买的墓地范围，朱丈应为墓主。

M20 墓内出土一块头盖骨，在墓道封门最上端放置一块有铭砖，上刻朱卿。同时，M44 出土三块砖上刻四人名，亦有一人为朱卿。我们从家族墓地的分布情况及 M44 与 M20 中间仅隔 M35 一座墓分析，这两座墓内刻铭的朱卿应为同一个人。那么，哪一座墓内埋有朱卿呢？先从 M44 来看，这座墓内埋葬三个人，但位于侧室口部一起顺置叠放的三块砖上却刻有四个人名，这三块砖排列整齐，均刻有人名，显然是一次放置的，如果是表明墓内三人谁是谁，就应当将砖置于某人之旁，而且埋三人，写四个人名，不同于常规说这三人为谁，可见所刻这四个人并不是墓内所葬三人。那么，他们是谁呢？最近在浙江余姚市湖山乡砖瓦村墓葬中发现的几块有铭砖上文字可帮助我们解决这一问题，余姚湖山乡砖瓦村砖瓦厂发现 30 余座墓，其中 M13 为一西晋早中期墓，此墓破坏严重，出土铜镜、铁矛各 1 件。在墓壁中部及封门见有四块有铭砖，砖铭上文字为"太康六年七月十八日孝子成恒"，"太康六年七月十八日孝子朱当"，"太康六年七月十八日潘"，"太康七年八月十一日"[17]。这四块砖上两块刻有"孝子成恒"、"孝子朱当"，应该为墓主人的儿子辈。前秦墓 M44 出土的这几块砖应当同此有铭砖性质相同，是埋葬祖先后，子孙辈们表示孝道而刻画的名字，让与他们阴阳两界的老人家知道，他们在尽孝道。这几块砖上的刻名应是墓主的子孙，而不是墓主的名字。这也解释了朱卿一人名为何会出现在两个墓内，这样看来 M20 内就应埋葬朱卿。那么，M20 的时代应该晚于 M44。

这个家族墓地是怎样排列的呢？按照徐苹芳先生的研究，当时对家族墓地研究的排列方式，一是父子兄弟一行顺排（东汉—东魏），二是前后左右一行按长幼辈份排列（两晋—北魏），三是坟院式（魏晋—唐代，主要在甘、青、新地区）[18] 的情况来分析，咸阳文林小区前秦家族墓东西向一线排列，属于徐苹芳先生所说的第一种类型。虽然根据现有资料仅可说明 M44 可能为 M20 的长辈这一情况，反映的家族墓的辈份应是西早东晚，不同于华阴弘农吊桥杨氏[19]墓地东西排列方式东早西晚的情况。另外，M35 出土的有铭砖刻文也可以证实我们的推测，砖文买的墓地仅说了北边和东边的范围，而未讲西边和南边的范围，这说明西边已经埋葬着他的祖先，墓地已经买好，没有必要再去买。为何没有买南边的地呢，从现在这个家族地的排列方式来看，它东西向一线排列，未向南边发展，所以没有必要去买南边的墓地，这个有铭砖上反映的信息也可以帮助我们认识此家族墓地的排列方式应为西边早，东边晚。从以上分析可以推测 M49 墓主可能为 M44 墓主的祖先或同辈，M44 有铭砖上所刻的四人中没有 M35 有铭砖上所刻墓主朱丈，M35 又位于 M44 与 M20 之间，那么 M35 墓主就不可能与 M44 上所刻四人同为 M44 墓主的子孙，有可能与 M44 墓主为同辈，是 M20 墓主的祖先。还有一个问题，那就是 M20 内张氏的丈夫朱圯埋葬在什么地方呢？M20、M35、M49 的墓主身份已经确定，M44 墓内埋葬三个人，按家族墓葬的习俗，可能为夫妻（妾）合葬，M49 已葬朱圯的妻子，那么，M44 内所葬的可能就不是朱圯，朱圯可能葬在 M49 的西边。这批资料为研究汉晋以来家族墓地的排列及分布提供了非常宝贵的资料。

---

〔17〕 鲁怒放《余姚市湖山乡汉——南朝墓葬群发掘报告》，《东南文化》2000 年第 7 期。

〔18〕 徐苹芳《中国秦汉魏晋南北朝时代的陵园和茔域》，《考古》1981 年第 6 期。

〔19〕 陕西省文物管理委员会《潼关吊桥汉代扬氏墓群发掘简记》，《文物》1961 年第 1 期。

3. 妇女地位

在封建社会，妇女的社会地位最为低下，所遭受的压迫最为深重，先秦时女性社会地位就比较低下，《韩非子·六反篇》讲道"产男则相贺，产女则杀之"；到南北朝时，《南史·刘湛传》载"每生女，辄杀之"；南宋绍兴年间《东坡集·与朱鄂川》载"州俗憎女，生则溺女"。中国封建社会广大妇女受封建政权、神权、族权、夫权四大绳索的束缚，毫无人权和地位可言。早在先秦时期，妇女就被人为地认为男子的附属物，生男婴"载寝之床，载衣之裳，载弄之璋"，得女婴则"载寝之地，载衣之裼、载弄之瓦"（《诗经·撕干》）。埋葬已结婚女子的纪名砖一般格式是"某某女某某妇"，不见直接写其名字，如"琅邪颜谦妇刘氏"[20]、"张氏女朱妃妇"、"晋大兴二年六月丁酉驸马都尉朱君妻吴氏卒"[21]、"天和元年十一月廿五日王氏妻宋铭"[22]等。这次发现的有铭砖上反映了夫权思想及当时妇女社会地位的低下。

4. 砖铭的内容及格式

汉晋时期砖文的内容主要包括"记名、标记、吉语、纪年、墓志、地券、记事、随笔"等几种格式，"记名"如本次发现的几块砖；"标记"如咸阳秦宫殿遗址内发掘的十六座汉墓中有计数砖七块，有"四万五千头"、"五万头"、"万头六"、"万五千"、"头"、"一千"、"九十"[23]、湖北老河口市扬寨村东汉墓出土砖铭"五五"[24]等；"吉语"如西安南郊三爻村汉墓 M9 甬道墙面长方形条砖上侧面刻"公吉"两字[25]、咸阳秦宫殿遗址汉墓出土的"大吉昌宜"[26]、洛阳李屯东汉墓出土"宜子孙"三字[27]等；"纪年"如北京顺义大营村西晋 M8 出土"泰始七年夏四月作砖"[28]、咸阳秦宫殿遗址汉墓出土的"永平十三年"[29]等；"墓志"，如南京的"永平元年颜谦妇刘氏墓志"，文曰："琅邪颜谦妇刘氏年卅四以晋永和元年七月廿日亡九月葬"[30]等；"地券"如扬州甘泉东汉墓出土的"东汉刘元台砖地券"[31]等；"记事"如辽宁省盖县东汉墓出土的有铭砖阳文反写隶书："叹曰死者魂归棺椁无妄飞杨而无忧万岁之后乃復会"[32]、咸阳中铁七局三处 M1 出土的"字=（字）思祖墓"、"丁好思大"[33]等；"随笔"如咸阳秦宫殿遗址汉墓出土有铭砖上有飞禽图，还有男女生殖器、交欢图[34]等。

这几块砖为"记名、纪年、地券"三方面的内容。多刻在砖的正反两面，字数较少，六块砖刻两个字的三块，四个字的一块，九个字的一块，十五字的一块，字体多为隶书，自右而左竖刻。

总之，咸阳前秦墓出土的这几块有铭砖，对研究关中地区十六国墓葬葬俗及埋葬制度等提供了重要资料。

（原刊于西安碑林博物馆编《碑林集刊》十，陕西人民美术出版社，2004 年）

---

[20] 南京市文物保管委员会《南京老虎山晋墓》，《考古》1959 年第 6 期。

[21] 江苏省文物管理委员会《南京象坊村发现东晋墓和唐墓》，《考古》1966 年第 5 期。

[22] 资料现存咸阳市文物考古研究所。

[23] 同〔12〕。

[24] 老河口市博物馆《老河口市杨寨东汉墓清理简报》，《江汉考古》1996 年 4 期。

[25] 同〔13〕。

[26] 同〔12〕。

[27] 洛阳市文物工作队《洛阳李屯东汉元嘉二年墓发掘简报》，《考古与文物》1997 年第 2 期。

[28] 北京市文物工作队《北京市顺义县大营村西晋墓葬发掘简报》，《文物》1983 年 10 期。

[29] 同〔12〕。

[30] 同〔21〕。

[31] 蒋华《扬州甘泉山出土东汉刘元台买地砖券》，《文物》1980 年第 6 期。

[32] 同〔14〕。

[33] 同〔16〕。

[34] 同〔12〕。

附录三

"榆糜令印"的风格及其蕴涵的史地信息

刘卫鹏

　　"榆糜令印"，1995 年出土于咸阳师范学院图书楼地基内的一座十六国墓葬（M4）中[1]，随后，我们对其进行了初步的考证[2]。随着材料的丰富和积累，有必要对其进行进一步的研究。现主要从印章的时代风格以及其涉及的史料信息方面进行探讨。

一　"榆糜令印"的时代和风格

　　首先，从"榆糜令印"这四个文字分析，根据史书的记载，"榆糜"在西汉、东汉时均作"隃糜"，东汉时隃糜为侯国，不属于一般的郡县制，不可能设置县令，《后汉书·百官五》云："县万户以上为令，不满为长。侯国为相"。"相"实际上相当于一般的县令。况且，传世的可确认为是东汉时期的两方印章"隃糜侯相"、"隃糜集掾田宏"[3]（图一：1、2）均作"隃糜"。所以，"榆糜令印"只能是东汉以后的印章。《三国志·魏书·徐晃传》中记载徐晃和夏侯渊平隃糜、汧氏，说明三国魏时仍称之为"隃糜"。西晋时，"隃糜"二字变化较大。据《晋书·姚弋仲载记》的记载，姚弋仲在西晋永嘉年间，东徙"榆眉"。"隃糜"已为"榆眉"，"榆"字和印章的相同，而"糜"字变为"眉"，二者发音近似。

　　其次，从印章的具体形制来看，"榆糜令印"印面横向边长 2.5 厘米，竖向边长 2.45 厘米，印台高 1 厘米。鼻纽（也可称桥形纽），纽长 1.6、高 1.3 厘米，纽面宽 0.98－1.05 厘米，圆形穿，穿径 0.7 厘米。纽边厚 0.3－0.5 厘米，重 65.2 克，属于厚边环状鼻纽铜印中的 b 式，时代在东汉中晚期至晋；但从整体形制来看，其形制同南朝的"新丰令印"极为相似，印纽高耸，圆形穿，属于流行于十六国至南北朝时期的 c 式厚边环状鼻纽印[4]。由此来看，"榆糜令印"的时代当在西晋十六国时期。再者，从"榆糜令印"的字体风格观察，其文字工整，线条刚劲，粗细均匀，笔画多取直势，转角方折，字体方正，传世的可确认为是东汉时期的"隃糜侯相"、"隃糜集掾田宏"中，"隃糜"二字同"榆糜令印"中的"榆糜"无论从字型还是字体均相距甚远，"榆"字的"木"旁中间的一横不见于其他印文，不知是刻工的失误还是有意而为？从印面结构和布局来看，其印文整体错上，直抵上边的边棱，下边所留空白较大，"榆糜"同"令印"之间所留空白也较多，同西汉、东汉官印谨严茂密的风格相比，"榆糜令印"则显得比较松散，明显带有魏晋官印的风格[5]。其印文风格及印面布局同前赵的

---

　　〔1〕　见本报告第二章第一节。

　　〔2〕　刘卫鹏、程义《"榆糜令印"考》，《泾渭稽古》1997 年第 1 期。

　　〔3〕　罗福颐主编《秦汉南北朝方印征存》，文物出版社，1987 年。

　　〔4〕　叶其峰《秦汉南北朝官印鉴别方法初论》，《故宫博物院院刊》1989 年第 3 期。

　　〔5〕　叶其峰《秦汉南北朝官印鉴别方法初论》。其中对魏晋官印的篆刻风格这样描述："魏晋官印：笔致与东汉中后期印同，方折直势，然字体结构及印面构图比较松散。将军印字画流畅刚健，富于刻凿的自然神韵"。

"亲赵侯印"（图一：3）、"率义侯印"，后赵的"归赵侯印"（图一：4）、"巧工司马"（图一：5）、"巧工都尉"（图一：6）极为相似[6]。所以，由此观之，"榆麋令印"（图一：7）的时代可能在十六国的前、后赵时期。

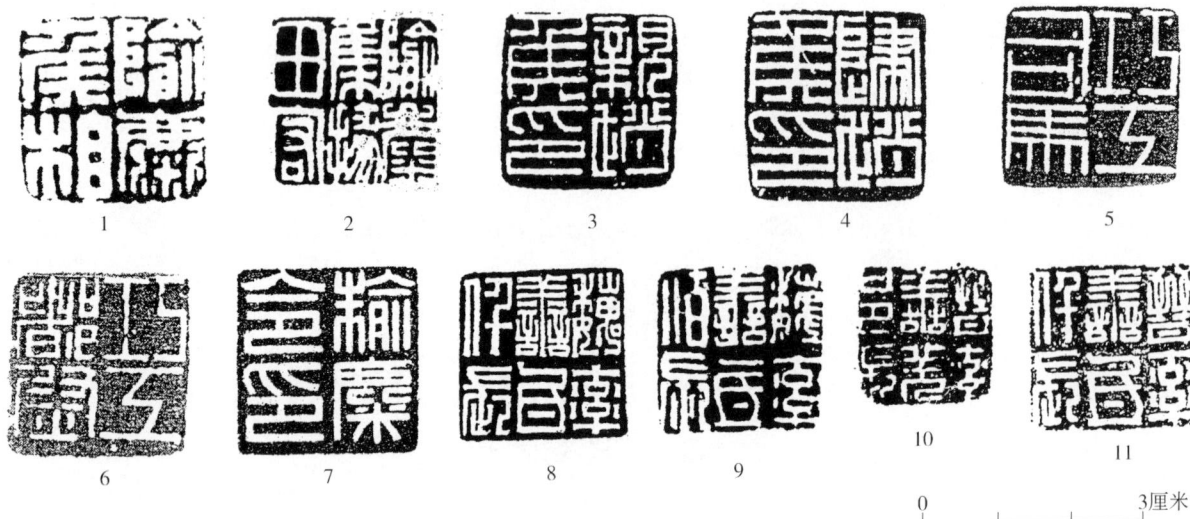

图一　1. 隃麋侯相　2. 隃麋集掾田宏　3. 亲赵侯印　4. 归赵侯印　5. 巧工司马　6. 巧工都尉
　　　7. 榆麋令印　8. 魏率善氐仟长　9. 魏率善氐佰长　10. 晋率善羌邑长　11. 晋率善氐仟长

二　隃麋之沿革及相关史地信息

隃麋，西汉时设置，属右扶风。王莽改之曰扶亭。因县东八里的隃麋泽而得名，故址在今陕西省千阳县。《元和郡县志》："汧阳县，本汉隃麋县地，因今县东八里隃麋泽为名。周武帝置汧阳郡，以县属陇州。"隃麋郭钦，汉哀帝时为丞相司直[7]。东汉时，光武帝封耿况为隃麋侯，其后六代承袭隃麋侯爵，直至曹操诛耿氏，唯第六代隃麋侯耿援之孙耿弘存焉[8]。《水经注·渭水》云："汧水又东南，经隃麋县故城南，王莽之扶亭也。昔郭歙耻王莽之征，而遁迹于斯。建武四年，光武封耿况为侯国矣"。《后汉书·郡国志》记载右扶风有"渝麋"侯国，"渝麋"应为"隃麋"，隃麋侯国里设有隃麋相，《后汉书·西羌传》里就提到隃麋相曹凤。汉曹全碑中记载曹全之祖父曹凤曾任"张掖郡属国都尉丞、右扶风隃麋侯相、金城西部都尉、北地太守"，与史载相合。传世印章中有"隃麋侯相"，当为东汉隃麋侯国之隃麋相所佩之印。《后汉书·百官五》载："列侯，所食县为侯国。……每国置相一人，其秩各如本县。本注曰：主治民，如令、长，不臣也。"又云："县万户以上为令，不满为长。侯国为相"。《十钟山房印举》举之二中收录有"隃麋集掾田宏"铜印一方，"集掾"应为侯相的下属官吏，据《后汉书·百官志》的记载，县令下设有丞、尉一到二人，"各署诸曹掾史。本注曰：诸曹略如郡员，五官为廷掾，监乡五部，春夏为劝农掾，秋冬为制度掾"。

---

〔6〕罗福颐主编《秦汉南北朝方印征存》。
〔7〕《汉书·鲍宣传》第3096页。
〔8〕《后汉书·耿弇传》第713—714页。

榆麋地处关中的西部，自古以来就是关中通往河西的要冲，地理位置十分重要。也是汉、戎结合和杂居的地带，居住在此的少数民族以氐、羌为主。三国时，榆麋多为氐人占据，建安十六年时，马超起兵与曹操抗衡，"超有韩信、吕布之勇，甚得羌、胡心"，其祖父马子硕尝为天水兰干尉，"后失官，因居陇西，与羌错居，家贫无妻，遂取羌女，生腾。"马超之父马腾因征讨氐、羌叛乱有功，拜军司马，"后迁征西将军，常屯汧、陇之间。"氐人从马超起事[9]，曹操使徐晃和夏侯渊平榆麋、汧氐[10]。兴国氐王阿贵被夏侯渊所杀，自相氐王杨千万逃入蜀地。《三国志》引《魏略》中《西戎传》云："氐人有王，所由来久矣。自汉开益州，置武都郡，排其种人，分窜山谷间，或在福禄，或在汧陇左右，其种非一。……近去建安中，兴国氐王阿贵、自相氐王千万各有部落万余。至十六年，从马超为乱。超破之后，阿贵为夏侯渊所攻灭，千万西南入蜀。其部落不能去，皆降。国家分徙其前后两端者置扶风、美阳。今之安夷、护夷二部护军所典是也。"据《三国志·魏书·张既传》的记载，建安二十四年（219年），曹操命既徙氐人五万多落出居天水、扶风界中。魏将杨阜"前后徙民、氐，使居京兆、扶风、天水界者万余户"[11]。据《华阳国志·汉中志》的记载，杨阜在做益州刺史时，治理武都郡，"移其（武都郡）氐、叟于汧、雍及天水、略阳"。经过多次的迁徙和移民，氐人开始大量进入关中。扶风县法门公社齐村大队张吴村发现的一座窖藏中曾出土有"魏率善氐仟长"铜印一方[12]（图一：8），岐山县蒲村公社一座墓葬中出土有"魏率善氐佰长"铜印一方[13]（图一：9），皆驼纽。传世的魏官印中，也有"魏率善氐仟长"、"魏率善氐佰长"、"魏率善氐邑长"印[14]。"仟长"、"佰长"、皆为匈奴官职名称，《汉书·匈奴传》记载单于以下置左右贤王、左右谷蠡、左右大将、左右大都尉、左右大当户、左右骨都侯，"自左右贤王以下至当户，大者万余骑，小者数千，凡二十四长，立号曰万骑……诸二十四长，亦各自置千长、百长、什长、裨小王、相、都尉、当户、且渠之属"。魏国对迁徙关中的氐人和其他少数民族，采用匈奴行政官制名称授予其族长或部落首领印章，对他们进行管理。其他少数民族有匈奴、鲜卑、乌丸、屠各、羌、丁零、叟等近十个，均有魏国赐予的印章，说明魏国对周边少数民族的政策是统一的，也表明了这一时期民族迁徙、交往和融合的不断加强，这为以后十六国时期少数民族入主中原埋下了伏笔。魏太和五年（231年），蜀国诸葛亮北伐魏国，进军天水，围魏将贾嗣、魏平于祁山，魏明帝派司马懿阻击诸葛亮，"张郃劝帝（司马懿）分军驻雍、郿为后镇，……遂进军榆麋"[15]。

西晋时，雍州扶风郡统池阳、郿、雍、汧、陈仓、美阳六县，榆麋当属汧县所辖。但这时的关、陇一带屡为氐、羌所扰，有识之士为此甚为忧虑，主张徙戎，将杂居汉人中的各族，全给迁徙出去，江统乃作《徙戎论》，主张"徙冯翊、北地、新安、平定界内诸羌，著先零、罕开、析支之地。徙扶风、始平、京兆之氐，出还陇右，著阴平、武都之地"，使"各附本种，反其旧土。使属国抚夷就安集之"[16]（《晋书·江统传》）。由于晋室内部的"八王之乱"，徙戎之论未被采纳，北方、西方各族趁晋室内讧、统治根基动摇之机，纷纷进逼，西北之羌族在姚弋仲的带领下，占领了榆麋。《晋书·姚弋仲载记》："姚弋仲，南安赤亭羌人也。……永嘉之乱，东徙榆眉，戎夏缤负随之者数万，自称护西羌校

〔9〕《三国志·蜀书·马超传》第 945 页。

〔10〕《三国志·魏书·徐晃传》第 528 页。

〔11〕《三国志·魏书·杨阜传》第 704 页。

〔12〕罗西章《介绍一批陕西扶风出土的汉、魏铜印等文物》，《文物》1980 年第 12 期。

〔13〕庞怀靖《陕西岐山县博物馆藏两方官印》，《文物》1986 年第 11 期。

〔14〕曹锦炎《古代玺印》，文物出版社，2002 年。

〔15〕《晋书·帝纪一》第 7 页。

〔16〕《晋书·江统传》第 1532 页。

尉、雍州刺史、扶风公。"隃糜之名变为榆眉。陕西千阳县出土有"晋率善羌邑长"铜印一方[17]（图一：10），羊纽。岐山县益店镇出土一方"晋率善氐仟长"铜印[18]（图一：11），驼纽。十六国时期，"当前秦的前期，即公元4世纪70年代苻坚灭前燕以前（370年以前），关中少数部族的分布：氐族集中屯聚在三原、九嵕、汧、雍一带，在长安的西北偏，正当泾水以南的汧水流域。关中羌族的分布主要在冯翊郡。北地、新平二郡和冯翊郡的西部则为屠各、卢水胡、西羌、北羌所杂居。以实力言之，氐、羌人数最多，实力亦最强。其次为屠各和卢水胡[19]。而由源自陇西的氐族人苻洪建立的前秦，最终统一了中国的北方，版图之大，为五胡中仅有，其国境南至邛，东抵淮、泗，西极西域，北尽大漠。《晋书·苻坚载记》："（苻）坚以关中地广人殷，思所以镇静之，引其群臣于东堂，议曰：'凡我族类，支胤弥繁。今欲分三原、九嵕、武都、汧、雍十五万户于诸方要镇，不忘旧德，为磐石之宗。'"由此可见，包括隃糜县在内的"汧"一直是氐人的根据地之一。《十六国春秋》载："苻登太初元年，苻双以上邽叛，乘胜至渝眉。"北周在隃糜县地置汧阳县及汧阳郡，以在汧山之阳为名，后废汧阳郡。隋、唐因之。《隋书·地理志》记载扶风郡有汧阳县。《新唐书·地理志》云："陇州汧阳郡，本陇东郡。义宁二年，析扶风郡之汧源、汧阳、南由，安定郡之华亭置。天宝元年更郡曰汧阳"，其辖县三，汧源、汧阳、吴山。其后一直称汧阳，现名千阳。

隃糜县盛产墨，其所产墨称为"隃糜墨"，《汉官仪》卷上云："尚书令、仆、丞、郎月赐隃糜大墨一枚、小墨一枚"。《宋书·百官上》："郎月赐赤管大笔一双、隃糜墨一丸"。后世常以隃糜作为墨的代称，《柳如是别传》第四章中载沈序文云："隃糜史笔，长傍娥眉。桴鼓军容，尚资纤手"。《远志斋词衷》之金粟论衍波集记有"借锦水桃花笺色，含鲛泪和入隃糜"语句。《苏轼集》中孙莘老寄墨四首其一言："隃糜给尚方，老手擅编划"。

总之，"榆糜令印"的出土，对研究关中地区十六国时期的史地和民族变迁增添了一件比较可靠的实物资料。

附记：本文写作得到了西北大学文博学院程义博士的帮助，在此特致谢忱。

〔17〕 陈全方《陕西出土的一批古代印章资料介绍》，《文物资料丛刊》第1期。
〔18〕 刘少敏、庞文龙《陕西岐山出土西晋官印》，《考古》1994年第5期。
〔19〕 马长寿《碑铭所见前秦至隋初的关中部族》，中华书局，1985年。

Abstract

The Guanzhong Plain in today's central Shaanxi Province was ruled by numerous non-Han ethnic sovereignties in the era of the Sixteen Kingdoms (AD 317 – 420) (AD 304 – 439?), including the states of Han, Former Zhao, Later Zhao, Former Qin, Later Qin, Xia, etc. During the turbulent fourth century and fifth century, the Guanzhong Plain suffered recurring wars and a languished economy. Consequently, preserved material remains from that era are extremely rare, and the related archaeological study is relatively weak. From 1995 to 2001, the Xianyang Municipal Institute of Cultural Relics and Archaeology of Shaanxi Province carried out a series of excavations at Toudaoyuan in northern Xianyang City, exposing 24 tombs with similar characteristics. These tombs were all constructed in a regulated form, furnished with a complete set of funerary objects and bearing a distinct style of the period. Of these tombs, one yielded a brick inscribed with a reign year mark of the Former Qin (AD 351 – 394). This self-dated piece thus becomes the vital evidence for the dating of the 24 tombs as well as other similar tombs previously excavated in the Guanzhong area. This report presents the details of the 24 tombs one by one, the classification of the funerary objects based on their morphology and the result of a chronological study.

The 24 tombs are the same in structure layout, with a cave-chamber and a sloping passage. These tombs are grouped at four locations. Tomb 平 M1 at Mausoleum Pingling is an exception, which is alone located in western Xianyang. At other three locations distributed along Wenlin Road, each group consists of four to ten tombs which were arranged regularly and constructed similarly in style. According to these characteristics, the tombs at the same location should belong to the same family.

In the cemetery located at Xianyang Normal College, the ten unearthed tombs (coded with a prefix 师 M and a serial number) were all oriented in an east-west direction, with the tomb passage in the east and the chamber in the west. The ten tombs were arranged in two rows in a north-south direction, with six tombs in the eastern row and four tombs in the western row. The ten tombs were dated from the late Western Jin (AD 265 – 316) to the Former Qin of the Sixteen Kingdoms. Of these tombs, tombs 师 M5 and 师 M11 were furnished with relatively rich objects, the others were only furnished with a few pottery wares or personal ornaments.

In the cemetery at the office location of the Third Branch of the Seventh Engineering Group of China Railway Co., the four unearthed tombs (coded with a prefix 铁 M and a serial number) were aligned in a north-south row and all oriented in an east-west direction, with the tomb passage in the west and the chamber in the east. The tomb chambers were all composed of a front room and a rear room, but some had additional side rooms. Beside ordinary pottery wares, the unearthed funerary items also include a group of brick-carving objects with a massive and plain style. Similar brick-carving objects have been discovered not in the Guanzhong area and the Central Plains but in Dunhuang, Gansu of Northwest China from the tombs dated to the Western Jin and the Sixteen Kingdoms. The hosts of the four tombs, therefore, probably came from some non-han ethnic groups such as Di or Qiang.

In the cemetery located at Wenlin Residential Development, nine tombs were excavated (coded with a prefix 文 M and a serial number). These tombs were all oriented in a north-south direction and aligned in an east-west row. The opening of the tomb passage to the south was relatively wide and large, and the passage walls in the east, west and north directions were all cut into the raw soil as a two-step platform. The chamber of the tombs was basically a square single room in layout, but a couple of tombs had an additional side room. The funerary objects were mainly various types of pottery models, including the types of daily utensils such as jar, barn, oven, well, grain hulling hammer and grinder, the types of poultry and animal figurines such as chicken, dog and pig, the types of male and female servant figurines, and also the types of chariot procession. In every tomb of this cemetery, the assemblage of model types is fixed and the style of model forms is the same. The inscribed brick from one of the tombs indicates that this cemetery belonged to the Zhu family dated to the Former Qin period.

Located on Guoshuang Road in the south of Emperor Zhao's Mausoleum Pingling of the Western Han dynasty, the tomb 平 M1 was oriented in a north-south direction. The passage of the tomb was constructed with a shaft and the chamber was a square single-room cave with its four walls curving outward. This tomb was primarily furnished with over 60 delicately painted pottery models in various types. The group of human figurines was large, including 16 mounted trumpeters, four seated female musicians and two female servants; the type of chariot procession consisted of two bull-chariots, one small chariot and two armored horses; within the poultry and animal group were the chicken, dog and pig; the daily utensils included the types of jiaodou single-handled cooking ware, hanging lamp, huzi chamber ware, tree-shaped lamp, jar, barn, oven, etc. The host of the tomb should have been a high-ranking official or an aristocrat.

Based on a typological analysis of the morphological variations of the furnished objects from the 24 tombs, and assisted by the dating information from the inscribed tomb brick and that from the tombs unearthed from neighboring areas and dated to the same period, the 24 tombs from Toudaoyuan have been arranged into a chronological order in terms of four groups in three phases. Phase I refers to Group 1, which is dated roughly to the Western Jin period and represented by two tombs 师 M1 and 师 M2. Phase II consists of Group 2 and Group 3, which are dated, respectively, to the Former Zhao (AD 319 – 329) and the Later Zhao (AD 319 – 351). Nine tombs are dated to this phase, including 师 M3、师 M4、师 M5、师 M6、铁 M1、铁 M2、铁 M3、铁 M4 and 平 M1. Phase III is represented by Group 4 dated to the Former Qin. This group encloses 13 tombs, including 师 M8、师 M9、师 M10、师 M11、文 M140、文 M113、文 M44、文 M49、文 M69、文 M20、文 M61、文 M35 and 文 M6. The stylistic characteristics of each phase are evident, and the morphological changes through time within each representative type of objects are clear. This report describes and discusses in detail these stylistic characteristics and morphological changes.

It is remarkable that some features of the Western Jin tombs were still present in the 24 tombs of the Sixteen Kingdoms. The basic assemblage of funerary objects in the 24 tombs was roughly the same as that in the Western Jin tombs, and the practice of burying family members together was also a continuation of the popular funerary custom since the Han-Jin period. During the era of the Sixteen Kingdoms, the sovereignties in the Guanzhong area were established by non-han ethnic groups from the northern or northwestern areas, it is also observable, therefore, that unearthed objects from the 24 tombs revealed certain aspects of non-han cultures in the examples of male and female servant figurines, armored and mounted figurines, brick-carving objects, horse-pulling figurines, non-han people figurines, etc.

The excavation of the 24 tombs has provided very important data for the identification and study of the Sixteen Kingdoms tombs in the Guanzhong area. The discovery of the tomb brick with a reign year mark is especially significant for the establishment of a comprehensive chronological scheme of the tombs in the Guanzhong area from the period of the Sixteen Kingdoms, because the reliable material evidence has shed a new light to the dating of previously discovered tombs in the Guanzhong area which are similar to the 24 tombs in style.

后 记

　　本报告报道的 24 座十六国墓，是咸阳市文物考古研究所自 1995 年至 2001 年在咸阳北塬文林路一线配合基本建设发掘的。这些墓葬资料均以简报的形式在专业刊物上发表过，但对这批墓葬没有做过统一的分期研究。由于这批资料对研究十六国墓葬非常重要，我们在文物界专家学者的鼓励下将这批墓葬资料做成一本报告集。

　　此报告的整理和编写工作是在项目负责人岳起的带领下进行的，谢高文、刘卫鹏对出土器物进行了分期，岳起对分期结果提出了许多宝贵意见。文稿的撰写由岳起、谢高文、刘卫鹏三人分别执笔完成。第一章、第二章的第二节、第三节的 M4、第五章由谢高文执笔；第二章的第一节、第三节的 M1、M2、M3、第三章、第四章由刘卫鹏执笔；第二章的第四节由岳起、刘卫鹏执笔。岳起审阅了全稿。照片多由张东轩拍摄，其中平 M1 的部分照片由王保平拍摄。另外，谢高文、刘卫鹏拍摄了部分照片。绘图由邓攀、魏冰、王平武、董补顺完成。文稿由孙卫华打印。报告整理期间修复工作由杨新文、魏冰、王平武、刘福田、胡雪芹、申维等担当。英文提要由王文建先生翻译。

　　本报告的编写工作得到了陕西省文物局刘云辉副局长、文物处周魁英处长，中国社科院考古研究所杨泓研究员，北京大学文博学院韦正博士等先生的大力帮助和支持；得到咸阳市文物局樊延平局长及其他各位领导的帮助和鼓励；陕西省考古研究所、咸阳市文物保护中心、咸阳博物馆、咸阳市文物钻探管理处也给予了大力支持。杨泓先生应邀为本书写了序言。文物出版社李力女士为本报告的编辑付出了艰辛劳动。

　　本报告的编写和出版，还得到了国家文物局及陕西省文物局提供的资金支持。

　　对以上关心和支持本报告编写和出版的单位和个人，我们表示由衷的感谢。

咸阳市文物考古研究所
2006 年 8 月

图 版

彩版 1　平 M1 墓葬发掘现场

彩版 2　平 M1 墓室全景

彩版 3　平 M1 墓葬全景

彩版 4　平 M1 从墓道看墓室

彩版 5　平 M1 墓室中、东部俯视

彩版 6　平 M1 墓室西部俯视

彩版 7　平 M1 清理现场

彩版 8　平 M1 墓室 东、西部器物分布情况

彩版 9　平 M1 墓室西部器物分布情况

彩版 10　平 M1 墓室东部器物分布情况

彩版 11　平 M1 甲骑具装俑和骑马鼓吹俑出土情况

彩版 12　平 M1 清理甲骑具装俑和骑马鼓吹俑情况

彩版 13　陶胡人俑（师 M1：8）

彩版 14　铜镜（师 M2：1）

彩版 15　铜印章（师 M4：1）

彩版 16　铜镜（师 M2：6）

彩版 17　铜印章侧面（师 M4：1）

彩版 18　铜印章正面（师 M4：1）

彩版 19　陶仓（师 M5∶24）

彩版 20　陶井（师 M5∶23）

彩版 21　陶马（师 M5∶19）

彩版 22　陶鸡（师 M5∶7）

彩版 23　陶狗（师 M5∶8）

彩版 24　陶猪（师 M5∶11）

彩版 25　陶女侍俑（师 M5：6）

彩版 26　陶女侍俑（师 M5：17）

彩版 27　陶男侍俑（师 M5：18）

彩版 28　陶男侍俑（师 M5：29）

彩版 29　泥俑头（师 M5：33）

彩版 30　泥珠（师 M5：30）

彩版 31　玉圭（师 M5：2）

彩版 32　铜勺（师 M5：4）

彩版 33　铜镯（师 M5：32）

彩版 34　铜指环（师 M5：34）

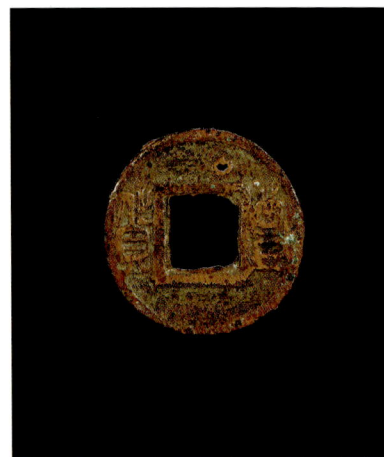

彩版 35　丰货钱（师 M5：5-1）

彩版 36　铜镯（师 M10：9）

彩版 37　丰货钱（师 M5：5-2）

彩版 38　陶男侍俑（文 M140∶10）

彩版 39　陶羽人（文 M140∶9）

彩版 40　陶男侍俑（文 M113∶3）

彩版 41　陶男侍俑（文 M69∶3）

彩版 42　陶女侍俑（文 M113∶23）

彩版 43　陶鞍马
（文 M69：1）

彩版 44　铜镜
（文 M113：13）

彩版 45　陶灶（文 M69：2）

彩版 46　铜盆（文 M69：6）

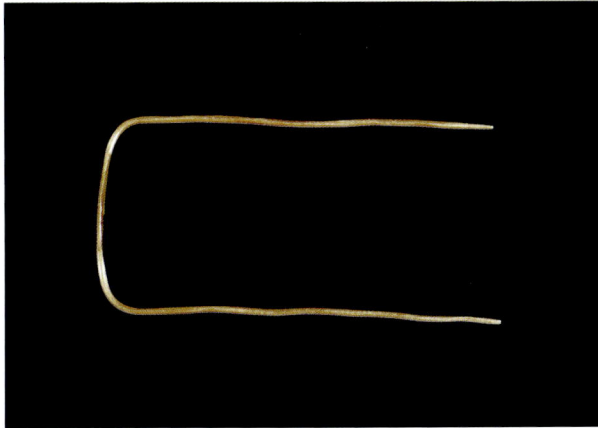

彩版 47　金钗（文 M69：8）

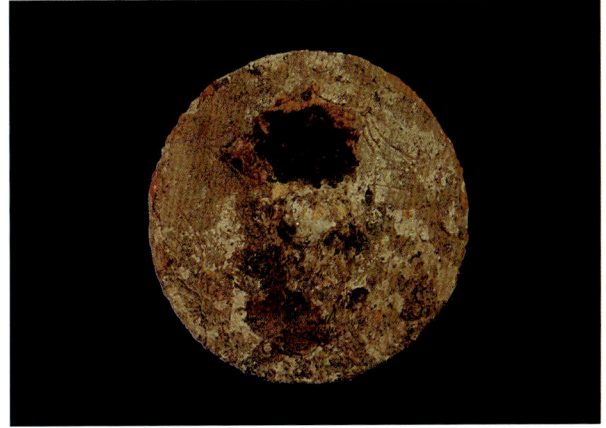

彩版 48　铁镜（文 M69：7）

彩版 49　陶牛车
（文 M61：1）

彩版 50　铜镜（文 M61∶3）

彩版 51　铜镜（文 M61∶15）

彩版 52　铁刀（铁 M3∶36）

彩版 53
陶牛车（文 M44 : 1）

彩版 54
陶牛车后视（文 M44 : 1）

彩版 55
陶牛（文 M44 : 24）

彩版 60　铭文砖
（文 M44：6）

彩版 59　铭文砖（背）
（文 M44：5）

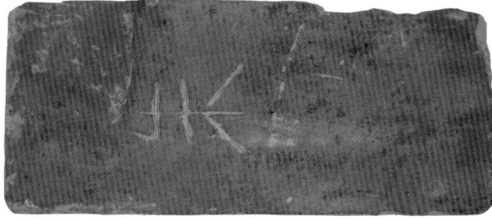

彩版 58　铭文砖（正）
（文 M44：5）

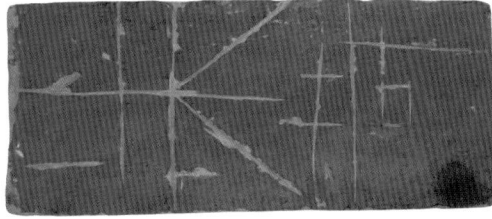

彩版 57　铭文砖
（文 M44：4）

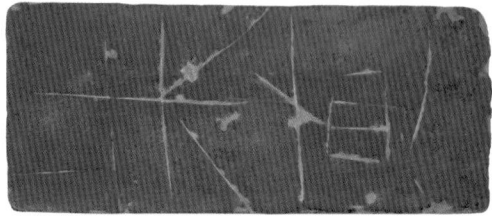

彩版 63　铭文砖
（文 M20：8）

彩版 62　铭文砖（背）
（文 M35：7）

彩版 61　铭文砖（正）
（文 M35：7）

彩版 56　铭文砖（文 M49：10）

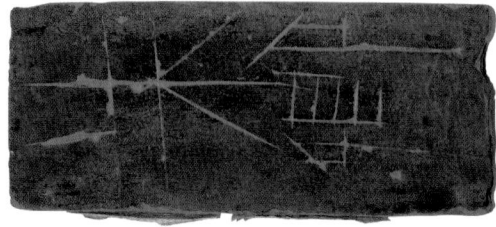

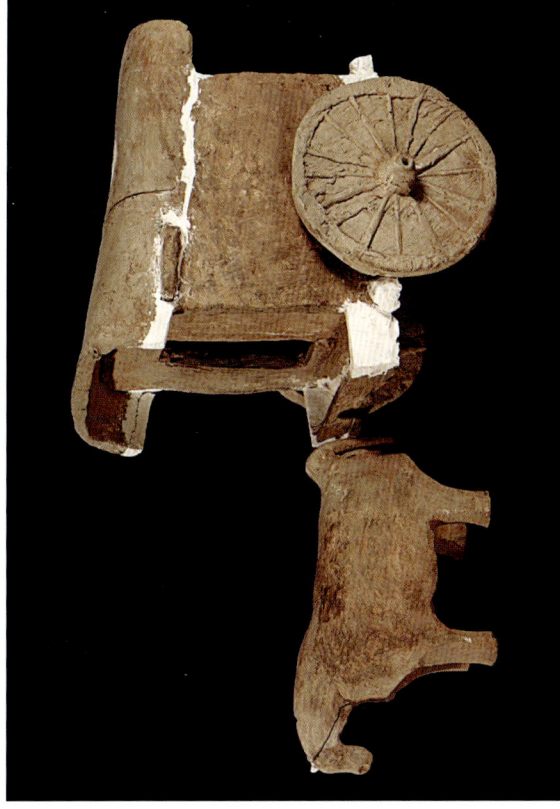

彩版 65 陶牛车（文 M6：1）

彩版 67 陶牛（文 M6：2）

彩版 64 陶鞍马（文 M35：2）

彩版 66 陶铠马（文 M6：5）

彩版 68　陶女侍俑（文 M6：10）

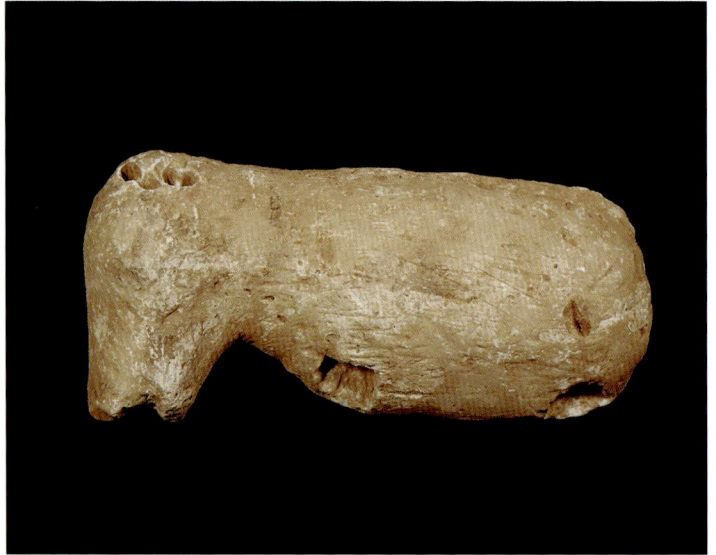
彩版 69　砖雕马（铁 M1：4）

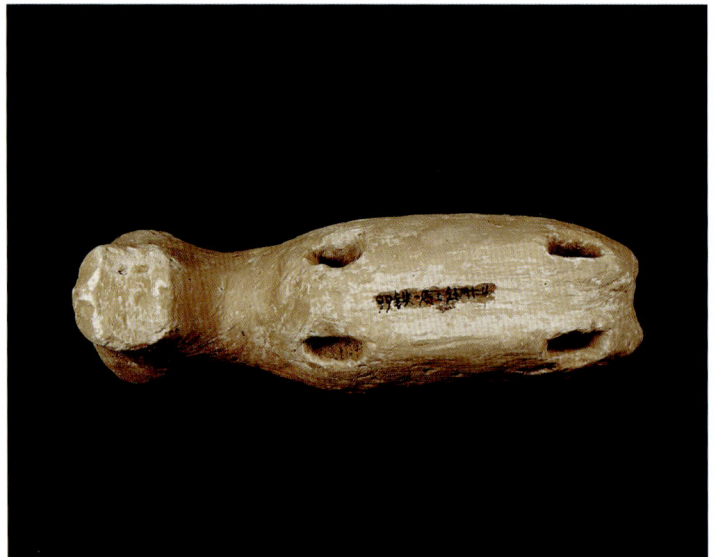
彩版 70　砖雕马底部（铁 M1：4）

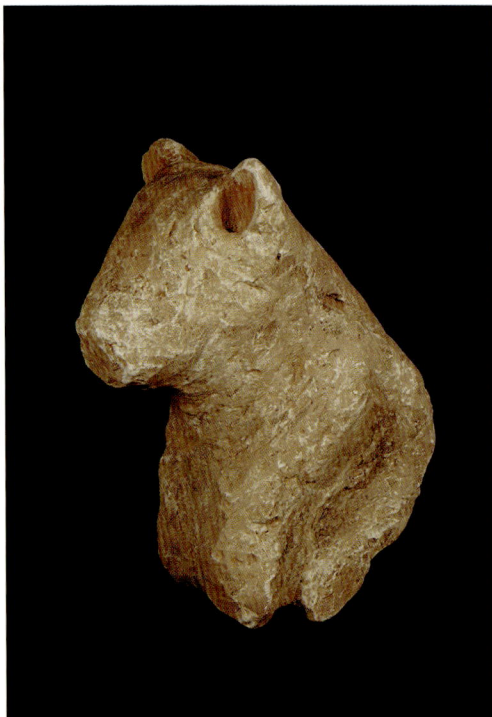
彩版 71　砖雕狗（铁 M1：12）

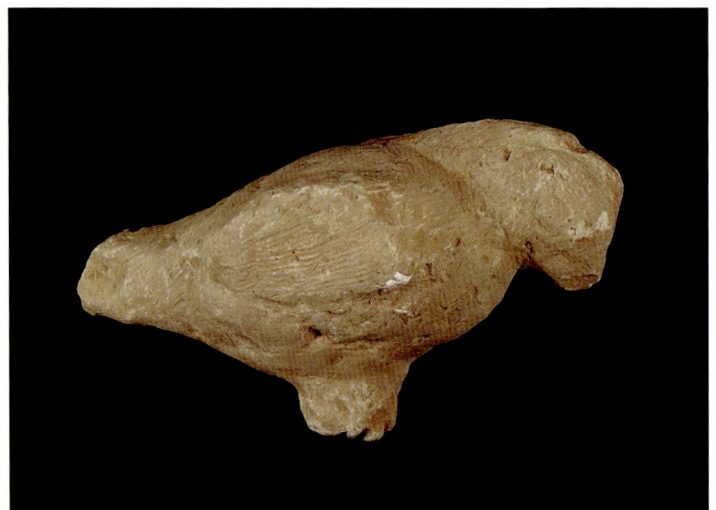
彩版 72　砖雕鸡（铁 M1：13）

彩版 73　砖雕男侍俑（铁 M1：2）

彩版 74　砖雕女侍俑（铁 M1：7）

彩版 75　砖雕女侍俑（铁 M2：5）

彩版 76　铭文砖（铁 M1：01）

彩版 77　铭文砖（铁 M1：02）

彩版 78　陶壶（铁 M3：18）

彩版 79　陶灶（铁 M3：21）

彩版 80　砖雕灶（铁 M2：9）

彩版 81　砖雕灶（铁 M3：10）

彩版 82　陶猪（铁 M3：23）

彩版 83　陶猪（铁 M3：24）

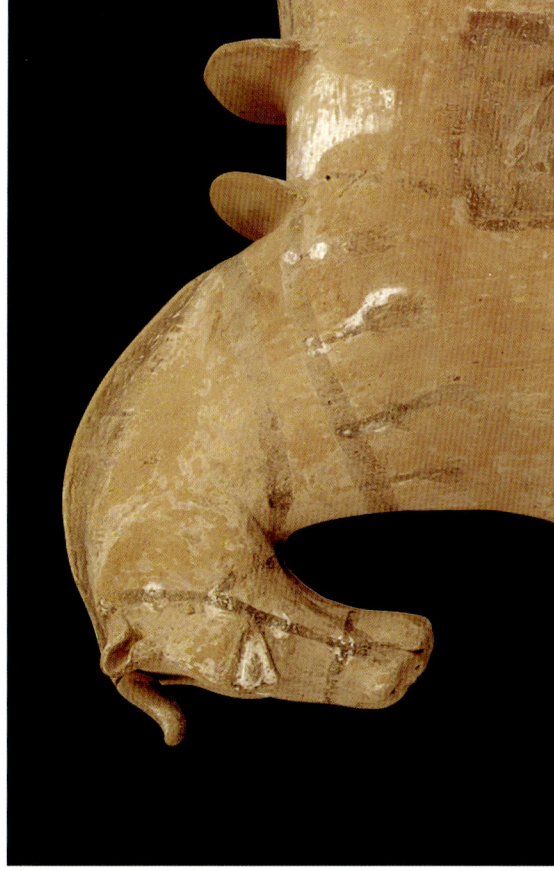

彩版 85　陶鞍马局部（铁 M3：13）

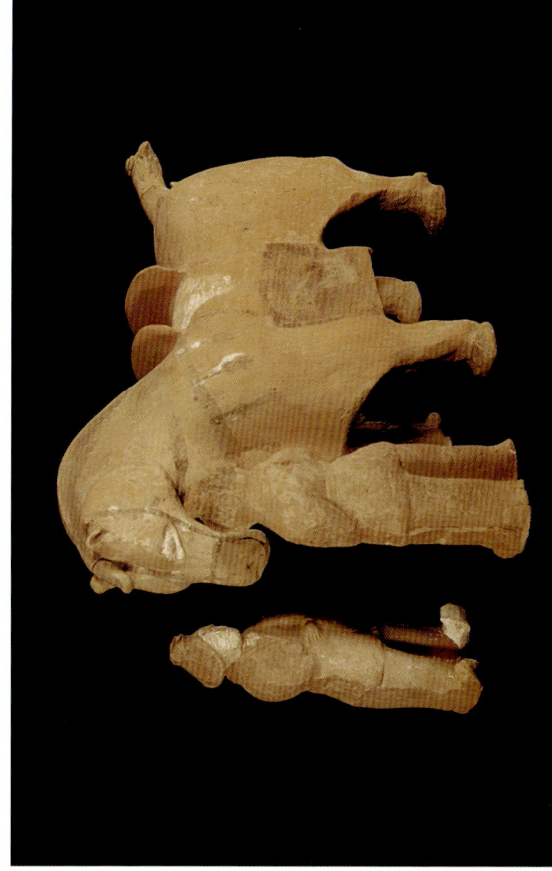

彩版 87　陶车马俑组合（铁 M3：11、12、13）

彩版 84　陶鞍马（铁 M3：13）

彩版 86　陶牛车（铁 M3：8）

彩版 88　陶牵马俑（铁 M3：11）

彩版 89　陶牵马俑（铁 M3：12）

彩版 90　陶女侍俑（铁 M3：9）

彩版 91　陶女侍俑（铁 M3：22）

彩版 92　陶男侍俑（铁 M3：5）

彩版 93　陶男侍俑（铁 M3：7）

彩版 94　铜镳斗（铁 M3：17）

彩版 95　铜镜（铁 M3：41）

彩版 96　釉陶虎子（平 M1：1）

彩版 97　陶三系罐（铁 M4：11）

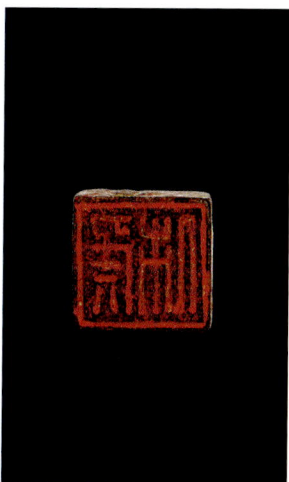

彩版 98　铜印章
（铁 M3：39）

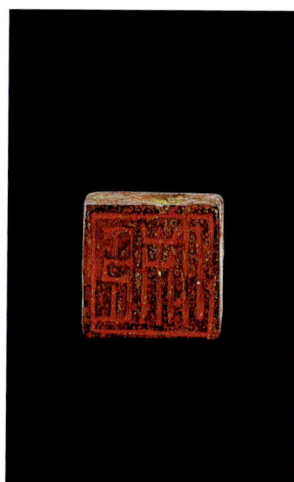

彩版 99　铜印章反面
（铁 M3：39）

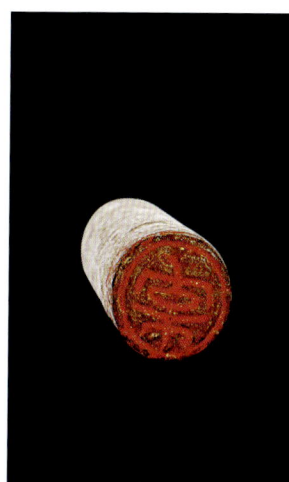

彩版 100　铜印章正面
（铁 M3：40）

彩版 101　铜印章
（铁 M3：40）

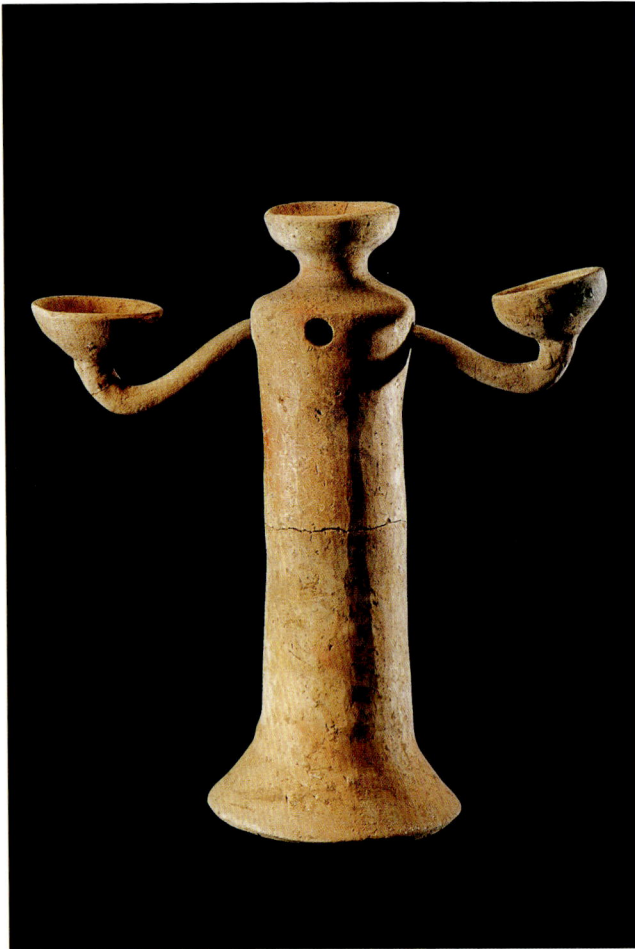
彩版 102 陶连枝灯（平 M1：41）

彩版 103 陶狗（平 M1：56）

彩版 104 陶猪（平 M1：40）

彩版 105 陶鸡（平 M1：30）

彩版 106 陶鸡（左，平 M1：30；右，平 M1：36）

彩版 107　釉陶铠马（平 M1∶4）

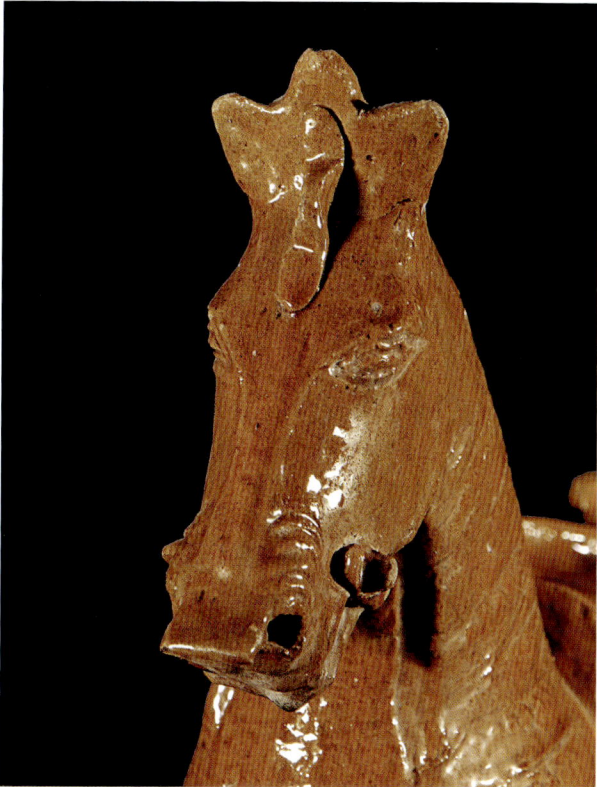
彩版 108　釉陶铠马头部（平 M1∶4）

彩版 109　釉陶铠马后视（平 M1∶4）

彩版 110　陶彩绘铠马（平 M1：5）

彩版 111　陶彩绘铠马后视（平 M1：5）

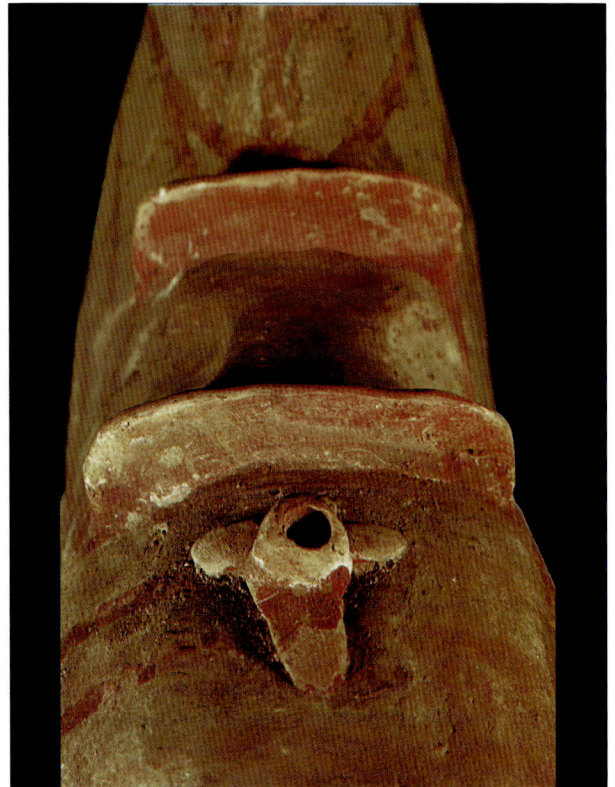

彩版 112　陶彩绘铠马俯视（平 M1：5）

彩版 113　陶彩绘铠马头部（平 M1：5）

彩版 114　陶彩绘铠马头部（平 M1：5）

彩版 115　陶鼓吹骑马俑三件（平 M1：18、12、6）

彩版116　陶吹角骑马俑（平 M1：12）

彩版 117　陶击鼓骑马俑（平 M1：18）

彩版 118　陶吹排箫骑马俑（平 M1：6）

彩版 119　陶女侍俑（平 M1：34）

彩版 120　陶女侍俑后视（平 M1：34）

彩版 121　陶女侍俑头部正视
（平 M1：34）

彩版 122　陶女侍俑头部侧视
（平 M1：34）

彩版 123　陶女侍俑头部后视
（平 M1：34）

彩版 124　陶女侍俑二件
（左，平 M1：25；右，平 M1：34）

彩版 125　陶女侍俑头部（平 M1：25）

彩版 126　陶女侍俑头部（平 M1：34）

彩版 127　陶女坐乐俑组合（平 M1：26、35、33、38）

彩版 128　陶击鼓女乐俑　　　　　彩版 129　陶击鼓女乐俑侧视　　　　彩版 130　陶击鼓女乐俑后视
　　　　　（平 M1：26）　　　　　　　　　　（平 M1：26）　　　　　　　　　　（平 M1：26）

彩版 131　陶击鼓女乐俑局部（平 M1：26）

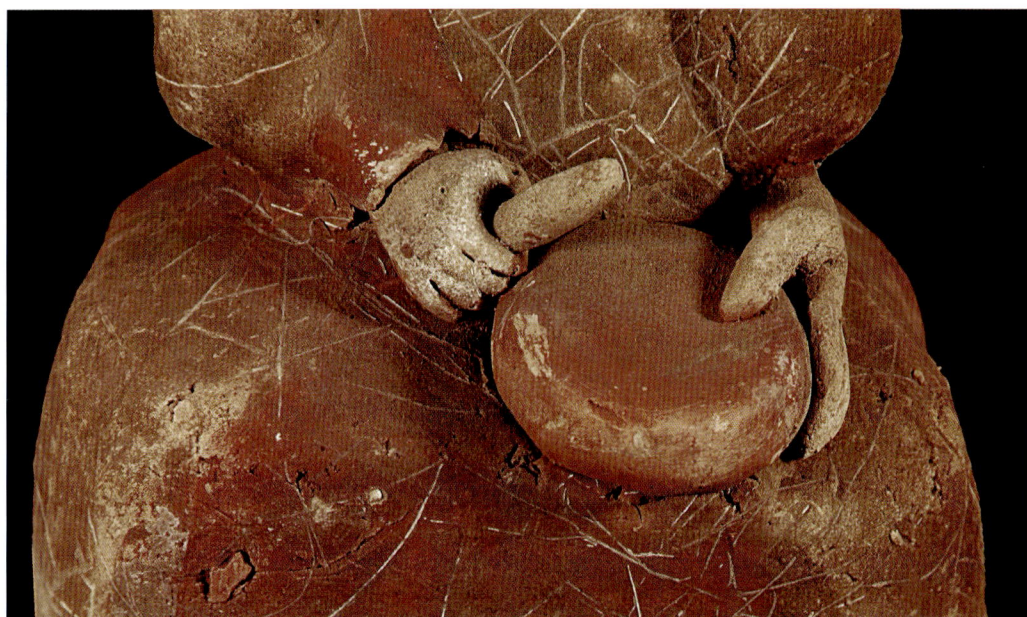

彩版 132　陶弹琵琶女乐俑
（平 M1∶35）

彩版 133　陶弹琵琶女乐俑侧视
（平 M1∶35）

彩版 134　陶弹琵琶女乐俑后视
（平 M1∶35）

彩版 135　陶弹琵琶女乐俑头部正视
（平 M1∶35）

彩版 136　陶弹琵琶女乐俑头部侧视
（平 M1∶35）

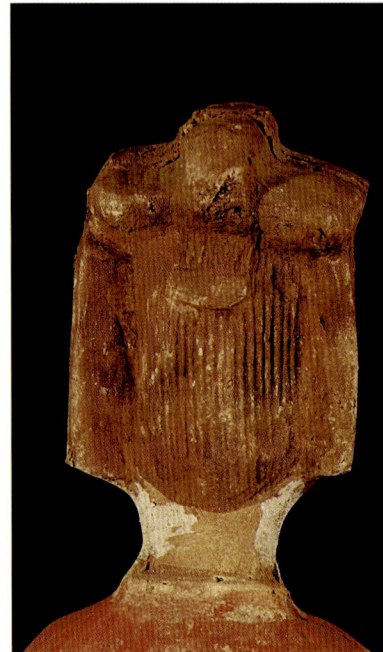

彩版 137　陶弹琵琶女乐俑头部后视
（平 M1∶35）

彩版138　陶抚筝女乐俑（平M1∶33）

彩版139　陶抚筝女乐俑侧视
（平M1∶33）

彩版140　陶抚筝女乐俑后视
（平M1∶33）

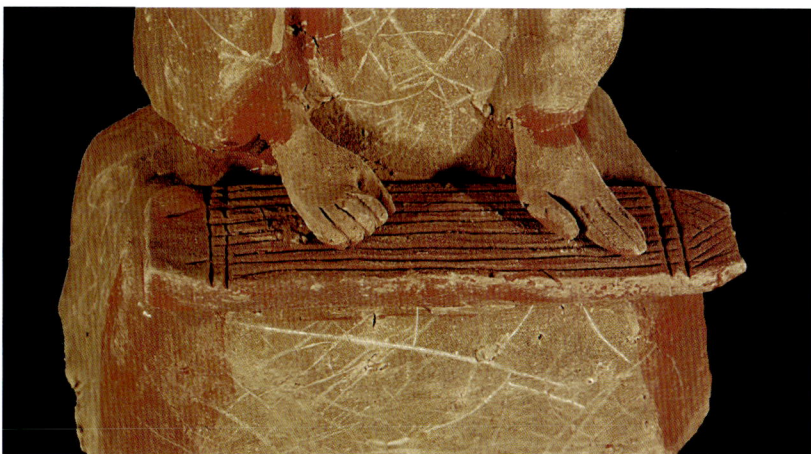

彩版141　陶抚筝女乐俑局部（平M1∶33）

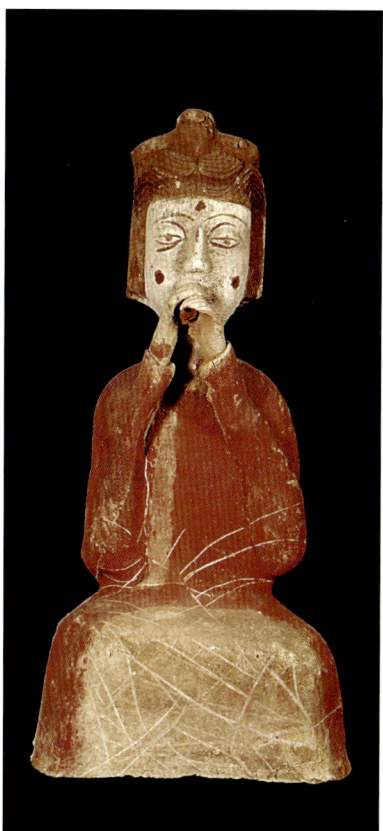

彩版142　陶吹奏女乐俑（平M1∶38）

彩版143 陶牛车（平M1：27）

彩版144 陶牛车（平M1：32）

彩版 145　陶牛车车厢前、侧面（平 M1∶32）

彩版 146　陶牛车车厢后侧面（平 M1∶32）

彩版 147　陶牛车车厢顶面（平 M1∶32）

彩版 148　陶牛车车厢顶面（平 M1∶27）

彩版 149　陶轺车（平 M1∶28）

彩版 150　陶轺车车厢侧视（平 M1∶28）

彩版 151　陶轺车车厢正视（平 M1∶28）

图版 1　文林小区墓地（由南向西摄）

图版 2　师 M5 墓葬俯视

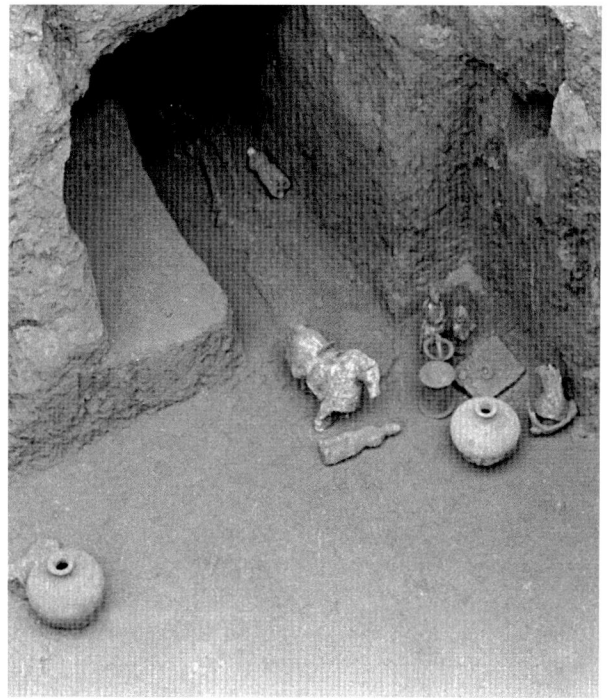

图版 3　师 M5 北面东侧室器物出土情况

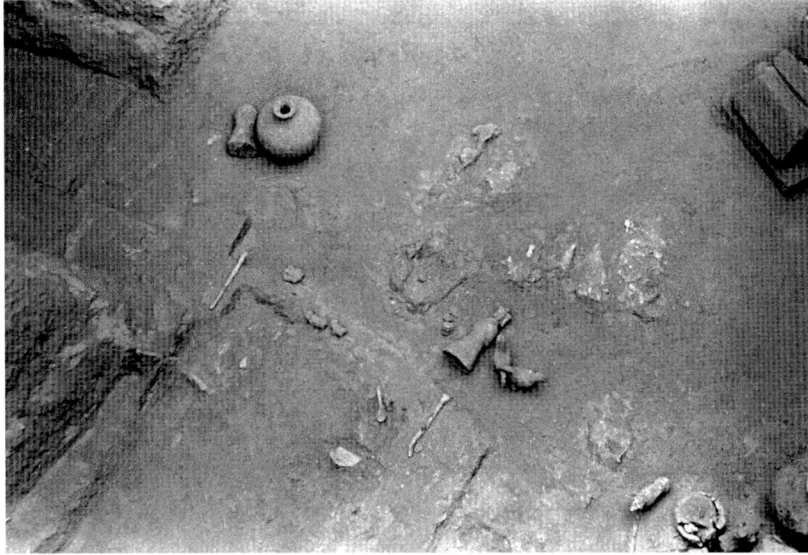

图版 4　师 M5 后室口器物放置情况

图版 5　文 M49 棺底分布的垫砖及铭文砖

图版 6　文 M49 墓室俯视

图版 7　文 M49 墓室内器物出土情况

图版 8　文 M6 封门

图版 9　文 M6 墓道

图版 10　文 M6 墓室俯视

图版 11　文 M6 牛车及铠马出土情况

图版 12　文 M6 女侍俑出土情况

图版 13　铁 M3 牛车及女侍俑出土情况

图版 14　铁 M3 女侍俑及牵马俑出土情况

图版 15　铁 M3 前室器物出土情况

图版 16　陶罐（师 M1 : 6）

图版 17　陶灶（师 M1 : 7）

图版 18　陶磨（师 M1 : 5）

图版 19　陶猪（师 M1 : 4）

图版 20　陶胡人俑（师 M1 : 8）

图版 21　陶胡人俑侧视（师 M1 : 8）

图版 22　陶胡人俑后视（师 M1 : 8）

图版 23　陶鸡（师 M1∶2）

图版 24　陶鸡（师 M1∶1）

图版 25　陶狗（师 M1∶3）

图版 26　陶胡人俑（师 M1∶9）

图版 27　陶罐（师 M2∶11）

图版 28　陶罐（师 M2∶12）

图版 29　陶灶（师 M2：20）

图版 30　陶磨（师 M2：13）

图版 31　陶鸡（师 M2：15）

图版 32　陶鸡（师 M2：14）

图版 33　陶胡人俑（师 M2：19）

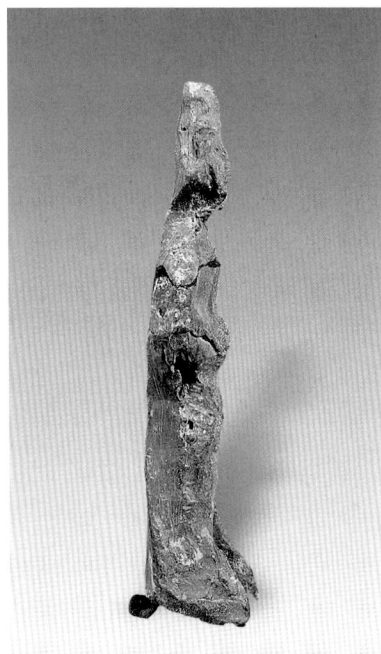

图版 34　陶胡人俑侧视（师 M2：19）

图版 35　陶胡人俑后视（师 M2：19）

图版 36　陶胡人俑（师 M2：18）

图版 37　陶狗（师 M2：17）

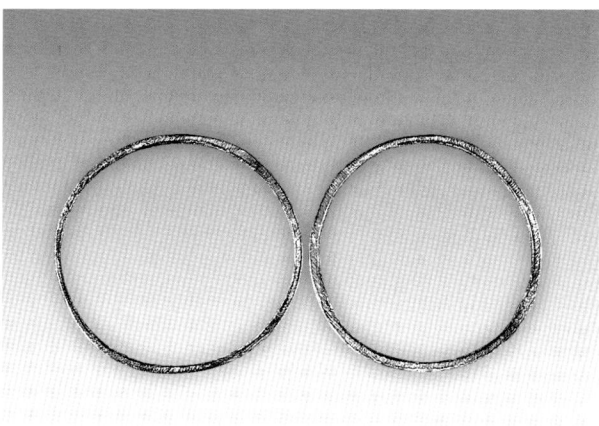

图版 38　铜镯（师 M2：7）

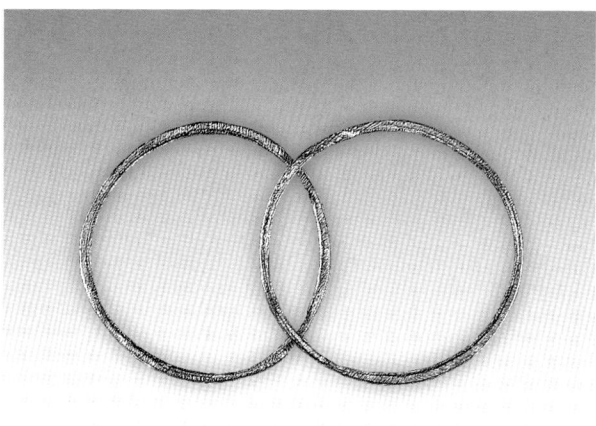

图版 39　铜镯（师 M2：8）

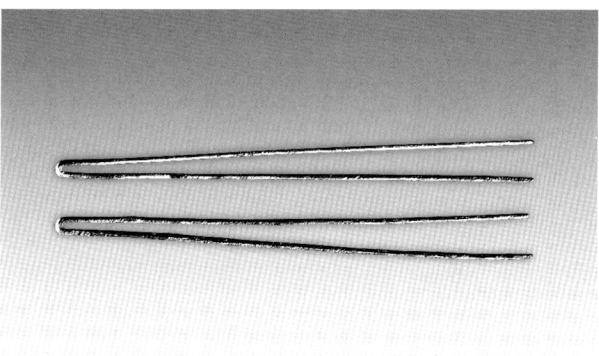

图版 40　铜钗（师 M2：5）

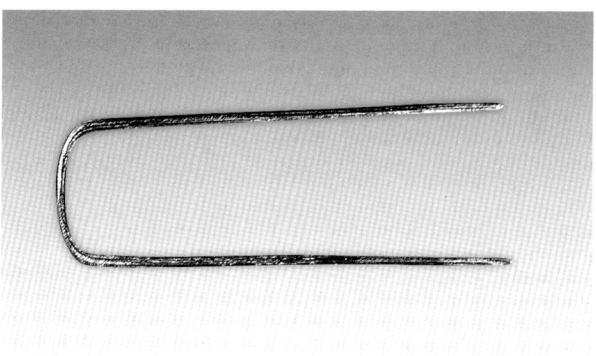

图版 41　铜钗（师 M2：4）

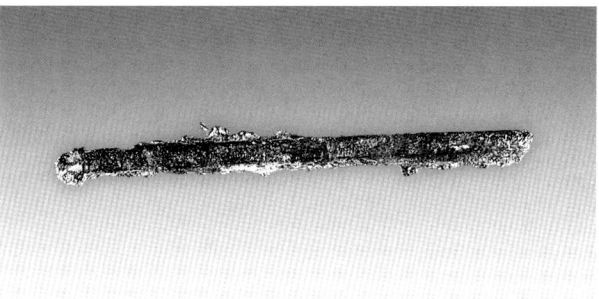

图版 42　铜簪（师 M2：2）

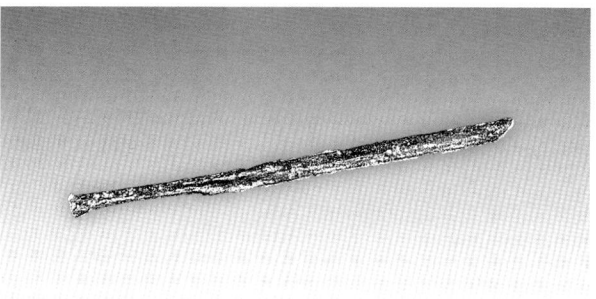

图版 43　铜簪（师 M2：9）

图版 44　铜镯（师 M2：16）

图版 45　铜铃（师 M2：10）

图版 46　铁镰（师 M2：3）

图版 47　陶罐（师 M3：1）

图版 48　陶罐（师 M3：4）

图版 49　陶罐（师 M4：6）

图版 50　泥狗（师 M4：4）

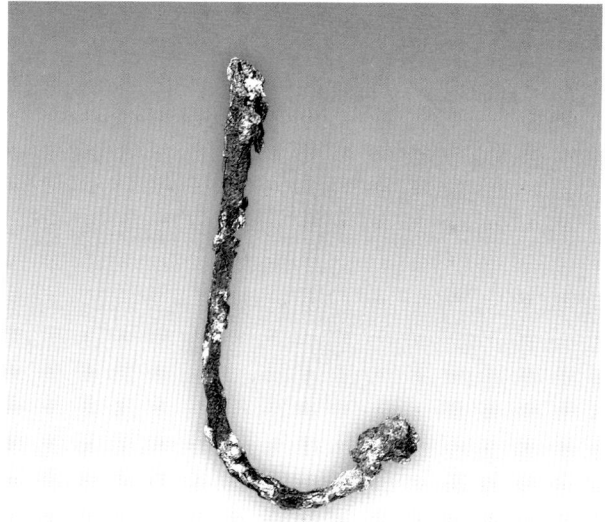

图版 51　铁钩（师 M4：7）

图版 52　陶罐（师 M5：13）

图版 53　陶罐（师 M5：26）

图版 54　陶盆（师 M4：5）

图版 55　陶罐（师 M5：16）

图版 56　陶罐（师 M5：20）

图版 57　陶灶（师 M5：14）

图版 58　陶鞍马（师 M5：28）

图版 59　陶鞍马（师 M5：27）

图版 60　陶鸡（师 M5：35）

图版 61　陶猪（师 M5：11）

图版 62　陶女侍俑（师 M5 : 6）

图版 63　陶女侍俑侧视（师 M5 : 6）

图版 64　陶女侍俑后视（师 M5 : 6）

图版 65　陶女侍俑（师 M5 : 10）

图版 66　陶女侍俑侧视（师 M5 : 10）

图版 67　陶女侍俑后视（师 M5 : 10）

图版 68　陶女侍俑（师 M5∶17）

图版 69　陶女侍俑侧视（师 M5∶17）

图版 70　陶女侍俑后视（师 M5∶17）

图版 71　陶男侍俑（师 M5∶18）

图版 72　陶男侍俑侧视（师 M5∶18）

图版 73　陶男侍俑（师 M5：29）　　　图版 74　陶男侍俑侧视（师 M5：29）　　　图版 75　陶男侍俑后视（师 M5：29）

图版 76　陶男侍俑（师 M5：9）　　　　图版 77　陶男侍俑（师 M5：21）

图版 78 泥女侍俑（师 M5：22）

图版 79 泥女侍俑侧视（师 M5：22）

图版 80 泥女侍俑后视（师 M5：22）

图版 81 泥灶（师 M5：25）

图版 82 釉陶小盆（师 M6：3）

图版 83 陶罐（师 M6：1）

图版 84 陶罐（师 M8：1）

图版 85　陶罐（师 M10：4）

图版 86　陶罐（师 M10：5）

图版 87　银镯（师 M9：2）

图版 88　陶灶（师 M6：2）

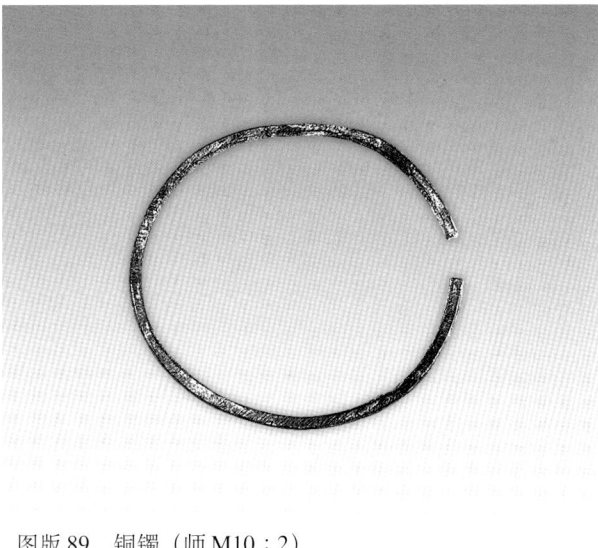

图版 89　铜镯（师 M10：2）

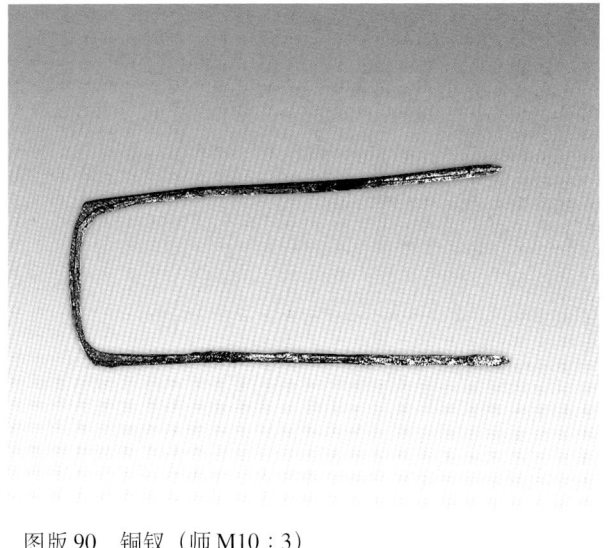

图版 90　铜钗（师 M10：3）

图版 91　铜指环（师 M10：1）

图版 92　贝壳（师 M10：7）

图版 93　陶灶（师 M11：9）

图版 94　陶灶侧视（师 M11：9）

图版 95　陶罐（师 M11：7）

图版 96　陶井（师 M11：10）

图版 97　陶仓（师 M11：11）

图版 98　陶碓（师 M11：6）

图版 99　陶猪（师 M11：8）

图版 100　陶鞍马（师 M11：12）

图版 101　陶狗（师 M11：13）

图版 102　陶女侍俑（师 M11：4）

图版 103　陶女侍俑侧视（师 M11：4）

图版 104　陶女侍俑后视（师 M11：4）

图版 105　陶武士俑（师 M11：16）

图版 106　铜指环（师 M11：15）

图版 108　陶磨（文 M140：13）

图版 107　陶仓（文 M140：8）

图版 109　陶罐（文 M140：7）

图版 110　陶男侍俑（文 M140：10）

图版111　陶男侍俑侧视（文 M140：10）

图版112　陶男侍俑后视（文 M140：10）

图版 113　陶羽人（文 M140：9）

图版 114　陶羽人侧视（文 M140：9）

图版 115　陶羽人后视（文 M140：9）

图版 116　陶鞍马（文 M140∶11）

图版 117　陶狗（文 M140∶12）

图版 118　陶饼（文 M140∶14）

图版 119　铁镜（文 M140∶1）

图版 120　铜钗（文 M140∶5）

图版 121　铜指环（文 M140∶3）

图版 122　铜碗（文 M140∶2）

图版 123　铁镢（文 M140∶01）　　　　　　　图版 124　玉饰（文 M140∶4）

图版 125　陶女侍俑（文 M113∶10）　图版126　陶女侍俑侧视（文 M113∶10）　图版127　陶女侍俑后视（文 M113∶10）

图版 128　陶男侍俑（文 M113∶3）　图版129　陶男侍俑侧视（文 M113∶3）

图版 130　陶女侍俑（文 M113：23）　　　图版 131　陶女侍俑侧视（文 M113：23）　　　图版 132　陶女侍俑后视（文 M113：23）

图版 133　陶猪（文 M113：15）

图版 134　陶猪（文 M113：16）

图版 135　陶猪（文 M113：17）

图版 136　陶狗（文 M113：1）

图版 137　陶狗（文 M113：2）

图版 138　陶灶（文 M113：6）

图版 139　陶磨（文 M113：12）

图版 140　陶碓（文 M113：11）

图版 141　陶井（文 M113：4）

图版 142　陶井（文 M113：5）

图版 143　陶仓（文 M113：25）

图版 144　陶罐（文 M113：7）　　　　图版 145　陶罐（文 M113：9）　　　　图版 146　铁镜（文 M113：22）

图版 147　铜镯（文 M113：18）　　　　　　　　　图版 148　银镯（文 M113：14）

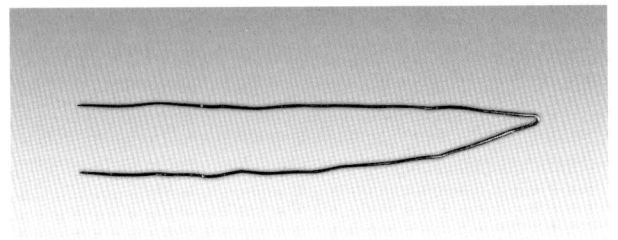

图版 150　银钗（文 M113：19）

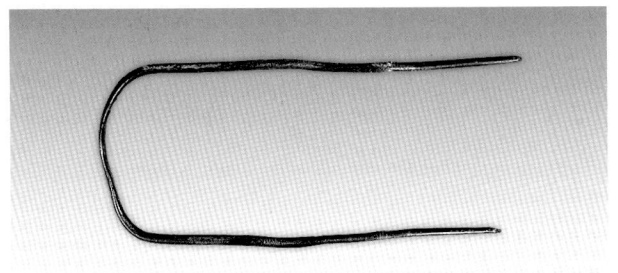

图版 149　陶仓（文 M113：27）　　　　图版 151　银钗（文 M113：26）

图版 152 陶男侍俑（文 M69：3）

图版 153 陶男侍俑（文 M69：4）

图版 154 陶仓（文 M69：13）

图版 155 陶灶（文 M69：2）

图版 156 陶罐（文 M69：5）

图版 157 陶罐（文 M69：12）

图版 158 铜盆（文 M69：6）

图版 159　铜镯（文 M69：9）

图版 160　铜镦（文 M69：11）

图版 161　陶女侍俑（文 M61：4）

图版 162　陶女侍俑侧视（文 M61：4）

图版 163　陶女侍俑后视（文 M61：4）

图版 164　陶鞍马（文 M61：2）

图版 165　陶猪（文 M61：12）

图版 166　陶罐（文 M61：8）

图版 167　陶灶（文 M61：7）

图版 168　铜弩机（文 M61：18）

图版 169　陶仓（文 M61：10）

图版 170　陶井（文 M61：6）

图版 171　陶碓（文 M61：14）

图版 172　陶磨（文 M61：5）

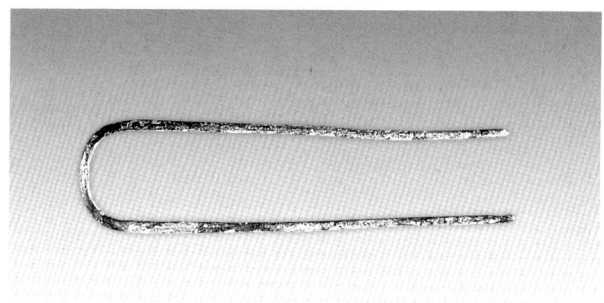
图版 173　铜钗（文 M61：13）

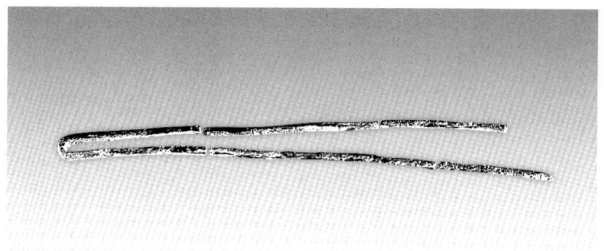
图版 174　铜钗（文 M61：19）

图版 175　陶女侍俑（文 M49：3）　　　　图版 176　陶女侍俑侧视（文 M49：3）　　　　图版 177　陶女侍俑后视（文 M49：3）

图版 178　陶女侍俑（文 M49：4）　　　　图版 179　陶女侍俑侧视（文 M49：4）　　　　图版 180　陶女侍俑后视（文 M49：4）

图版 181　陶罐（文 M49：1）

图版 182　陶罐（文 M49：2）

图版 183　铜镯（文 M49：6）

图版 184　铁镜（文 M49：7）

图版 185　陶磨（文 M49：5）

图版 186　陶女侍俑（文 M44：30）

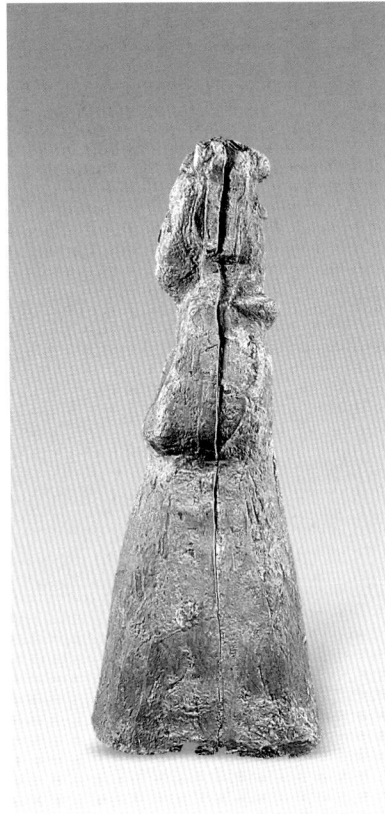
图版 187　陶女侍俑侧视（文 M44：30）

图版 188　陶女侍俑后视（文 M44：30）

图版 189　陶男侍俑（文 M44：29）

图版 190　陶猪（文 M44：17）

图版 191　陶狗（文 M44：13）

图版 192　陶牛车（文 M44：24）

图版 193　陶牛车后视（文 M44：24）

图版 194　陶鞍马（文 M44：15）

图版 195　陶牛车正视（文 M44：24）

图版 196　陶牛车正视（文 M44：1）

图版 197　陶狗（文 M44：28）

图版 198　陶鸡（文 M44：14）

图版 199　陶鸡（文 M44：16）

图版 200　陶鸡（文 M44：26）

图版 201　陶灶（文 M44：25）

图版 202　陶井（文 M44：20）

图版 203　陶磨（文 M44：19）

图版 204　陶罐（文 M44：10）

图版 205　陶罐（文 M44：9）

图版 206　陶仓（文 M44：2）

图版 207　陶仓（文 M44：3）

图版 208　陶碓（文 M44：22）

图版 209　陶钵（文 M44∶7）

图版 210　小陶壶（文 M44∶18）

图版 211　陶井（文 M44∶21）

图版 212　铁镜（文 M44∶11）

图版 213　陶罐（文 M44∶8）

图版 214　铜镯（文 M44∶27）

图版 215　铁镰（文 M44∶12）

图版 216　陶狗（文 M35：3）

图版 217　陶狗正面（文 M35：3）

图版 218　陶灶（文 M35：5）

图版 219　陶灶俯视（文 M35：5）

图版 220　陶罐（文 M35：4）

图版 221　陶磨（文 M35：6）

图版 222 陶男侍俑（文 M20：4）

图版 223 陶男侍俑（文 M20：11）

图版 224 陶男侍俑（文 M20：13）

图版 225 陶女侍俑（文 M20：22）

图版 226 陶女侍俑侧视
（文 M20：22）

图版 227 陶女侍俑后视
（文 M20：22）

图版 228　陶鞍马（文 M20∶2）

图版 229　陶鞍马侧视（文 M20∶2）

图版 230　陶鞍马鞍部装饰（文 M20∶2）

图版 231　陶鞍马后视（文 M20∶2）

图版 232　陶鞍马（文 M20∶9）

图版 233　陶猪（文 M20∶3）

图版 234　陶猪（文 M20∶16）

图版 235　陶猪（文 M20∶25）

图版 236　陶狗（文 M20∶26）

图版 237　陶狗（文 M20∶27）

图版 238　陶鸡（文 M20∶8）

图版 239　陶灶（文 M20：20）

图版 240　陶灶俯视（文 M20：20）

图版 241　陶灶（文 M20：18）

图版 242　陶灶（文 M20：21）

图版 243　陶井（文 M20：19）

图版 244　陶井（文 M20：23）

图版 245　陶磨（文 M20：5）

图版 246　陶磨（文 M20：24）

图版 247　陶仓（文 M20：12）

图版 248　陶碓（文 M20：15）

图版 249　陶碓（文 M20：29）

图版 250　陶碓（文 M20∶10）

图版 251　陶罐（文 M20∶14）

图版 252　陶饼（文 M20∶6）

图版 253　陶仓（文 M20∶7）

图版 254　陶钵（文 M20∶17）

图版 255　陶牛车（文 M6：1）

图版 256　陶牛车后视（文 M6：1）

图版 257　陶牛（文 M6：1）

图版 258　陶牛车正视（文 M6：1）

图版 259　陶男侍俑（文 M6：8）

图版 260　陶牛车（文 M6：2）

图版 261　陶牛车后视（文 M6：2）

图版 262　陶牛（文 M6：2）

图版 263　陶女侍俑（文 M6：12）

图版 264　陶女侍俑侧视（文 M6：12）

图版 265　陶女侍俑（文 M6：10）　　　图版 266　陶女侍俑侧视（文 M6：10）　　　图版 267　陶女侍俑后视（文 M6：10）

图版 268　陶女侍俑（文 M6：11）　　　图版 269　陶女侍俑侧视（文 M6：11）　　　图版 270　陶女侍俑后视（文 M6：11）

图版 271　陶鞍马（文 M6：4）

图版 272　陶铠马（文 M6：5）

图版 273　陶狗（文 M6：7）

图版 274　陶铠马寄生（文 M6：5）

图版 275　陶灶（文 M6：13）

图版 276　陶磨（文 M6：14）

图版 277　陶罐（文 M6：9）

图版 278　铜镯（文 M6：18）

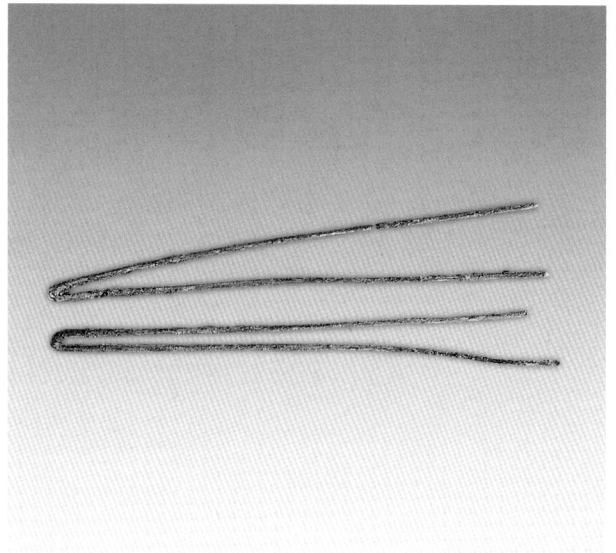

图版 279　铜钗（文 M6：16）

图版 280　铜簪（文 M6：15）

图版 281　铁剪（文 M6：19）

图版 282　陶罐（铁 M1：1）

图版 283　陶罐（铁 M1：6）

图版 284　陶罐（铁 M1：11）

图版 285　砖雕井（铁 M1：10）

图版 286　砖雕灶（铁 M1：9）

图版 287　砖雕鸡（铁 M1：14）

图版 288　铜镯（铁 M1：15）

图版 289　砖雕男侍俑（铁 M1：2）

图版 290　砖雕男侍俑（铁 M1：8）

图版 291　砖雕男侍俑（铁 M1：3）

图版 292　砖雕女侍俑（铁 M1：7）

图版 293　砖雕仓（铁 M1：5）

图版 294　砖雕仓（铁 M2：10）

图版 295　砖雕狗（铁 M2：2）

图版 296　砖雕马（铁 M2：3）

图版 297 砖雕男侍俑（铁 M2：1）

图版 298 砖雕女侍俑（铁 M2：4）

图版 299 砖雕鸡（铁 M2：6）

图版 300 砖雕鸡（铁 M2：7）

图版 301 陶罐（铁 M2：8）

图版 302 陶侈口罐（铁 M3：27）

图版 303 陶侈口罐（铁 M3：16）

图版 304 陶带系罐（铁 M3：28）

图版 305 陶直口罐（铁 M3：29）

图版 306　陶碓（铁 M3：15）

图版 307　陶钵（铁 M3：34）

图版 308　砖雕仓（铁 M3：30）

图版 309　陶井（铁 M3：14）

图版 310　小陶盆（铁 M3：19）

图版 311　小陶盆（铁 M3：20）

图版 312　陶灶（铁 M3：3）

图版 313　陶灶（铁 M3：21）

图版 314　砖雕鸡（铁 M3：31）

图版 315　砖雕鸡（铁 M3：32）

图版 316　陶鸡（铁 M3：25）

图版 317　陶鸡（铁 M3：26）

图版 318　陶鸡（铁 M3：35）

图版 319　陶狗（铁 M3：1）

图版 320　陶狗（铁 M3：33）

图版 321　陶狗（铁 M3：2）

图版 322　陶女侍俑（铁 M3：22）

图版323　陶女侍俑侧视（铁M3：22）

图版 324　陶女侍俑后视（铁M3：22）

图版 325　陶男侍俑（铁 M3：7）

图版 326　陶男侍俑侧视（铁 M3：7）

图版 327　陶男侍俑后视（铁M3：7）

图版 328　陶女侍俑（铁 M3：9）

图版 329　陶男侍俑（铁 M3：5）

图版 330　陶男侍俑侧视（铁 M3：5）

图版 331　砖雕男侍俑（铁 M3：4）

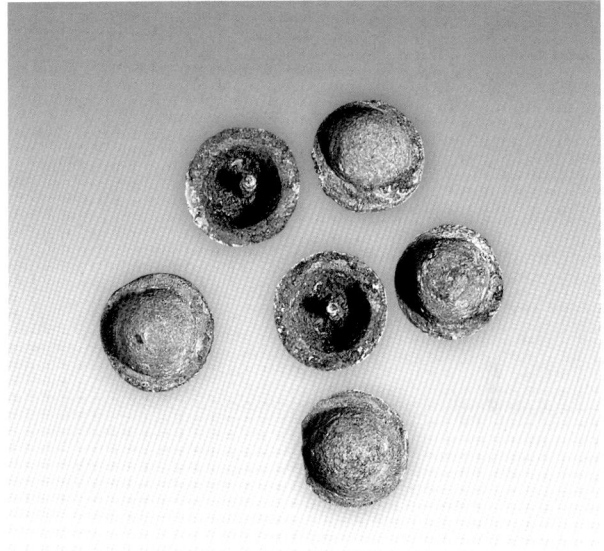

图版 332　铜泡钉（铁 M3：6）

图版 333　铜簪（铁 M3：42）

图版 334　铁削（铁 M3：37）

图版 335　陶罐（铁 M4∶1）

图版 336　陶罐（铁 M4∶6）

图版 337　陶灶（铁 M4∶8）

图版 338　小陶盆（铁 M4∶9）

图版 339　陶仓（铁 M4∶2）

图版 340　陶井（铁 M4∶7）

图版 341　陶鸡（铁 M4：3）

图版 342　陶猪（铁 M4：4）

图版 343　陶狗（铁 M4：5）

图版 344　铁镜（铁 M4：10）

图版 345　陶罐（平 M1：23）

图版 346　铁削刀（铁 M4：12）

图版 347 陶井（平 M1：29）

图版 348 陶仓（平 M1：43）

图版 349 陶仓（平 M1：44）

图版 350 陶灶（平 M1：42）

图版 351 陶狗（平 M1：55）

图版 352 铜铃（平 M1：48）

图版 353 铜铺首（平 M1：51）

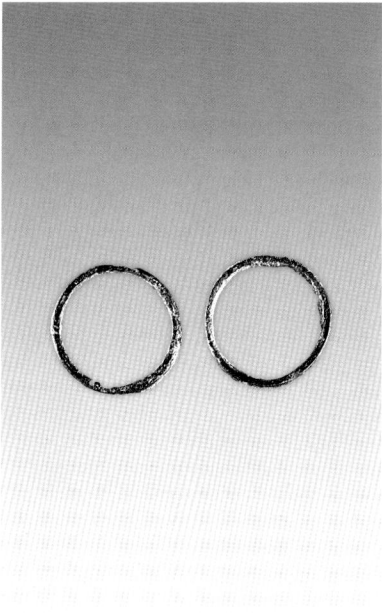

图版 354　铜指环（平 M1：2）

图版 355　铜指环（平 M1：50）

图版 356　铜指环（平 M1：52）

图版 357　铜环（平 M1：57）

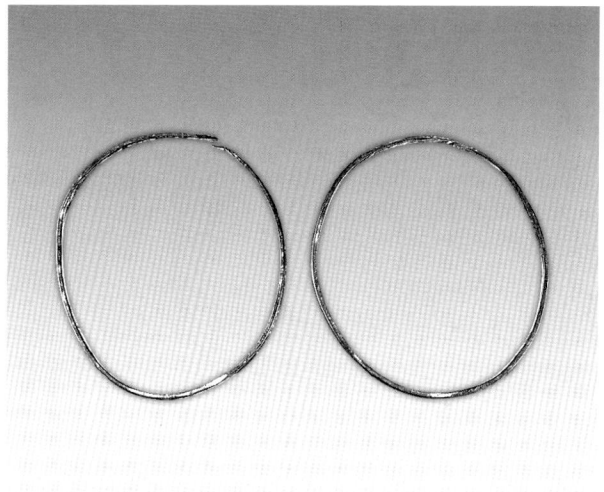

图版 358　银镯（平 M1：49）

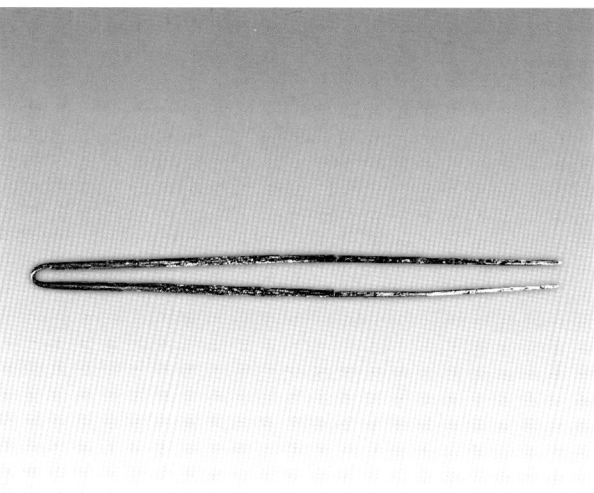

图版 359　银钗（平 M1：47）

图版 360　泥珠（平 M1：58）

图版 361　布泉钱（平 M1：3-1）

图版 362　大泉五十钱（平 M1：3-2、3-3、3-4）

图版 363　E型五铢钱（平 M1：3-35、3-34）

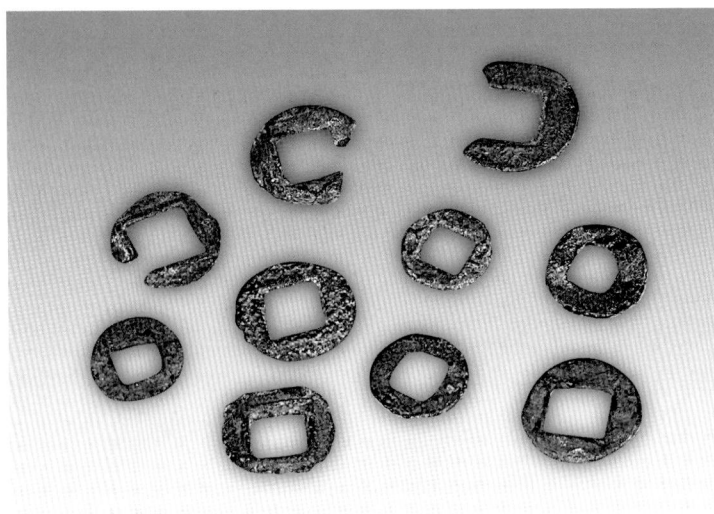

图版 364　剪边钱（平 M1：3-16）

图版 365　货泉钱（平 M1：3-5、3-6、3-7、3-8、3-9、3-10、3-11、3-12）